José María Gironella

Carta a mi madre muerta

Planeta

COLECCIÓN DOCUMENTO
Dirección: Rafael Borràs Betriu
Consejo de Redacción: María Teresa Arbó, Cristina Pagès, Marcel Plans y Carlos Pujol

Córcega, 273-279, 08008 Barcelona (España)
Diseño colección y cubierta de Hans Romberg (fotos autor)
Primera edición: setiembre de 1992
Depósito Legal: B. 28.033-1992
ISBN 84-08-00081-0
Composición: Fort, S. A. (Aster, 10/11)
Papel: Offset Rotoform Ahuesado, de Clariana, S. A.
Impresión: Duplex, S. A., Ciudad de Asunción, 26, int., letra D, 08030 Barcelona
Encuadernación: Encuadernaciones Maro, S. A.
Printed in Spain - Impreso en España

A mis hermanos Juan,
Carmen, Pedro y Concepción

Te escribo esta carta, madre, porque tengo la seguridad de que estás en los cielos, sitio ideal para leer lo que la mano de un hijo escribe con temblor. Por lo demás, siempre te gustaron mis cartas. Decías de ellas que te llegaban al corazón. Claro que a tu corazón se llegaba con suma facilidad, pues era de mayor tamaño que tu persona. En él cabían tu marido, los cinco hijos que pariste —algunos, con un dolor extremado—, y cabían también el resto de tu familia, los amigos y el mundo entero. ¡Mundo entero! ¿Qué era para ti el mundo? Lo que te rodeaba de muy cerca y lo que te contaban los misioneros. No tenías una idea clara de todo cuanto significaban los cinco continentes, los océanos y los mares. Mi padre estaba aficionado al mapamundi; tú, no. Cuando recibías las revistas de los hombres y mujeres entregados a Dios que quemaban su vida en la India, en China, en el África negra o en las repúblicas centro y suramericanas, con aquellos niños raquíticos, de vientre hinchado y ojos legañosos, con alguna que otra costra purulenta, pensabas que tus sacrificios no eran nada comparados con los que se habían impuesto a sí mismas aquellas almas elegidas. En realidad, te sentías por ello un tanto acomplejada. De repente, al llegar Semana Santa o por Navidad, tomabas conciencia de que «tus amores eran demasiado fáciles»: los seres de tu sangre, las amistades de la vecindad y los pobres y menesterosos que se ponían a tu alcance. Recuerdo que cuando la guerra de Italia contra Abisinia los etíopes te daban mucha lástima, pese a que uno de tus confesores te decía que Mussolini era un gran hombre. «¿Y esos hijitos de Dios? —impugnabas—. ¿Y esas mujeres, esas madres?» El confesor insistía en que en el desarrollo de la historia a menudo se daban circunstancias imprevisibles que obligaban a un alto mandatario a hacer uso de la fuerza. Y te ponía como ejemplo las Cruzadas y la Inquisición, sin entrar en detalles del cómo y del porqué.

Las Cruzadas y la Inquisición... Mi padre, indiferente en materia religiosa hasta mucho después de casarse contigo, se tapaba la boca con esparadrapo para no soltar lo que pensaba. No quería abrumarte con sus opiniones sobre el particular. En el fondo se alegraba de que tu educación hubiera sido nula en estas cuestiones, puesto que de este modo vivías más feliz. Él les echaba alguna ojeada a Reclus, a Darwin y similares; tú te contentabas, por herencia familiar, con las vidas de los santos, con los loores a María y con los Ejercicios Espirituales de san Ignacio.

Mi padre y tú nacisteis en dos pueblos muy cercanos, en el Alto Ampurdán; él en Agullana, núcleo corchero, tú en el pueblo rural de Terradas. Te recuerdo esto porque es un factor clave para explicar tus filias y fobias, por más que los vientos contrarios de esa zona fronteriza, el Ampurdán, en la que vinisteis al mundo, afecta de modo distinto a los hombres y a las mujeres. A los hombres les da por liar los pitillos, por estudiar esperanto, por enamorarse de Francia y algunos de ellos se interesan por el espiritismo y por los fenómenos paranormales. Bruscos cambios de estado de ánimo, basculando frecuentemente entre la euforia y la depresión, cazadores en los bosques y pescadores en los arroyuelos del contorno; a las mujeres os da por vestiros de negro, por esclavizaros con supersticiones y leyendas provenientes de un pasado remoto, por trabajar-trabajar, lavar la ropa en el río y coleccionar animales domésticos, de preferencia gallinas, patos y gatos. Los gatos, según me contaste, madre, te hacían compañía cabe la chimenea de leños secos que chisporroteaban y se dormían en tu falda ronroneando de placer. Por lo visto tu preferido, a raíz de la boda y vuestro traslado a Darnius, donde mi padre ejercería de taponero, era un pequeño tigre llamado *Mariano*, porque su rostro se parecía al de uno de los trabajadores de mi padre que así se llamaba. *Mariano* se ahogó en el pozo de nuestra huerta, una noche de luna menguante, que es cuando, según los decires de los vecinos, suelen acontecer las cosas más peregrinas. Por cierto, madre, que me contaste asimismo que enterrasteis el gato a los pies de un alcornoque sanguinolento y que cada vez que te acercabas a aquella diminuta tumba te persignabas con unas migajas de dolor.

Tuviste ocho hermanos. El abuelo, Pedro Pous, solía decir: «Todos los que nos mande Dios.» La abuela, Concepción, apenas si osaba levantar la voz. El abuelo Pedro era autoritario en el hogar y en la escuela que regentaba —era maestro—, primero en Besalú y luego en Llansá. Recuerdo que, mientras estuve en el seminario me escribía largas cartas en tinta violeta en las que me decía que me encomendaba a Cristo para que mi vocación llegara a feliz término. Jamás hablaba de Jesús; siempre de Cristo, o de Jesucristo, o del Hijo del Padre. Y a mí la palabra Jesús me hacía tilín. El abuelo Pedro era un meapilas, un fanático, y perdona, madre, que te hable así. Pero es que te hizo mucho daño —a ti y a tus ocho hermanos—, llenando vuestros cerebros de temores, de malditos infiernos, de sospechas de pecado y de alusiones al pecado original. Lo cual era tanto más imperdonable cuanto que no era un iletrado; era, repito, maestro de escuela —dificultades para llegar a fin de mes—, y de ahí su traslado de un villorrio a otro en el Ampurdán. Tenía el cráneo un tanto ovalado, para leer y escribir usaba lentes de montura de plata y a lo largo de la semana cubría su cabeza con una gorra gris, la cual por arte de birlibirloque los domingos y festivos se transformaba en sombrero del mismo color. Se ganaba un plus dando clases particulares, sobre todo de matemáticas y de caligrafía. En clase vestía una bata azulada larga, habitual por aquel entonces entre el profesorado primario. Siempre le recuerdo sonriendo con su dentadura perfecta y hurgando en nuestras vidas. En cierto modo era un sabio, puesto que disponía de un telescopio gracias al cual oteaba el universo creado por Dios.

También recuerdo su voz susurrante, que en caso de reprimenda se tornaba ligeramente metálica. Los únicos regalos que me hizo, un año en la fiesta de los Reyes Magos, fueron una peonza y un caballo de cartón. Yo había pedido por carta una capilla, altar incluido, en miniatura, con candelabros y copón diminutos y ornamentos sagrados del imaginario sacerdote. Mi padre se opuso, prefirió la peonza y el caballo de cartón. Mi padre no quería que el abuelo Pedro —*L'avi Pere*— me influyera en exceso, me depositara en el seminario como se deposita una carta en el buzón. Pero tú estabas, madre, y no te lo reprocho, de parte del abuelo Pedro. Para vosotros era un Dios, deslumbrados acaso por la magia del telescopio. También le recuerdo con alpargatas, excepto los días de lluvia, en que echaba mano de unas botas de montar que le servían para avanzar entre las calles del pueblo convertidas en lodazal. Se acordaba de todas las fábulas de Esopo y de La Fontaine. Creí entender que tú eras la preferida entre sus hijas —Lourdes, Alejandra, Sara y María— y que su hijo preferido era el mayor, Benjamín, que más tarde se abrió paso en los negocios, llegando a ser, en Barcelona, el propietario de la Editorial Regina. Los restantes hijos, varones, se llamaban Fausto, que murió tempranero; Adolfo y Joaquín. El abuelo Pedro murió el año 1941, en Gerona, rodeado de todos los suyos, con los ojos vueltos hacia el techo, levantando ligeramente los brazos y murmurando que la Virgen salía a su encuentro para acogerlo en su seno, por lo que experimentaba una paz indescriptible.

Permítame, madre, que tenga también un recuerdo para tu esposo, para mi padre, que se llamaba Joaquín Gironella Angelet; tú te llamabas —te llamas— Rosa Pous Gironella. Erais primos hermanos, es decir, existía el obstáculo de la consanguinidad. Con sorprendente facilidad obtuvisteis el *placet* de Roma; sin embargo, el médico de Llansá, que era el consejero de la familia, os previno una y otra vez contra los riesgos que dicho parentesco podía acarrearos. Decía que el peligro de que alguno de los hijos naciera con una tara congénita no era una lucubración gratuita, sino un hecho clínicamente comprobado. El abuelo Pedro negó con la cabeza, según mi padre me informó en cuanto alcancé la mayoría de edad. Así pues, la boda se celebró, y tú, madre, te trasladaste al pueblo de Darnius, donde por entonces había recalado mi padre en sus andanzas de taponero, y en seguida te enseñoreaste de la mansión. Te convertiste en la columna vertebral del hogar y del patrimonio inherente a él, con una pequeña huerta, varias hectáreas de alcornoques y seis trabajadores a sueldo. Fue en el pozo de esta huerta donde se ahogó el gato *Mariano*.

Después de la primera guerra mundial el negocio menguó y tú y mi padre os lanzasteis a la aventura de probar suerte en San Feliu de Guíxols, donde yo vi por primera vez el mar. San Feliu de Guíxols contaba con un puerto mercantil merced al cual podían exportarse tapones, sobre todo a Inglaterra. Pero estaba escrito que mi padre no había nacido para llevar el timón de una industria que se estaba modernizando, y por fin la familia Gironella plantó sus raíces en la capital de la provincia, en Gerona, donde los sonidos de las campanas de la catedral y de la basílica de San Félix me marcarían para siempre.

Por aquel entonces yo había dejado ya el seminario y me colocasteis de aprendiz en la droguería Xifra Riera, sita en la Rambla. Tu disgusto, madre, ante mi decisión, fue mayúsculo. Siempre soñando en que uno de tus hijos fuera sacerdote y el hecho de que en Darnius aquella noche de Reyes yo pidiera una capilla, un copón y los ornamentos sagrados te había parecido una evidente premonición.

Me resultó difícil argumentar el porqué de mi «deserción». La verdad era que, de pronto, me di cuenta de que aquello me excedía. En Nuestra Señora del Collell, ante el sagrario, noté que no era lo suficientemente abnegado o santo para dedicar toda la vida al servicio de Jesús, o de Cristo. Además, había sentido los coletazos de la carne —poluciones nocturnas, masturbación— y me consideré indigno de ser representante de Dios en la tierra. Tal como expuse en la carta que el año 1978 escribí *a mi padre muerto* —por cierto, que sigo esperando, no sé si inútilmente, su respuesta—, lo cierto fue que tú, madre, debiste renunciar a que yo llegara a exhibir mitra y báculo (a tus amistades les decías que yo estudiaba para obispo) y me pasara los días hablándoles a las gentes del milagro de los peces y el pan y de aquel otro prodigio de caminar sobre las aguas. ¡Renunciar! Era mucho pedirte. Me sabías enamorado de la Virgen, hasta casi pecar de idolatría y no te cabía en la cabeza que «el diablo me hubiera tentado hasta ese extremo».

Recordarás que mi padre, después de haber ejercido de conserje en el local de Acción Catalana (Gerona), obtuvo una plaza en las oficinas de la Generalitat, precisamente en la sección de Cédulas Personales, desde donde se dedicó a favorecer en lo que pudo a las personas necesitadas. Recordarás también que mi padre casi se alegró de que yo, a través de la droguería Xifra Riera, me dedicara al comercio, que a su entender ofrecía mayor porvenir que el estudio de cualquier carrera, que en realidad es lo que yo habría deseado. «Aprende bien el oficio y algun día llegarás a tener negocio propio.» Todavía, por aquel entonces, mi padre era indiferente en materia religiosa, con cierto ampurdanés retintín por todo lo clerical, y tú, madre, le culpaste, aunque en secreto, de mi apostasía.

Fue a partir de mi estancia en la droguería, en la que trabajaba diez horas diarias —sólo libraba la tarde de los domingos—, donde, estimulado por Maragall y Verdaguer, empecé a escribirte poesías, utilizando lápiz y cualquier papel apto para emborronar. Poesías a tus cabellos, todavía negros, a tus cejas, muy pobladas y marcando un perfecto arco, a tu manera de mirar... Y a tus manos. A tus manos nervudas, con las venas —azules— visibles, que cocinaban, lavaban, planchaban y sostenían los capazos de la compra al regresar de la plaza Mercado, que se había inaugurado muy cerca de casa, en la calle de la Rutlla número 3.

Lo de la plaza Mercado, al igual que te ocurría en las tiendas del contorno, tiene su aquel. Siempre traías lo *mejor,* la mejor mercancía, lo mismo si se trataba de verdura, que de fruta, que de carne o pescado. Y no porque pagaras más que nadie, sino porque las vendedoras te querían bien. Te llamaban doña Rosita. De hecho, en muchas ocasiones no podías pagarles hasta fin de mes, gracias a la exigua paga que percibía mi padre en la Generalitat, más tarde en la Diputación. Éste era tu secreto, madre querida, y continúa siéndolo ahora que te instalaste en el más allá. Caías bien a la gente, a las personas, personas de cualquier edad o estamento social. Perfecta administradora del hogar. Mi padre, sin ti, se hubiera sentido un náufrago. Le sostenías la moral y sostenías la moral de tus cinco hijos. Sacabas pan de las piedras. El piso que habitábamos era espacioso, pero poco confortable. Lo que recuerdo sobre todo de él es el frío. ¡El frío en otoño y en invierno! ¡El frío húmedo de Gerona! Se calaba hasta los huesos e incluso en los muebles, sin que los augustos sonidos de las campanas de la catedral y de San Félix pudieran amortiguarlo. No teníamos calefacción, no teníamos chimenea, como la habíamos tenido en Darnius; una simple estufa en el comedor, de carbón o de serrín, que junto con los fogones de la cocina te protegían apenas de los sabañones. Alrededor de la estufa se reunía la familia, todos nos reuníamos, chismorreando alegremente e incluso cantando a coro con cualquier pretexto. Mi padre, a veces, que se las daba de rapsoda, leía en voz alta las poesías que yo te dedicaba. Ovaciones clamorosas, y tú, madre, secándote las lágrimas con la punta del delantal.

En la parte delantera teníamos alquilado un piano, puesto que mi hermano Juan, el primogénito, lo había estudiado en San Feliu de Guíxols y a la sazón formaba parte de la popular *Broadway Jazz*. Jaz... Mi padre, que solía escuchar ópera y zarzuela en un viejo tocadiscos (obsequio de tío Benjamín), se balanceaba en un sillón escuchando los ritmos que improvisaba mi hermano Juan. Seguía o marcaba dichos ritmos con la cabeza, moviéndola de izquierda a derecha y marcando también el compás con ambos pies, en singular pedaleo. Tú, madre, a menudo te acercabas al piano, contemplabas el milagro de las obedientes teclas y volvías a tus quehaceres luego de alborotar la cabellera de tu hijo Juan.

En la parte trasera del piso teníamos una holgada terraza que colgaba sobre el Oñar. ¡Era tu *habitat* predilecto! Con muchos tiestos de flores sobre los cuales disponías de indiscutible autoridad. Los cuidabas, los regabas, te pertenecían. Una de tus cualidades más notorias era ésta: todo te parecía un milagro, como debió parecérselo a Adán y a Eva en el momento de la creación. Milagro el Oñar, que, cuando bajaba crecido y bravucón, constituía un espectáculo impar, por la heterogeneidad de las «cosas» que arrastraba, desde muebles, troncos, latas, matojos, animales muertos... Milagro la lluvia —caída del cielo—, milagro el sol —nacido en el cielo—, milagro la noche, que en la terraza se poblaba de fantasmas y que se posaba sobre las teclas negras del piano. Milagro el carbón y el serrín, gracias a los cuales funcionaba la estufa, y milagro incluso el papel engomado, matamoscas, que pendía del techo justo sobre el centro de la mesa del comedor. Ni siquiera necesitabas el telescopio para elevar tu espíritu hacia regiones inefables. Lo pequeño, lo ínfimo, lo nimio, te llenaba el pecho. El abuelo Pedro decía que eras a la vez Marta y María; yo sólo sé que eras feliz, lo mismo cocinando o planchando, que haciendo ganchillo, que ahuchando mis poesías en un saco de arpillera que en Darnius había servido para guardar tapones.

Recordarás, madre, que mi padre amaba el bricolage. Lo mismo arreglaba un enchufe que un despertador, un grifo que la vetusta radio Telefunken que habíamos ganado en una tómbola. Aunque —hijo de zapatero— en lo que se le notaba la maestría era en reparar nuestro calzado. Sentado en la terraza en una baja silla de enea les daba al martillo y a los clavos con insólita precisión. También gozaba lo suyo encuadernando libros adquiridos en el almacén del trapero del barrio, con el que le unía una buena amistad. *La historia de Catalunya*, Walter Scott, Dickens, el padre Coloma y un largo etcétera. Naturalmente, encuadernaba también, madre, tus vidas de santos, tu *Kempis* particular y una edición barata de las *Florecillas* de Francisco de Asís.

Lo que me resulta difícil perdonarte, madre —y de ello hablé, aunque sólo de pasada, en la *Carta a mi padre muerto* que eché al buzón en 1978—, es que, sin darte cuenta, nos traspasaras a los hijos la escasa flexibilidad de tus convicciones religiosas y el punto caliente de represión a que el abuelo Pedro te acostumbró. No querría pecar de injusto, madre, pero es que tal fanatismo me ha causado violentos sufrimientos a lo largo de mi vida. Por ejemplo, periódicamente me insinuabas que nuestro padre era un obseso sexual. Con la perspectiva de los años he llegado a la conclusión de que no era tal; pero por entonces conseguiste que yo pasara una temporada, lisa y llanamente, *odiando* a mi padre como si cometiera contigo incesantes actos de violación. ¿Por qué detestabas tanto el acto carnal, si gracias a él tuviste los cinco hijos que hasta tu muerte —¡a los noventa y nueve años!— llenaban de gozo exultante tu corazón? *L'avi Pere* estaba detrás de tu inexplicable postura; él y sus cartas de tinta violeta que escribía a todos sus nietos.

Ahora que estás en los cielos, donde a buen seguro te has reunido con mi padre, junto al cual debes estar viéndome mientras escribo esta carta sin la menor inhibición, ahora, digo, comprenderás que fue el mismo Dios quien le dijo a Abraham aquello de que tendría tantos descendientes como estrellas hay en el firmamento. Mi padre te fue fiel. Te fue radical y totalmente fiel, y nadie que le conociera podría dudar de este aserto. Por tanto, no hacía más que usar de sus legítimos derechos, puesto que el día de la boda el sacerdote os anunció que seríais dos en una misma carne.

Siento que me lastimo a mí mismo hablándote de esto, madre, pero necesito desahogarme. En nuestros diálogos siempre eludí ex profeso el tema, para no causarte daño; pero ahora que *tu carne* nos ha dejado, que estás en los cielos, sé que aceptarás mi reproche. Reproche que no es, por supuesto, ninguna nimiedad. Ese punto caliente de represión me ha perseguido, repito, a lo largo de toda mi vida y a menudo me ha colocado en una situació de total desconcierto ante el inevitable tumulto de las pasiones humanas.

En 1933, tres años antes de que estallara la guerra civil, cambié de oficio. Fue una decisión de mi padre, que tú, por supuesto, aprobaste. Dejé de ser aprendiz de droguero y me convertí en botones —por entonces se llamaba «meritorio»— de la sucursal en Gerona del Banco Arnús. Por lo visto yo no tenía voz ni voto, puesto que la banca no me atraía ni tanto así. Era un «mandao». Claro que mi padre y tú actuabais con la mejor intención.

En el Banco Arnús aprendí muchas cosas, como le ocurriera al Ignacio Alvear de *Los cipreses creen en Dios*. En primer lugar descubrí, con mucho mayor realismo que antes, que en la ciudad existían pobres y ricos, señores, estos últimos, a los que el director —que fumaba en pipa— saludaba ostentosamente, con un humillante y desproporcionado sentido reverencial, y que vivían como reyes con sólo «cortar mensualmente el cupón». En segundo lugar, descubrí que «en la sociedad humana existían diversidad de pareceres, diversidad de opiniones». Hasta aquel momento había vivido en un clima casi excluyente, uniforme, monolítico, sin apenas opción, pese a que vosotros, padres queridos, continuabais ocupándoos de una serie de menesterosos del barrio de la Rutlla en que habitábamos. En el Banco Arnús había sindicalistas de la UGT, un par de anarquistas, un cajero que era separatista catalán y un contable que, a escondidas, no sé por qué —tal vez por miedo a Gil Robles— leía *El Capital*, de Marx. El subdirector era una perla. Joven, prematuramente calvo y con una incipiente papada, tenía una obsesión: la masonería. Todos los males de la sociedad los achacaba a la masonería. Me prestó un par de libros que se ocupaban del tema y mi curiosidad hizo el resto. ¡Qué descubrimiento! «No se trata de una secta secreta dedicada a la hermandad y al bienestar público; se trata de una secta conocida, de origen anglosajón, protestante, que tira de los hilillos de cuanto ocurre dentro y fuera de nuestras fronteras, dirigida sobre todo desde Inglaterra y Estados Unidos. En España las logias masónicas destacan por la saña con que persiguen todo cuanto huele a religión católica. Muchos de sus ritos y liturgia son una vil copia de los que rigen en el Vaticano.» En seguida hice buenas migas con el subdirector, puesto que conmigo podía desahogarse sin temor a ser ridiculizado y tachado de loco de atar.

La lucha de clases... Era el punto y clave del contable, del lector de Marx. Hombre introvertido, inteligente, culto, no soltaba una palabra que no rezumara una convicción profunda, basada especialmente en «la prosperidad de la Unión Soviética». En cierta ocasión le pregunté cómo podía conciliar sus ideales con su empleo en un Banco, símbolo del capitalismo más feroz. Me miró de un modo extraño y me contestó en forma sibilina: «Yo trabajo en el lugar que el Partido me asigna.» Y puesto que yo era un «mandao» me envió, como todas las mañanas, al quiosco de periódicos de la Rambla a comprar toda la prensa diaria con la que él se alimentaba.

De vez en cuando aparecías tú, madre, a media mañana, trayéndome un bocadillo. Si llovía, me sorprendías inevitablemente secando el suelo a base de escoba y serrín para que los señores del «cupón» no tuvieran que mojarse los pies. Tu sonrisa era dulce, aunque no comprendías que me tuvieran relegado todavía al último lugar del escalafón. «A ver cuándo podré verte detrás de una ventanilla atendiendo a los clientes.» Eras, madre, tan inteligente como el contable y tan lista como el subdirector. Lástima que no hubieras tenido tampoco acceso a estudios superiores, a una carrera universitaria. ¡Erais tantos hermanos!... Y el sueldo de *L'avi Pere* más raquítico aún que el de mi padre. Pero, de haber nacido en otro hogar o en esta época, le hubieras dado ciento y raya a tu hermano mayor —tío Benjamín—, el que triunfaba en Barcelona con los negocios y al que mi padre admiraba como si fuera el Espíritu Santo. El tío Benjamín era el espejo en que, sin daros cuenta, contemplabais el mundo y sus posibilidades. Por descontado que se tenía merecido un puesto de honor, por su honradez, don de gentes, vitalidad y constante preocupación por su plantilla de trabajadores. Además le apasionaba la música y estaba abonado al Liceo. Tanto le gustaba la música que un buen día se descolgó regalándole un excelente piano, un Pleyel, a mi hermano Juan, el cual se quedó boquiabierto, lamentando no llevar sombrero para podérselo quitar.

Las siglas UGT, madre, te asustaban, porque apuntaban al tío Benjamín y al sacerdote que habías elegido como confesor, un canónigo de la catedral severo y dogmático. Unión General de Trabajadores... El canónigo, que se llamaba Compte, te decía que la palabra «trabajador», en singular, era casi venerable, pero que al convertirse en plural se transformaba en un peligro cierto para los patronos. En cuanto a la masonería, era para ti un colectivo depredador, una organización dedicada a desencadenar aquí y allá revoluciones que pudieran desestabilizar el mundo y acabar un buen día colgando al Sumo Pontífice de una de las columnas de la plaza de San

Pedro. ¿Y el comunismo? Los nombres de Marx y de Lenin olían también a azufre, pero no te resultaban familiares ni las barbas del primero ni la perilla del segundo. Sabías, eso sí, por mediación del canónigo Compte, que el comunismo hacía tabla rasa de todos los valores tenidos por sagrados y que se proponía nada menos que la victoria universal del proletariado. «Invadirán las calles con sus banderas rojas y sus hoces y martillos, impondrán el amor libre y cortarán la cabeza de todo aquel que haya ahorrado más de un duro.»

Por entonces yo era un ferviente aficionado al fútbol. Solías decirme, con la sonrisa en los labios, que por el Gerona Club de Fútbol me dejaría matar. No te desagradaba esta afición, habida cuenta de que a mi edad las había mucho peores. Pero sufrías mucho por mi padre, que en el estadio de Vista Alegre, sede del equipo local, sufría desproporcionadamente, hasta el extremo de que regresaba a casa con la cara enrojecida y el sudor en la frente. Si el Gerona Club de Fútbol perdía, el corazón de mi padre hacía un tictac acelerado, hondo, peligroso. Consultaste con nuestro médico de cabecera; éste le auscultó al regreso de un partido y su diagnóstico fue solemne: prohibido ir al estadio. Mi padre se llevó el disgusto del siglo, pero no tuvo más remedio que obedecer. No obstante, quedaba la radio, el Telefunken primario que teníamos en casa. Retransmitían los partidos, los enfrentamientos con los equipos rivales y el resultado era casi peor. Prohibido enchufar la radio. Me parecía imposible que una contrariedad de ese tipo pudiera alterar de tal modo el ánimo de mi padre, pero así fue. Te costó Dios y ayuda convencerle de que no le quedaba otro remedio. El caso es que fue desacostumbrándose de considerar que dos puntos perdidos en el campeonato eran una catástrofe nacional. Por fin el fanatismo se diluyó —como siempre, madre, tú ganaste la partida— y entonces se dedicó a ir al café con los amigos a jugar a las cartas o al dominó.

Sin embargo fracasaste en otro de tus empeños: que dejara de fumar. Liar el cigarrillo era para mi padre una liturgia, la liturgia característica de los taponeros. «El tabaco no me perjudica. ¡Si lo sabré yo! Todas las ideas brillantes se me ocurren mientras contemplo el humo subir hasta el techo.» Por si fuera poco, una tarde, mientras trabajaba en la terraza reparando las suelas de mis zapatos domingueros, me permitió darle tres chupadas al cigarrillo que acababa de encender. Tú, madre, no te enteraste. De haberlo hecho, hubieras armado la marimorena y afirmado que mi padre había dejado de serte totalmente fiel.

Me afilié a la FJC, Federació de Joves Cristians de Catalunya, organización autóctona que hacía las veces de Juventudes Católicas. Dada mi facilidad de palabra —¡cuánto la echo de menos!—, me nombraron vocal de Propaganda del grupo adscrito a los hermanos de la Salle. Dentro de ese grupo —cursillos de estudios, oraciones colectivas y conferencias sobre el Antiguo y Nuevo Testamento— reviví en mi interior emociones espirituales que mis compañeros del Banco Arnús no podían sospechar siquiera. ¡Con qué placer, madre, escuchabas mis relatos referidos al apostolado que los *fejocistes* desarrollábamos en toda la diócesis! Estuviste a punto de creer que volvería al seminario... No había tal. Sin embargo, mis recuerdos de aquel período de mi vida son imborrables. Por mor de mi cargo dedicaba muchos domingos a recorrer los pueblos de la comarca intentando convencer a los oyentes de que la existencia de Dios no era una entelequia, sino un hecho más real que cuantos hechos reales pudieran existir en el mundo. Siempre me acompañaban el consiliario, el presidente del grupo La Salle y varios *fejocistes* más. ¡Peligro! Faltaban pocos meses para que estallara la guerra civil. El ambiente estaba muy cargado. No sólo teníamos adversarios o contraopinantes sino enemigos de tomo y lomo, especialmente los de la FAI. De ahí que un día de Corpus, mientras yo discurseaba en el vecino pueblo de Quart, en la plaza mayor, subidos todos al tablazón preparado para la cobla de sardanas que actuaría luego, empezaron a caer piedrecitas a nuestros pies. Los lanzadores eran los jóvenes de la FAI del pueblo, que no creían que Dios existiera y sí creían, en cambio, en la revolución universal, en «destruirlo todo para reconstruirlo de nuevo».

Recordarás, madre, que junto con mi padre os habíais desplazado para oír mi perorata y aplaudir al final. ¡Peligro! Dos piedras de regular tamaño rozaron nuestras cabezas y se presentía que de un momento a otro nuestros «enemigos» darían en el blanco. La sangre se me heló en las venas y fui el primero en saltar del tablado y refugiarme en el pequeño autocar que habíamos alquilado en Gerona. Los demás compañeros siguieron mi ejemplo, sospecho que menos temblorosos que yo. Mi padre y tú fuisteis los últimos en subiros. Tú llorabas, madre, y sentada a mi lado me apretabas contra tu corazón, que también debía latir con un tictac acelerado y profundo. Mi padre, en la parte trasera, que no veía con buenos ojos que yo expusiera mi pellejo en aventuras espirituales de tal calibre, barbotó en voz alta: «¡Bien, bien! Una pedrada en la sien y te hubieras convertido en mártir...» Tú, madre, te soltaste de mi brazo y le miraste con una mezcla de sorpresa y de rencor. Por fin susurraste: «Pues sí, llevas razón... Ahora tendríamos un hijo mártir.» El consiliario despejó la situación proponiendo rezar un padrenuestro por el alma de los jóvenes fanáticos de la FAI.

No hace falta que te recuerde, madre, lo que ocurrió el 18 de julio de 1936: la sublevación militar que se inició en Canarias y en África y que había de derivar en la guerra civil. Gerona se transformó en un baño de sangre, puesto que los «sublevados», compuestos, como sabes, por personas de muy heterogénea condición, perdieron la partida y los «milicianos» se adueñaron de la calle, de las vidas y de las haciendas. Aunque abrigo la certeza de que donde ahora te encuentras no puedes sufrir, me abstendré de reiterar detalles. Sólo te recordaré que yo tenía dieciocho años y que entre los milicianos se encontraban varios de mis compañeros de trabajo en el Banco Arnús, capitaneados por los anarquistas, especialmente por uno, que se llamaba Arnaldo, bajito y escuchimizado, muy miope, que se pasaba el día mordisqueando pedazos de pan.

Los rentistas, los señores del «cupón» que no consiguieron huir, fueron fusilados. Los falangistas fueron fusilados, así como varios médicos. Lo mismo les ocurrió a los militares que habían ocupado la ciudad hasta que en Barcelona el general Goded se rindió y pidió a todas las guarniciones de Cataluña que depusieran las armas. Pero pronto, muy pronto, la «limpieza» recayó sobre cuanto tuviera que ver con la religión. Cayeron buen número de frailes y de sacerdotes —uno de ellos, el canónigo Compte, tu confesor—, ardieron las iglesias y la poética y pacífica Rambla se llenó de hogueras en las que crepitaban las imágenes y los libros santos. Mi padre conservó la serenidad y, desafiando el peligro, exponiéndose a ser él mismo mártir, escondió en las afueras de la ciudad el Sagrado Corazón que presidía el comedor, la imagen de la Virgen del Carmen y todos los símbolos religiosos que teníamos en el piso, sin excluir las estampas, el *Kempis* y los recordatorios. Escondió incluso el calendario que anualmente nos enviaban los misioneros y que representaba a una monja de la Caridad atendiendo a unos leprosos.

El resto, ya lo sabes, vive Dios. Continué trabajando en el Banco Arnús —el subdirector, experto en masonería, fue también asesinado— hasta que, a los seis meses justos, ante la evidencia de que la lucha entre las dos fuerzas combatientes sería larga, a uno de los «comités del pueblo» al que pertenecía Arnaldo le pasó por las mientes que los *fejocistes* debíamos también ser liquidados. Ello me tocaba muy de cerca y te recuerdo de rodillas en el comedor, al lado de la estufa de carbón, pidiéndole al Señor que salvara mi vida. Como bien sabes, el Señor oyó tu súplica, aunque el brazo ejecutor fue mi padre, cuya familia ampurdanesa blandió desde el primer momento la bandera roja de la revolución, paseándose en coches requisados, vigilando los cruces de carretera y llevando pistolones en el cinto.

Mi padre se las compuso para dar a entender a mis primos hermanos que yo era de su misma sangre, y uno de ellos, llamado Aniceto, acudió en mi ayuda. La despedida, en nuestro piso, una fría madrugada de diciembre, no he podido olvidarla jamás. Mi primo Aniceto se comprometió a acompañarme hasta la mismísima frontera francesa, afrontando el riesgo que cupiera afrontar. «No temas. Te acompañaré hasta Morellás, desde donde en cuestió de una hora podrás ponerte a salvo, presentándote a los gendarmes de Banyuls-sur-Mer.» Mi padre le abrazó, tú, madre, le abrazaste también y, mientras mis hermanos lloriqueaban, yo bajé la escalera como un sonámbulo, ignorando cuál sería mi destino. Según me contasteis tres años más tarde, ya terminada la contienda, todos permanecisteis en el comedor, al lado de la estufa, rezando el rosario y pidiéndole a la Virgen de Lourdes que bendijera a Aniceto por la hombría que demostró, jugándose también el pellejo para salvar al «fascista» en que yo me había convertido.

No viene a cuento, madre, repetir una vez más lo que fue de mí hasta la terminación de la guerra, pues lo que pretendo con esta carta es hablar de ti. Me salvé —Dios bendijo a Aniceto—, luché por espacio de dos largos años con las fuerzas «nacionales», en una compañía de Esquiadores que montaba la guardia en el Pirineo de Huesca, y salí con bien de la aventura. Acaso lo más dramático fuera que durante ese período de tiempo yo no supe nada de vosotros y que vosotros no supisteis nada de mí. A menudo pensé, mientras cargaba el arma, rodeado de nieve, de la nieve que cubría las montañas aragonesas, que tal vez por mi culpa alguno de vosotros había sido asimismo fusilado. Temía sobre todo por mi padre y también por ti, pues te veía capaz de imitar a Aniceto y jugarte la vida para salvar a una monja o a algún sacerdote amigo de la familia.

Dos largos años de ausencia y de silencio. De vez en cuando sufría mucho porque, sin adivinar la causa, vuestros rostros se diluían en mi recuerdo. El de mi padre no llegó jamás a diluirse del todo; el de mis hermanos, sí. Y de un modo muy marcado, el tuyo. ¿Cómo era ello posible? Recordaba con prístina nitidez el halo inconfundible que emanaba de tu persona, pero no tus facciones; tus facciones una a una, que tantas veces yo había cantado en las poesías que te dediqué. ¿Cómo eran tus cejas, tus ojos, tus mejillas, tu boca, los pechos con los que me amamantaste? ¿Cómo era tu forma de deambular, de aventar los fogones, de caminar cuando regresabas de la plaza Mercado con los capazos tan repletos que te obligaban a descansar de vez en cuando? ¿Cómo era tu voz, aquella voz potente que me había cantado nanas y me había dado tantos consejos útiles y también, por qué no decirlo, alguno inútil, por causa de tu fe de carbonero que yo no podía compartir? Sólo conseguía recordarte fielmente en sueños. El médico de mi compañía de Esquiadores se reía porque yo afirmaba que soñaba en relieve. Él lo negaba, pretendía que los sueños son planos, como los de los perros son en blanco y negro. ¡Yo te soñaba en relieve! Pero al despertar me encontraba de nuevo con los Altos Pirineos a mi alrededor y con algún que otro camarada del valle de Panticosa o de Sallent de Gállego que blasfemaba o contaba chistes que por aquel entonces a mí me parecían obscenos.

Corte radical con toda mi familia. Aniceto no me había permitido llevar conmigo ninguna fotografía vuestra. «Si algo te ocurriera podrían identificarlos y lo pasarían pero que muy mal.» Tenía razón. Todos mis esfuerzos por conectar con vosotros a través de algún enlace francés o de algún consulado fracasaron. Era la guerra sin cuartel. Sólo quiero añadir, madre, que no todo en dicha guerra pintó de color negro. Pasé horas eufóricas, irrepetibles, no sólo porque las operaciones militares nos permitieron avanzar hacia Cataluña —es decir, hacia nuestro piso de Gerona—, sino porque la maravilla del paisaje nevado en torno y el buen humor de la mayoría de mis camaradas nos insuflaban el ánimo necesario para reírnos y para cantar alrededor de la hoguera canciones folklóricas, aragonesas, asturianas, *Adiós, Pamplona, «Eres alta y delgada», «El sultán tiene una pipa que es de plata»* y los himnos *Cara al sol* y el *Oriamendi*. Yo era el encargado de modificar las letras, los textos, a fin de que respondieran a los minúsculos detalles de nuestra vida cotidiana. Lo mejor eran los estribillos, pues ahí los cantábamos todos a coro, redoblando las voces y sin que al final dejara nunca de sonar un fervoroso aplauso colectivo.

Lo que nunca te conté, madre, es que, en plena guerra, estuve a punto de casarme. No sé si el papeleo lo hubiera permitido, pero yo estaba enamorado hasta el tuétano. Una madrina de guerra que había conocido fugazmente en San Sebastián, mientras hacía la debida instrucción antes de incorporarme al frente. Se llamaba Elisenda Aguirre y era sobrina de un general de Intendencia, general cuyos buenos oficios bien hubierais necesitado en la zona «roja», habida cuenta del hambre que os devoraba.

Elisenda era alta, esbelta, con los ojos protegidos por unas larguísimas pestañas, un mentón enérgico y unas manos aristócratas. Se portó conmigo de maravilla, convirtiéndose en mi cicerone en la villa de Donostia. Desde el frente empecé a escribirle cartas más o menos apasionadas según fuera la cantidad de chocolate, de tabaco y de revistas, algunas de ellas extranjeras, que me hacía llegar por correo certificado.

Nuestro epistolario marcó un *in crescendo* espectacular. Su grafía, su letra, era de colegio de pago y una prosa de impensable calidad, dado que sólo contaba diecisiete años. Como fuere, tal vez porque yo disponía de media docena de fotografías suyas que constituían la envidia de mis camaradas, fui enamorándome como un bendito de aquella imagen tras la cual se erguía el misterioso monte Igueldo. Terminé por formularle una petición en regla, a la que ella contestó con cierta ambigüedad pero sin cerrarme, ni mucho menos, las puertas. A partir de ese momento magnifiqué todavía más su figura, figura que fue ocupando mi mente a lo largo de muchos días y semanas, de un modo especial en las horas solitarias de guardia en la nieve, en los lagos de Brazato y Bachimaña. Por fin llegó mi primer permiso para descansar en la retaguardia: quince días. Me presenté por sorpresa en San Sebastián y Elisenda se quedó de una pieza. Como sabes, madre, por aquel entonces yo lucía una espléndida cabellera rubia, un bronceado (sol-nieve) de primera calidad y rebosaba —¡Señor, Señor!— salud y vitalidad por todos los poros de mi piel. Por si algo faltara, el uniforme de esquiadores prestaba a quien lo llevaba una elegancia especial.

Los quince días de permiso fueron un anticipo de lo que debe ser el cielo en el que, madre querida, tú ahora estás. Mi represión sexual no me permitió siquiera besarla en los labios, puesto que mi confesor en Gerona me había advertido que era pecado mortal; de modo que me limité a abrazarla con todas mis fuerzas, a estrecharla contra mi pecho, a besarle las mejillas y las manos, no sin una lucha feroz contra mi naturaleza juvenil que me impelía hacia rutas más placenteras. Me sorprendió que Elisenda, temperamental de suyo, no se sintiera defraudada. Pensé que tal vez fingía, o se autocontrolaba para no complicar las cosas. Le propuse casarnos en seguida, como lo había visto en las películas americanas; ella me cortó con rapidez, aduciendo que jamás lo haría sin el consentimiento de nuestras respectivas familas. «La mía está a tu alcance aquí mismo, en la calle Ramiro de Maeztu; pero la tuya está en el otro confín y sería una broma pesada que te presentaras en Gerona dentro de equis tiempo —la guerra se prolonga demasiado—, con una esposa desconocida que llevara en sus brazos un bebé.»

A más de esto, adujo nuestra excesiva juventud y los peligros que el ardor de la guerra confería a los sentimientos. «En el fondo nos conocemos poco, de un modo un tanto artificioso, pues por carta puede uno embalarse con una especie de borrachera, máxime tratándose de una pareja como tú y yo, que poseemos cierta magia en el uso de la palabra.» Todos mis argumentos a contra reloj toparon con su recia actitud. Menos soñadora que yo, Elisenda, en el momento de la verdad, era siempre reposada, reflexiva. Se me ocurrió que podía ir a visitar a su tío el general, pero inmediatamente la idea se me antojó ridícula.

Transcurridos los quince días de permiso, no me cupo otro remedio que reincorporarme al cuartel de Panticosa, que regresar al frente. Me pasaba horas enteras contemplando las fotografías que nos habíamos tomado juntos en el paseo de la Concha. «La pareja ideal.» Mis camarada me felicitaban. «¡Menudo bombón!» «¡Con una gachí como ésa, yo desierto a Francia y mando a hacer gárgaras al mismísimo Franco de los cojones!» Entretanto, las porciones de chocolate y los paquetes de tabaco me llegaban aún con mayor abundancia que antes. Incluso recibí unos guantes y un pasamontañas de lana tricotados a mano por esa gachí que se había convertido en mi obsesión. Por descontado, no tiré la toalla, pese al fracaso de mi primer envite. Consideraba que Elisenda era mi novia formal y, por si algo faltara, tenía la íntima convicción de que, una vez terminada la guerra, si no me ocurría nada malo, tú, madre, la recibirías con los brazos abiertos y nos darías la bendición.

Pero los hados habían dispuesto las cosas de otro modo. Apenas iniciado el avance de las tropas hacia el interior de Cataluña, cuando acampamos en Seo de Urgel y se presentía el fin de la contienda, recibí un mazazo en la nuca: una carta de Elisenda en la que me contaba la verdad de su situación. Se había comprometido formalmente con un flamante alférez provisional, vasco como ella, de veintidós años, y que lucía dos medallas militares individuales. «Nos casaremos en la iglesia del Sagrado Corazón al día siguiente del último parte de guerra.»

Toda la prosa nostálgica con la que la muchacha envolvió y pretendió justificar su decisión me sonó a hueco. «Tal vez conociera ya al alférez mientras nos abrazábamos en San Sebastián.» Lo primero que hice, madre, fue volverme loco. Lo segundo, volverme más loco todavía. Luego rompí en pedazos la carta y salí fuera de la chabola y oriné encima de los trozos de papel. Luego prendí fuego, con mi mechero de yesca, a las fotografías de la Concha. Ni siquiera contesté a la misiva de Elisenda y en cambio me presenté voluntario —¡con lo cobardica que yo era!— para una misión arriesgada que, partiendo de Seo de Urgel, debía dirigirse a la mismísima frontera francesa.

Tú me habías enseñado, madre, de acuerdo con el Evangelio, que «debíamos amarnos los unos a los otros» hasta el final. Por ello sufrí tanto durante la guerra civil. Porque estaba en el frente con un fusil en la mano y presto a disparar si las circunstancias lo requerían, aunque estar en esquiadores no era comparable a estar en un tabor de regulares, para citar un ejemplo. Sin embargo, en cualquier escaramuza podía presentarse la ocasión, como así ocurrió en nuestro avance hacia Cataluña. Tuve que disparar. ¿Maté a alguien, a algún ser humano? ¿Fui yo también un fratricida? De fijo no lo sé, pero pudiera ser. A veces tal posibilidad hacía que me dolieran incluso las entrañas. ¡Guerra civil! La peor de las guerras, según los escudriñadores del alma humana y el simple sentido común. ¿Por qué me encontraba yo en aquel lugar del Pirineo? ¿Sería para vengarme de las piedras que los militantes de la FAI lanzaron contra nosotros en el mitin de Quart? ¿Por los asesinatos que se cometieron en Gerona? ¿Por afán de supervivencia? Constantemente retumbaban en mis oídos las palabras de nuestro comandante, que era aragonés, manco y había estado en la Legión: «O ellos o nosotros.» ¿No hubiera sido mejor quedarme en Francia y aguardar tranquilamente a que cesara la tormenta? Por aquel entonces, ¡válgame Dios!, yo creía que no. La propia Iglesia nos alentaba a la lucha contra el «enemigo», que a su entender era el mismísimo Satán. Pero a menudo yo sufría. ¿Cómo era posible que España se hubiera dividido en dos bandos irreconciliables? Caín inició la saga, pero algunos teólogos sostenían la tesis de que mató a su hermano porque desconocía lo que era el Mal e ignoraba lo que era la Muerte. Yo, en cambio, sabía ambas cosas y, pese a ello, estaba dispuesto a matar a los Abel que tenía enfrente.

La prueba era dura, madre. De repente me embargaba el odio hacia los «rojos». Y el odio es el peor de los consejeros. Lo sentía dentro de mí como si fuera una serpiente que me envenenara la sangre. Los «rojos» dejaban de ser personas y se convertían en alimañas que era preciso exterminar. Lo mismo daba matar a uno que matar a ciento. Enterrábamos los cadáveres del enemigo como si fueran muñecos o títeres. Su mismo hedor me convencía de que estaba en lo cierto, de que circulaba por el camino correcto. Sin embargo, de vez en cuando, registrando sus bolsillos, encontrábamos fotografías de sus seres queridos y alguna que otra carta de amor. Entonces me rascaba la sien con la uña del dedo índice y todo el edificio construido con mis sofismas se derrumbaba a mi alrededor. Y odiaba la guerra. Y odiaba también a mis camaradas. Y odiaba al comandante. Y rezaba con todas mis fuerzas para que aquella pesadilla terminara cuanto antes.

¡Llegué a desear que la pesadilla terminara en tablas! Pero tal deseo me parecía una insensatez. Estaba en juego nada menos que el culto debido a Dios, estaba en juego la *Verdad*, las soflamas del enemigo defendían la mentira, eran en sí mismas la *Mentira*. La palabra «Cruzada» se había incrustado en mi mente como la metralla se instalaba en el cuerpo de los moros que, paradójicamente, nos ayudaban a llevarla a buen fin. El propio capellán de la compañía, con quien solía confesarme de vez en cuando —a veces, a 2 600 metros de altitud—, me repetía sin cesar que cumplía con mi deber de cristiano y que si moría en el empeño me convertiría en mártir. Y he aquí que en mi infancia, oyendo a los misioneros, en más de una ocasión había deseado precisamente el martirio. La ocasión la tenía, pues, al alcance de la mano, en el gatillo de mi fusil. Uno de mis camaradas, que tenía una hermosa madrina de guerra en Zaragoza y que me pedía ayuda cuando debía escribirle las consabidas cartas —el muchacho era analfabeto y le llamábamos *el Cacerola* porque era el primer cocinero de la compañía—, se suicidó. Se suicidó después de conquistar, sin una sola baja, el valle de Ordesa, el parque de Ordesa, una de las maravillas del maravilloso mundo de las montañas. Nadie supo por qué. Minutos antes nos había servido el rancho —mi plato lo llenaba siempre a rebosar y a menudo me encontraba en la mochila con un chusco extra de pan—, y cantó como todos «*Eres alta y delgada*» porque las tropas nacionales habían llegado al mar, en el sector de Vinaroz. Se especuló sobre las posibles causas de su letal decisión. ¿Su madrina de Zaragoza le habría dado esquinazo? ¿Le roía por dentro algún remordimiento feroz? ¿Fue un ataque de locura? Nunca lograríamos conocer la verdad. El caso es que uno de nuestros oficiales no le llamó víctima, ni, por supuesto, mártir, sino que le llamó traidor. Claro, claro, suicidándose había dejado de colaborar, de ser útil. Con un agravante: tuvimos que enterrarlo en el propio valle de Ordesa, a orillas del río y el capellán no sabía si echarle o no echarle agua bendita con el hisopo, puesto que los suicidas no se merecían liturgia sagrada, ni tierra sagrada. En el cementerio de Gerona, lo recordarás, madre, los suicidas contaban con unos pabellones aparte, marginales, que los mismos *fejocistes* procurábamos evitar. Nadie cantó nunca por ellos el *Dies irae*. La muerte de *Cacerola* me traumatizó por espacio de un mes. El tiempo se me echó encima, nuevos y flamantes muertos le sustituyeron y a partir de ahí lo que eché de menos fue la copiosa ración de sopa y el chusco extra de pan.

A los pies de una pirámide de bombardeos, muertos y suicidios —suicidios mayormente en el bando de los vencidos—, la guerra terminó el día 1 de abril de 1939. Vosotros, madre, esperabais que yo entraría en Gerona con el carro de los vencedores, tal vez encabezando el primer pelotón. No hubo tal. No obtuve el necesario permiso para ir a abrazaros hasta quince días después. Por fortuna, pude enviaros un telegrama informándoos de que «estaba vivo» y que a no tardar podría trasladarme, con mi elegante uniforme de esquiador, a la calle de la Rutlla, número 3, donde todos me aguardabais. De suerte que esas dos semanas de tardanza lo fueron para vosotros de zozobra, pero no de una zozobra radicalmente dolorosa. Sabíais que estaba vivo, aunque temíais que me presentara ante vosotros con alguna herida de mayor o menor consideración. Tú, madre, le temías más que nada a una posible herida moral. La guerra era un infierno y en el infierno todos los condenados hierven por toda la eternidad. La guerra era capaz de convertir un ángel en demonio, experiencia que todos vosotros, en Gerona, habíais tenido ocasión de constatar.

Por fin obtuve el permiso debido. Un camión renqueante me depositó en la plaza de San Agustín. Eché a correr hasta la calle de la Rutlla, subí la escalera saltando los peldaños de tres en tres y pulsé el timbre. Inmediatamente la puerta se abrió y pronto nos encontramos en el comedor, todos abrazados, formando una piña que sólo puede alcanzar el punto culminante en el seno de una célula familiar. Apenas si hubo exclamaciones porque éstas cedieron el paso a los sollozos. Sollozábamos, besábamos hasta el aire que respirábamos entrecortadamente, y mi hermana Carmen, que ya por entonces iba para santa, consiguió gritar un «¡Aleluya!» que resonó como una trompeta gloriosa.

Poco después nuestros cuerpos se separaron y pudimos *vernos,* pudimos contemplarnos a placer. Jamás se me borrará de la memoria la congoja que se apoderó de mí al veros tan demacrados, cerosa la piel. Sobre todo mi querido padre y tú habíais envejecido como si hubieran transcurrido diez años desde el día en que mi primo Aniceto, con dos pistolones en el cinto y un pañuelo rojo en el cuello, llegó para salvarme. El hambre que se vivió en la zona «roja» no me era desconocida. Todos los informes que los «nacionales» recibíamos al respecto incidían en ella como una de las causas que determinarían el fin de la contienda. Pero una cosa son los informes y otra cosa muy distinta contemplar los estragos que dicha hambre podía causar en los padres y hermanos de un soldado como yo, al que nada había faltado y que llegaba, no sólo indemne, sino convertido en atleta, un atleta de veintidós años, bronceada la piel y repleto de proyectos y esperanzas.

Todos juntos rezamos un padrenuestro de acción de gracias, volvimos a abrazarnos y tú, madre, propusiste rezar un rosario. Pero, como recordarás, mi padre estimó que un rosario era demasiado largo y nos conformamos con una *Salve Regina* en latín. Y nos abrazamos otra vez. Y sollozamos de nuevo. Vuestras voces resonaban en mis oídos como llegadas de otro mundo, y de hecho esto era cierto. Me sorprendió la afonía de Juan, mi hermano mayor, quien entretanto se había quedado sin piano porque tuvisteis que venderlo para poder comer aunque fueran patatas, pan, queso y beber un poco de leche. Y fue lo curioso, como sucede en casos análogos, que nuestros primeros diálogos no reflejaban en absoluto la transcendencia del reencuentro. Diálogos triviales sobre el tiempo reinante, sobre el frío que yo debí pasar en los Pirineos y sobre el estirón que había dado mi hermana pequeña, Concepción, cuyas graciosas trenzas yo acaricié una y otra vez. Pero en el fondo de mi espíritu mis hermanos quedaron pronto en segundo término. Los ojos se me iban irremediablemente hacia ti, madre querida, y hacia mi padre, la palidez de cuyo rostro me tatuaba el alma. Tímido por temperamento, parecía desear ser el último en la piña familiar, hasta que yo tuve la ocurrencia de incrustarle en los labios un pitillo de tabaco de verdad, de la excelente picadura que nos servían en esquiadores. Tú, madre, estabas en contra de que mi padre fumara, como antaño lo estuviste de que asistiera a los partidos de fútbol; pero en aquella ocasión comprendiste que sin aquel pitillo la fiesta resultaría incompleta. Yo se lo encendí con mi mechero de yesca, mechero que mi hermana Concepción, lista como una ardilla, me arrebató diciendo: «Este chisme me lo quedo yo.»

¡Cuántas cosas mías os quedasteis, madre, en los días próximos! Ya os habíais quedado con mi corazón, con aquel corazón que la donostiarra Elisenda rechazó a cambio de dos medallas individuales de un alférez provisional. Pero en los días próximos os quedasteis con todo lo bueno y todo lo malo que había en mí.

Lo bueno era mi amor por vosotros, por los camaradas del frente con los que había congeniado, por «la España que acabábamos de salvar», por el río Oñar, sobre cuyas raquíticas aguas colgaba nuestra terraza, por la Gerona vetusta y sus monumentos capitaneados por la catedral y San Félix, que visité una y otra vez, así como visité las iglesias que los «rojos» habían profanado e incendiado; lo malo que me habitaba era una suerte de escepticismo que de pronto me invadió. Un despecho hacia todo, empezando por el despecho hacia mí mismo. Tantos cadáveres, tantos pueblos arrasados, tanta mezcolanza de ideas —los moros ayudándonos en la Cruzada, las tropas, mercenarias o no, combatiendo con derecho a botín—, habían socavado la escala de valores por la que hasta entonces me había regido. Se apoderó de mi ser una doliente indiferencia por el mundo y por la generalidad de los hombres. No encontraba dónde asirme para vencer tal agente depredador. Me contabais las atrocidades de que fuistes testigos y yo tenía que esforzarme para simular cierta emoción. Supe de torturas en las chekas y en las cárceles y mis hombros se encogían sin que, por lo menos en apariencia, mi cerebro les diera la orden correspondiente. Nada me importaba, madre, excepto vuestro porvenir. Ni siquiera me importaba mucho la religión. Por primera vez en mi vida me planteé el problema de la infinita misericordia de Dios. Si su misericordia era infinita, ¿por qué aquella guerra? Habían muerto millares y millares de seres inocentes, muchos de ellos a causa de los bombardeos de los «nacionales». De hecho tardé mucho tiempo en enterarme de que en mi zona, la zona «nacional», también se había matado a destajo, sin juicio previo o con juicios que duraban un minuto, y todo ello en nombre de la España católica, apostólica y romana. A ti, madre, se te hacía muy cuesta arriba creer que las cosas fueron así. Los obispos, repito, hablaron de *Cruzada* y por tanto *Cruzada* debió ser. Por lo demás, el hecho de que se reabrieran los templos, reparándolos en la medida de lo posible y de que en el comedor de casa volviera a reinar el Sagrado Corazón —imagen rescatada por mi padre del lugar periférico en que la escondiera, junto con una dulzona Virgen del Carmen y varios libros y estampitas—, te dio la impresión de normalidad. Por azares del cargo que me adjudicaron las nuevas autoridades, nada menos que secretario provincial de Ex Combatientes, pude enterarme de lo que sucedía en las cárceles gerundenses. Hacinamiento, enfermedades, piojos, sentencias de muerte a voleo. Cada día, al amanecer, un emisario entraba en las celdas e iba leyendo en voz alta una lista de reclusos. Ello significaba viaje al cementerio —en tierra sagrada, todo hay que decirlo— y el paredón. Un goteo constante, con asistencia de alguno de los sacerdotes supervivientes.

No quise hacer hincapié, madre, en tales hechos, pese a conocerlos yo de primera mano, para no socavar la alegría, el gozo inmenso que la «liberación» de la ciudad y de España entera te había proporcionado. Tampoco mis hermanos se enteraron de los detalles de semejante sinrazón. Sólo mi padre, que entretanto recuperó su empleo en la Administración, se olía algo de lo que estaba ocurriendo.

Secretario provincial de Ex Combatientes... Yo quería ayudaros, como bien recordarás. Habíais contraído deudas; sin embargo, yo no contaba más que con un sueldo ridículo mensual. De modo que me trasladé a Barcelona dispuesto a ingresar en el clan de los estraperlistas para poder entrar en casa y depositar sobre la mesa un montón de dinero. Desconocíais el intríngulis de mis andanzas, que sin duda os hubieran puesto un nudo en la garganta: venta de género textil, de cuadros presuntamente antiguos, de sábanas de segunda mano para varios prostíbulos de la urbe. Y un largo etcétera. Todo ello gracias a la mediación de un par de amigos catalanes que me agencié en esquiadores.

Pero estaba escrito que nadie me había llamado para sacar pan de las piedras. Me encontré, a mi vez, plagado de deudas. Saltaba de fonda en fonda sin dejar rastro; escamoteaba bocadillos en los cafés; me ganaba algunas perras, eso sí, jugando al ajedrez; y tomaba los tranvías en marcha y me apeaba de ellos, sin más, al término de mi trayecto. El caso es que regresaba cada semana a Gerona con lo puesto, posponiendo para la próxima quincena la caja de Pandora que os había de salvar. Más realista fue —¡jugarretas del destino!— mi hermano Juan, que no sólo consiguió un empleo en el Banco Central, sino que además tocaba el piano en la flamante orquesta Pizarro-Jazz, que recorría las fiestas mayores de los pueblos «en olor de multitud», puesto que las gentes, ahítas de la guerra, sólo pensaban en comer y en divertirse. La ayuda que os aportó mi hermano fue mucho más eficaz que la mía, pese a lo cual mi padre y tú no lograbais rejuveneceros. En vuestros rostros cerúleos empezaron a marcarse las primeras arrugas verticales, mientras que yo, con mi impecable *curriculum* a cuestas, me sentía un fracasado.

Y era lo curioso que, de golpe y porrazo, me colocaba de nuevo en la cabeza las plumas de la victoria. Y otra vez me sorprendía dando mítines en los pueblos, si bien, en ellos, en vez de hablar de Dios hablaba de Franco, de la Falange, del Sindicato Vertical, terminando siempre brazo en alto y cantando *Cara al sol*. Los aplausos al terminar me sabían a gloria, pues en aquellos momentos era sincero y creía de veras que nos dirigíamos hacia una España mejor. En más de una ocasión peroré al lado de un general y de un obispo, lo que, madre querida, te embriagaba de placer, esta vez sin el temor de las pedradas de los faieros. Eras la primera en aplaudir; y al regresar a casa nos obsequiabas a todos —¿de dónde sacabas la mercancía?— con los consabidos platos de crema catalana, aderezada con bizcochos.

Pronto se produjo un acontecimiento trascendental en mi vida. Conocí a la muchacha que andando el tiempo había de ser mi esposa. Han pasado cincuenta y dos años desde el día de nuestro primer encuentro en un baile que organizó un amigo en común en un almacén de alpargatas de propiedad familiar. Se llamaba —se llama— Magda Castañer Portas. Era huérfana de padre y sobrina de un amigo mío, el pintor Jesús Portas Mas, fallecido recientemente.

Magda trabajaba por entonces en la Telefónica de la ciudad. Ello, en los inicios de nuestro devaneo, me ayudó mucho, puesto que podía llamarla desde cualquier lugar y a cualquier hora con la seguridad de que nadie me contestaría «No está». Yo sabía que estaba, aunque no precisamente que estuviera esperando mi voz. De hecho me costó Dios y ayuda verme correspondido. Cierto, yo me enamoré en el acto —ya en el baile de aquel almacén—, pero ella tardó lo menos un año en tener la certeza de que yo podía ser el hombre de su vida. Los altibajos de mi temperamento la desconcertaban mucho más aún que las incógnitas de mi porvenir. Ella era reflexiva, serena, poco acostumbrada a los bruscos cambios de humor y a la utilización de un lenguaje exagerado; y yo exageraba, por descontado, como siempre lo había hecho, en busca de la metáfora brillante o de la construcción de una fábula que resultase atractiva. «Ayer me dijiste lo contrario. Pero ¿qué te ocurre? Las cosas no sucedieron así, sucedieron asá...» A mí no me importaba mentir, con tal de que la mentira fuera en parte creíble o capaz de encandilar al auditorio, como me ocurría con los pasajeros en el tren o en la barbería Sitges, que solía frecuentar. El mundo normal, el cotidiano, debido acaso al escepticismo que me embargaba, me parecía tedioso, hueco. Podría decirse que la estricta y humilde verdad se me antojaba indigna de ser vivida, o por lo menos incapaz de saciar mi hambre de palpar lo imprevisible. Esta faceta de mi persona, que a ti te hacía feliz, madre, porque era la causa de que continuara dedicándote sonetos y porque te trasladaba a vivencias insólitas, hería la sensibilidad de la mujer de mis sueños, que no se llamaba Magdalena, como figuraba en el registro civil, sino Magda a secas, nombre bisílabo-poético de por sí y cuya sola pronunciación me causaba auténtico placer.

Magda... Nombre mucho más cercano a mí que el de

Elisenda. La madrina donostiarra, cuyo rechazo temí que me perseguiría de por vida, se me borró de la memoria con asombrosas rapidez y facilidad, en cuanto tuve ocasión de comparar el meollo o núcleo de los sentimientos que una y otra mujer despertaban en mi interior. Me di cuenta de que mi «amor» por Elisenda era producto de una serie de concatenadas circunstancias propias del soldado que en la guerra necesita un asidero, una llama de ilusión en la que encender, como le ocurriera a mi padre, el pitillo de la esperanza. ¡Oh, muchas gracias, alférez provisional! Tu compromiso, y sobre todo tu boda, con Elisenda, cerró una página de esa existencia mía que yo quería apurar de prisa porque en el fondo temía a la muerte, que en esquiadores podía llegarme en cualquier momento. Mi amor por Magda no tenía por qué escribirlo entre comillas, dado que taladró de parte a parte mi corazón.

Transcurrido un año de prueba, que se me hizo interminable, Magda me dijo «Sí». Fue precisamente en las escalinatas de la catedral, esa plataforma única en el mundo que para los creyentes trepa hasta las estrellas. Tarde dorada, otoñal, que a buen seguro cubría las avenidas de la Dehesa de una alfombra de hojas sacrificadas, que caían al suelo lentamente con los nervios en forma de cruz. Magda me dijo «Sí», aunque, sonriendo, añadió que aquel compromiso no sería formal en tanto en cuanto ella no lo hubiera ratificado por teléfono; pero los ojos no mentían. Los ojos de Magda no mentían, ni mienten, jamás. Le brillaron, madre, como solían brillar los tuyos cuando hablabas de mi padre o de cualquiera de tus cinco hijos. «Pero prométeme que sólo mentirás cuando no te quepa más remedio.» «Prometido.» «Prométeme también que si un día llega un misionero y pretende cazarte para irte a Colombia o a la India, le dirás que nones...» «Prometido.» «Y prométeme asimismo que nunca me echarás en cara que ahora mismo tenga unas decimitas de fiebre, inevitable secuela del hambre que sufrimos en casa a lo largo de la guerra.»

Decimitas de fiebre... Ya estaba acostumbrado a ellas. No me importaba. Sabía que no serían eternas, que sólo sería eterno nuestro amor. A base de una sana alimentación se irían por donde habían llegado. Las escalinatas de la catedral fueron los grandiosos testigos del beso profundo con que sellamos nuestro pacto. Llegada la noche no conseguía dormir. Sentado en la cama le escribí a mi *novia* —¡qué bien resonaba en mis adentros semejante palabra!— una carta de bienvenida, de bienhallada, carta que Magda conserva todavía entre las páginas de un viejo libro de Baroja. ¡Ah, claro, una de las causas de nuestra unión fue nuestra común sed de lectura y la coincidencia de gustos en el momento de elegir los autores preferidos! Se produjo un intercambio de ideas que resultó fundamental para nuestro futuro feliz. Madre querida, mi *novia* no leía el *Kempis* y tampoco vidas de santos. Su fe religiosa no era acaramelada, ni tenía nada que ver con la del carbonero. Magda leía a Baroja, a Galdós, a Blasco Ibáñez y a los autores franceses; por mi parte le descubrí a Papini y a Chesterton y nos pasábamos juntos largos ratos saboreando los insólitos universos mentales que dichos autores nos descubrían. De repente, cruzamos al alimón la inevitable etapa de los novelistas rusos, empezando por Tolstói y Chéjov y terminando por Gorki y Dostoievski. Tú, madre, al enterarte de que nos atiborrábamos de literatura rusa, sentiste miedo. Rusia, a través del comunismo y de la brutalidad de las Brigadas Internacionales que intervinieron en nuestra guerra, eran para ti sinónimo de Lucifer. Recuerda que quise leerte en voz alta el discurso del Gran Inquisidor y que tú te negaste a oírlo pretextando que debías planchar unas recién lavadas camisas de mi padre.

El interés de Magda por las letras —hubiera deseado estudiar filología o la carrera de bibliotecaria— fue, repito, fundamental para nuestra vida en común. Incluso lo fue para que, previo un modesto préstamo de mi hermano Juan, abriera yo en Gerona una librería de lance con el pomposo nombre de Estudios Arte, a medias con un fotógrafo. Cierto, cansado de mis andanzas estraperlistas en Barcelona, que siempre finalizaban en bancarrota, se nos ocurrió que acaso el negocio de los libros, dadas mis aficiones literarias, podía funcionar. Mi padre se encandiló con el proyecto y tú también, madre. Además, la librería sería céntrica, en la calle José Antonio Primo de Rivera —*carrer Nou* para los gerundenses—, y se sabía que muchas familias notables de la provincia estaban dispuestas a desprenderse de sus valiosas bibliotecas porque la guerra las había arruinado.

¡Si hubiera sido un librero de verdad!... El negocio habría ido viento en popa, emulando con ello al sempiterno tío Benjamín, cuya prosperidad en su industria barcelonesa no hacía más que acrecentarse; pero estaba escrito que yo no daría pie con bola, que no servía para ese menester. Llegué a vender un incunable por una cifra de miseria y muchos de los libros de la tienda me los llevaba a casa para, de noche, leerlos con fruición. Todo ello coincidió con una emisión que inicié en Radio Gerona, a través de un cuento semanal que titulé *Volga, el mendigo* y que obtuvo una resonancia espectacular. Tú, madre, junto con el resto de la familia, me escuchabas con emoción, pegado el oído al aparato Telefunken, reconociendo las mínimas inflexiones de mi voz, pese a que nunca fue lo rotunda y convincente que yo hubiera deseado. «¡Qué maravilla!» «¡Qué imaginación!» *Volga, el mendigo* era un vagabundo al que le sucedían quijotescas aventuras y que dominaba como yo mismo el arte de mentir, lo que en los pueblos que visitaba le resultaba muy provechoso para llenar su barriga y al propio tiempo el macuto que llevaba en bandolera. Fue mi primera incursión en el campo de la literatura y Dios sabe que habían de seguirle muchas incursiones más.

De repente, tal y como relaté en *Carta a mi padre muerto,* surgió entre nosotros un contratiempo del todo imprevisto, una prueba acaso más dura que todas las anteriores: te diagnosticaron cáncer de matriz. Sentencia breve, escueta, como una flecha de curare, que nos anonadó y que, por lo que respecta a mi padre, acabó con el poco pelo que le quedaba en la cabeza. Internada con urgencia en la clínica de la Salud —paradójico nombre—, todos fuera del quirófano, las tres horas y pico de espera fueron largas como la guerra. Pese a las seguridades que nos diera el cirujano, la tendencia al pesimismo de mi padre se evidenció más que nunca en ese trance. Todos nos habíamos despedido de ti sin acertar a pronunciar una sílaba, sólo con un gesto —la mano en el aire—, que personalmente se me antojó un gesto definitivo. Sentados y abrumados en las butacas de los pasillos, sin levantarnos ni una sola vez, mi padre y yo liamos torpemente, uno tras otro, gruesos pitillos, tragándonos al tiempo el humo, la tos y el temor de oír pronto el dictamen inapelable: «Lo siento... Se ha hecho lo que se ha podido.» Mis hermanas, Carmen y Concepción, permanecieron todo el rato con la cabeza baja, hundida en el pecho, suplicando al Señor que tardara más, mucho más, en arrebatarte de nuestro lado, en llevarte con Él.

Y el milagro se produjo. Te salvaste. Pasaste delante de todos nosotros en camilla, inmóvil y ladeada la cabeza, lacios los cabellos, apergaminada la frente, y por un momento creímos que eras cadáver; pero la alarma se reveló infundada. Al instante salió el cirujano y nos hizo un signo alentador. «Todo bien», dijo. Nada más. Pero aquello bastó. Bastó hasta tal punto que mi hermano Pedro y yo nos atrevimos a husmear por espacio de unos segundos en la pequeña sala contigua al quirófano, sala que se había quedado vacía y en la que vimos, en una palangana, todos los órganos extirpados, sanguinolentos, todavía vivos; es decir, el magma en que todos nosotros fuimos engendrados y que personalmente me hubiera gustado guardar para siempre en algún frasco de cristal.

A lo largo de tu convalecencia, más corta de lo que pudo pensarse, diste una vez más pruebas de tu energía, de tu sorprendente seguridad, seguridad que a veces nos desconcertaba. Tu confianza en Dios era ilimitada. «Todavía me necesitáis, hijos... Todavía me necesitáis. Yo sabía que mi hora no había llegado aún.»

El 10 de agosto de 1941 se produjo en la familia otro contratiempo más luctuoso aún: murió tu padre, murió *L'avi Pere,* a los setenta y cinco años de edad. Ignoro los motivos por los cuales no estuve presente en el momento del traspaso, pero tú me lo contaste luego tantas veces que puedo fácilmente reconstruir la escena. Rodeado de su esposa, la abuela Concepción y de todos los hijos, al sentir en lo más hondo que su vida se acababa, levantó los ojos al techo, ojos que reflejaban un gozo inexplicable, y abriendo al tiempo los brazos murmuró que la Virgen María llegaba hacia él, procedente de lo alto, en actitud de acogerle en su seno: «Veo la Virgen... ¡Oh Virgen María! ¡Qué dulzura, qué paz!» En el momento de expirar, se dirigió a la abuela Concepción y le dijo, con voz sorprendentemente audible: «No te aflijas, mujer... Dentro de poco estarás de nuevo a mi lado.»

Y así fue. A los nueve meses justos la abuela Concepció, con la que de hecho yo había tenido poco trato, murió también, sin ver a la Virgen, pero cerrando asimismo los ojos, inmersa en aquella paz que por lo visto es patrimonio de los elegidos.

Apenas si noté la ausencia de la abuela; en cambio, la muerte de *L'avi Pere, del mestre Pous,* me afectó vivamente. En vida fue una especie de gendarme espiritual de toda la familia, con su presencia, sus admoniciones y sus famosas cartas en tinta violeta; una vez muerto, continuó siéndolo. Tal vigilancia ¿fue para todos un bien o fue un mal? Respuesta imposible. No obstante, en lo que me atañe me incliné a creer —y sigo creyendo lo mismo— que fue un mal. Dogmatismo, represión, alusiones constantes al pecado y al infierno. Todo era pecado para *L'avi Pere*; incluso lo era que mi novia, Magda, vistiera manga corta y saliera a la calle sin las consabidas medias cubriéndole las piernas.

Madre querida, perdona que en esta *Carta* te hable así. Me consta que él fue para ti un alma de Dios, un hijo predilecto de Dios y que jamás dudaste de que antes de exhalar el último suspiro vio realmente a la Virgen María acogiéndole en sus brazos. Por mi parte, no añado una palabra más, teniendo en cuenta que ahora, cerca de él en los cielos, conoces mucho mejor que yo la auténtica verdad.

Algo he de reprocharte, madre, lo que, entre otras razones, explica que haya encabezado esta *Carta* diciéndote que la escribía con temblor: nunca tuve la impresión de que Magda fuese la novia, y más tarde la esposa, que tú hubieras deseado para mí. Al igual que *L'avi Pere* la considerabas demasiado independiente, «poco piadosa», con un temperamento ecléctico que a tu entender podía hacerla vulnerable, sobre todo habida cuenta de su afición por la lectura, por la lectura incluso de libros prohibidos que figuraban en el *Índice*. A lo largo de tu vida, larga vida —¡noventa y nueve!—, no quisiste enterarte jamás de las flagrantes contradicciones en la historia de la Iglesia católica, del escándalo de algunos papas y su poder temporal, del nepotismo y de la simonía, de la acumulación de riquezas que nada tenían que ver con aquel Jesús que caminaba con sandalias y que nunca sabía dónde por la noche reclinaría su cabeza; o sea, el Jesús de los Evangelios. Tampoco quisiste enterarte de las condenas de los sabios a la hoguera, del «fuera de la Iglesia no hay salud», de la vigencia de tretas o ardides como las bulas y las indulgencias y de los inventos, para llamarlos de algún modo, del limbo y del purgatorio. Todo esto y un largo etcétera, causantes precisamente de que la fe de Magda —y la mía desde hace muchos años— conviviera con serias dudas sobre la validez de la estructura piramidal del Vaticano y de los dogmas que fueron tu guía y tu norte, sin la menor vacilación.

Así que, el 12 de agosto de 1946, día en que Magda y yo nos unimos en matrimonio en la basílica de San Félix, fue un día pletórico y gozoso para mi padre, que veía a Magda con buenos ojos, pero que posiblemente no lo fuera para ti. Le temías a la influencia que pudiera ejercer sobre mis convicciones, que yo dejara de ser aquel niño que «iba para obispo» y que en la guerra se jugó el pellejo para defender la religión.

Durante el guateque que celebramos en el modesto piso que habíamos alquilado en la calle Antich Roca, no lejos de la Rutlla, te comportaste, madre, de maravilla. Brindaste alegremente con los miembros de ambas familias y con los invitados —entre todos sumábamos unos cuarenta—, y en el momento del corte de la tarta fuiste la primera en gritar: «¡Vivan los novios!» Nadie hubiera podido sospechar que Magda no era para ti la novia ideal. Y no se trataba de hipocresía; simplemente —como me confesaste más tarde—, admitiste la posibilidad de andar equivocada. Observando el comportamiento sin tacha de Magda, cuya personalidad era muy fuerte y pensando además que el matrimonio era un sacramento, le hiciste caso a mi padre, quien te había repetido una y otra vez: «Algo tendrá, puesto que nuestro hijo la ha elegido... Algo que ni tú ni yo podemos siquiera sospechar.» ¡Claro que Magda tenía algo que tú, madre, no podías sospechar! Una honradez a toda prueba, sentido común, sentido del deber, entereza y un amor por mí que a lo largo de cuarenta y cinco años de casados no ha desfallecido un solo instante, a pesar de las duras pruebas que ha debido soportar: una dura etapa de penuria económica, la profunda depresión en que caí de improviso mientras vivíamos en Palma de Mallorca y que dio lugar a mi libro *Los fantasmas de mi cerebro,* los altibajos de mi temperamento, que nunca me han abandonado y una retahíla de defectos que tú, madre, llegaste a conocer al dedillo.

Por lo demás, yo era el primer hijo vuestro que se casaba, que abandonaba la casa paterna y la posibilidad de que pronto te diéramos un nieto te encandilaba tanto como encandilaba a mi padre. Un nieto era, ni más ni menos, una prolongación de nuestro ser y de consiguiente la prolongación de nuestra estirpe. «Los nietos se quieren tanto como se quiere a los hijos; en cierto modo, más aún.» Por tanto, en aquella unión, como en todas las uniones de pareja, latía algo milagroso. Jamás he olvidado el abrazo que le diste a Magda en el momento de partir y el conmovedor tono de tu voz al decirle: «Hija mía...» Tuviste la elegancia de no aprovechar el momento para darle además algún consejo. Minutos antes, bailaste como todos los demás la «conga» al ritmo de un tocadiscos que nos habían regalado. Todos dimos muchas vueltas alrededor del piso, asidos por la cintura, entrando en todas las habitaciones sin exceptuar la alcoba conyugal...

Pocos meses después, el 6 de enero de 1947, llegó el fruto de mi matrimonio. No fue un hijo de carne y hueso como hubiera podido esperarse; fue mi primera novela, titulada *Un hombre,* con la que gané el premio Nadal que concedía la editorial barcelonesa Destino y que era por aquel entonces el galardón más prestigioso de España. Los escarceos de *Volga, el mendigo,* y el estímulo sin reservas de mi mujer, fructificaron, cediendo el paso a aquel relato de cuatrocientas páginas que llamó la atención del jurado. Borracho de vanidad, me sentí el amo del mundo, el Dostoievski de turno y me paseé unos días por Barcelona con el cheque —quince mil pesetas— prendido en la solapa y una flor en el ojal. Mi fotografía se publicó en periódicos y revistas, junto con mi semblanza biográfica y en los círculos gerundenses se produjo cierta convulsión. La alegría de mi padre y la tuya, madre, tampoco se me olvidará jamás. ¡Leíste de cabo a rabo la novela y no encontraste en ella nada que pudiera dolerte! ¡Eureka! Con las quince mil pesetas pagamos varias pequeñas deudas contraídas a raíz de la boda y guardamos aquella flor en el ojal en un viejo diccionario latino-español que había llegado a mis manos en Estudios Arte.

La obtención del premio Nadal dio un giro de ciento ochenta grados a nuestras vidas. Me consideré nada más y nada menos que un escritor prefesional. Virtualmente abandoné la librería y escribí acto seguido mi segunda novela, titulada *La marea,* que me publicó Revista de Occidente. Ninguna de las dos obras obtuvo el menor éxito de público, por lo que nos encontramos en un callejón sin salida. Entonces la entereza y la confianza que Magda tenía en lo que ella llamaba «mis dotes de narrador» salieron a relucir. «¿Qué vais a hacer, hijos míos?», nos preguntaste. Y mi mujer contestó: «Si su hijo quiere hacerme caso, cruzaremos la frontera y nos instalaremos en París. Lo que le hace falta es conocer mundo, ampliar horizontes, darse cuenta de que todo no se acaba en Gerona. Allá podrá escribir una gran obra sobre la guerra de España, sin miedo a la censura imperante y con perspectiva incluso física... Nadie ha escrito hasta ahora sobre los motivos por lo que dicha guerra llegó y él puede hacerlo, a condición de no tener prisa, de no escribir a contra reloj.»

Aquello fue un mazazo para mi padre y para ti. Emigración, huida, qué más da. ¿Con qué contábamos para iniciar tal aventura? ¿Cómo podría yo escribir si no teníamos una perra gorda? «Tenemos cuatro manos, ¿no es eso? Algo saldrá.»

Año 1948. Los Pirineos quedaron atrás, con el correspondiente cambio de ritmo, de paisaje y hasta de color de piel. Magda y yo nos encontramos en París. Tal y como escribí en *Carta a mi padre muerto,* debo pasar por alto, madre, las contingencias y escollos que de entrada tuvimos que vencer, habida cuenta de nuestra total carencia de medios. Lo importante es dejar sentado que a los pocos meses, y gracias a una concatenación de circunstancias, increíblemente favorables, nos encontramos instalados, ¡sin apenas pagar alquiler!, en el número 74 de la avenue de Villiers, a cien metros escasos del metro Wagram, en un piso caótico pero dotado con más de tres mil volúmenes (dos mil más que en Estudios Arte), y dispuestos a escribir mi tercera novela, tal y como la habíamos proyectado: dedicando a la tarea dos años, tres si era menester.

¿Empresa titánica? Seguro que sí. Pero estábamos... en París. Lo cual, si por un lado resultaba abrumador, ya que nada más apearme en la estación me sentí un pigmeo intelectual —los nombres de las calles, la Sorbona y el Louvre, los grandes *maestros* que vivían en la urbe—, por otro lado se palpaba en el aire la posibilidad de canalizar tan deslumbrante calidoscopio hacia la lenta, la sólida formación personal. Era como un halo, como un latido o inspirador cazamariposas, que algunos amigos que hicimos en el Barrio Latino denominaban simplemente *l'ambience.* El ambiente, eso es. O la atmósfera. ¡Qué importante! Supongo que sonreirás ahora, madre, al recordar que antes de poner *capítulo primero* a mi tercer intento —el título *Los cipreses creen en Dios* lo decidimos mucho más tarde— me fui por mi cuenta, solitario, a visitar varios cementerios (el de Passy, el Père-Lachaise, el de Montmartre, etc.), para rendir homenaje a una serie de escritores que yacían allí, escuetos en sus tumbas, en muchas de las cuales hubiérase dicho que las flores se perpetuaban por generación espontánea, y visité también las casas en que dichos escritores habían trabajado, algunas de ellas convertidas en museo: Balzac, Victor Hugo, Maupassant, Oscar Wilde, Stendhal, ¡Dumas!, Montaigne, La Fontaine, Musset, Daudet, Baudelaire, etc. Por cierto, que los cementerios me deprimieron dolorosamente, pese a las flores, en tanto que las casas y los lugares de trabajo de aquellos hombres, con sus muebles, sus cortinajes, objetos personales —los tinteros, las plumas, las gafas...—, me golpearon positivamente la sensibilidad.

Magda y yo decidimos que la familia que protagonizara la novela fuera, en cierto modo, *mi* familia. Sentados en el Bois de Boulogne tomamos esa decisión —y la de que tú, madre, te llamaras Carmen Elgazu y fueras vasca, y mi padre, Matías Alvear, fuera de origen andaluz-madrileño—, y la de que yo fuera fiel a vuestros respectivos temperamentos, con sólo las licencias a que me viera obligado por imperativos de la narración. ¿Sustanciosas trasposiciones? Imaginamos que, al leer la obra, lo comprenderías, como así fue. Tratábase de convertir la célula familiar de la calle de la Rutlla en el microcosmos de muchos millares de células familiares españolas (sobre todo de la clase media), erradicando con ello el peligro del excesivo localismo —o casticismo— en el que, por desgracia, tantos otros escritores de nuestro país habían caído.

A partir de ese momento, dejamos de llamarte Rosa: te llamabas Carmen Elgazu. Y a mi padre, en vez de llamarle Joaquín, le llamamos Matías Alvear. Y a mi hermana Concepción, Pilar; etc. Y por lo que a mí respecta, nunca sabíamos si mi nombre era José María o era Ignacio, inclinándonos más bien por este último, es decir, por quien yo de veras hubiera deseado ser.

¿Y cómo podía yo dedicarme a escribir? Gracias a la también inolvidable ayuda de Magda. En efecto, mi mujer, aparte de traducir textos para la UNESCO y de dar clases de español, tenía que guardar niños ricos sudamericanos en los hoteles de lujo (el Georges V, el Ritz), así como niños pobres en el municipio vecino de Puteaux, para no citar otros muchos quehaceres más o menos bien remunerados. En realidad vivíamos de puro milagro —¡éramos tan jóvenes!—, y la novela, *Los cipreses creen en*

Dios, avanzaba, avanzaba como tenía que ser: sin boquilla vanidosa en los labios, sin risible seguridad, sin prisa... Todo lo cual nos permitía, de rebote, ir conociendo París poco a poco y gozar cotidianamente del sosiego de nuestro barrio (por entonces los coches eran escasos), donde, bajo los tejados de pizarra y entre *bistros, crémeries,* ¡y parejas de gendarmes en bicicleta!, imperaba el civismo y cuyos habitantes nos daban cumplidos ejemplos de *savoir faire,* hablando en voz baja, no empujándose al pasar, saludándose sin zurrarse manotazos en la espalda y no intentando nunca colarse en el autobús.

Recordarás que mi padre me ayudaba enviándome puntualmente, por correo, los datos que me hicieran falta —él conocía mejor que yo los años de nuestra preguerra civil—, y que me enviaba también periódicos, gracias a los cuales nos dábamos cuenta de que «España seguía igual», monótona, convertida en una especie de isla mental. Asimismo recibíamos de vez en cuando algún paquete vuestro que contenía ropa y tabaco.

Mi padre nos escribía con mucha frecuencia; tú, sólo de vez en cuando, no sé por qué. Magda comentaba: «No debe extrañarte. Tus padres son muy distintos el uno del otro. Yo me di cuenta de ello desde el principio.»

Yo he guardado tales cartas, lo que me permite reproducirte ahora la que mi padre nos escribió poco antes de la Navidad, y en la que tú te limitaste a añadir una posdata.

«Gerona, 10 de diciembre de 1949.

»Queridos José María (o Ignacio Alvear) y Magda: Ya supondréis cuánto lamentaremos no teneros con nosotros, a nuestro lado, por estas fechas que se avecinan. Sin vosotros las fiestas resultarán incompletas, e imagino que vosotros nos echaréis también de menos. Ayer me encontré con la madre de Magda y me dijo que pronto se reunirá con vosotros para echaros una mano... La noticia me alegró mucho, me quitó un peso de encima, porque, aunque nunca os quejáis de nada, sospechamos que pasáis muchas dificultades para sacar adelante esa obra que habéis empezado y que todos esperamos con tanta ilusión. Tu madre tiene buen aspecto, Magda, aunque, sin duda por vuestra ausencia, se le nota un halo de tristeza.

»Nosotros continuamos como siempre, sorteando también muchas dificultades. Por mi parte —por cierto, ¿tengo que firmar Matías Alvear?—, además de trabajar como siempre en la Diputación, para ganarme un sobresueldo llevo la contabilidad de la fábrica de perfumes Casas, cuyo dueño, que fue "rojo", es una buena persona y me trata con un respeto que no puedo menos que agradecer. Mi cargo en la Diputación, pese a su aparente modestia, me permite ayudar, como siempre, a muchas familias cuyo papeleo no está en regla debido a que la dichosa burocracia que están creando las autoridades franquistas entorpecen mucho la vida cotidiana.

»Todos estamos bien de salud, gracias a Dios. Sabréis que Pedro se ha alistado voluntario para el servicio militar, con el fin de ganar tiempo y poder dedicarse luego al oficio que más le guste, que podría ser el de periodista o locutor de radio, puesto que tiene también buena pluma y una hermosa voz. Tocante a Juan, ¡gran noticia! Tiene novia formal. Se llama Conchita Cosp y es de San Feliu de Guíxols. Vosotros no la conocéis, pero estamos contentísimos, pues es una chica muy buena, muy cariñosa y de una familia de buena posición. Sea cuando sea la fecha de la boda, que va para largo, confiamos en que vuestra etapa de París habrá terminado y podréis acompañarnos en tan fausto día.

»Otra novedad. Gracias al sobresueldo de que os he hablado, desde hace un mes contamos en casa con una mujer de hacer faenas, que se llama Eugenia y vive en la calle del Carmen, es decir, muy cerca de la Rutlla. Es de mucho fiar y nos quiere mucho. Se ha traído consigo un gato, que se llama *Pitufo,* al que se puede decir que hemos adoptado. *Pitufo* por aquí, *Pitufo* por allá... Es gracioso, con los ojos verdes y unas rayas que parece un tigre. Tiene un hambre atroz. No os lo creeréis, pero un día le enseñé aquella fotografía vuestra que nos mandasteis y en la que se os ve en la entrada de la catedral de París, que ahora no me acuerdo cómo se llama, y se puso a hacer miau-miau y no paraba de mover la cola. Os gustará, y también jugaréis con él como juega Pedro, que es quien tiene más salero para tratarle.

»Hace mucho frío en Gerona. Continuamos con la estufa de serrín en el comedor, con aquel tubo que sale de ella y que, perforando el cristal del balcón, saca el humo a la terraza. La suerte de los inviernos es que no hay moscas.

»Juan sigue con la orquesta, pero no hay manera de que en casa quiera tocar el piano. Dice que sólo sabe tocar jazz y sabe que el jazz no me gusta.

»Yo continúo con mi afición a encuadernar libros y a poner suelas nuevas en los zapatos. Últimamente he encuadernado *Un hombre* y *La marea,* que han quedado pero que muy bien. Ya lo veréis. Por supuesto, espero con ansia poder encuadernar cuanto antes *Los cipreses creen en Dios.* Por cierto que este título es precioso. Vuestra madre está más que encantada con él.

»No sé si os dijimos que por las ferias de octubre tuvimos otra inundación. El Oñar daba miedo. Menos mal que a la altura en que vivimos no hay peligro de que nos ocurra lo que les ocurre a muchos vecinos que viven en el centro de la ciudad, en alguna planta baja, que el agua se les mete dentro como si tuviera derecho a ello.

»Y nada más por hoy. Ahora cedo el turno a vuestra madre, que quiere también dirigiros unas palabras. Un abrazo muy fuerte de este nostálgico taponero.

JOAQUÍN

»Posdata: Queridos hijos míos. Poco me queda que añadir a lo que os ha contado vuestro padre. Magda, deseamos que el clima de París no sea demasiado duro para ti. En estos días de Navidad acordaos de que es la fiesta del nacimiento de nuestro Salvador. No pongáis ningún abeto en casa —vuestro padre me ha dicho que es costumbre protestante— y montad en cambio un belén como Dios manda, aunque os falte el corcho necesario para la cueva. Asistid a los santos oficios. ¿Cómo se llama vuestra parroquia? ¡Ah, sí, san Francisco de Sales! Ahora me acuerdo de que José María nos dijo que, mientras escribía, con sólo levantar los ojos veía a través de la ventana el reloj de la iglesia. Yo interpreté eso como un aviso del Señor para que perseveréis; aunque a lo mejor os reiréis de lo que acabo de escribir y pensaréis que soy una beatona, cosa que niega con todas sus fuerzas vuestra madre que tanto os quiere.

ROSA»

A veces os llamábamos por teléfono, madre, y siento decirte que sólo muy de vez en cuando nos llamabais vosotros. Vuestras voces sonaban temblorosas de emoción a nuestros oídos. Tu voz, madre, a menudo un poco ronca porque solías resfriarte, me esponjaba el corazón. Oyéndoos —os poníais al aparato uno tras otro— me acordaba de cuando en el comedor, y al lado de la estufa, cantábamos a coro canciones folclóricas del Ampurdán o simplemente catalanas, como *Les petites formiguetes a l'estiu, Baixant de la font del Gat* (el gat, que debía de llamarse *Pitufo*), o la sardana *L'Empordà,* con la estupenda letra de Joan Maragall.

Por teléfono nos enteramos de la fecha de la boda de Juan y Conchita, y también por teléfono no tuvimos más remedio que confesaros que no podríamos estar presentes porque carecíamos de los medios necesarios para pagarnos los viajes de ida y vuelta. Nos dio cierta vergüenza daros a entender de este modo el alcance exacto de nuestra situación, pensando especialmente que ello os entristecería. Pero ¿qué hacer? Ni Magda podía dejar de *hacer de canguro* con los niños ricos sudamericanos, ni yo podía dejar de dar clases de español a una serie de mecanógrafas francesas que trabajan en París en empresas con intereses en España.

Asimismo, por teléfono —chivatazo de Pedro— nos enteramos de que mi padre había sufrido una angina de pecho. ¡El corazón de mi padre!... Siempre fue el peligroso trasfondo de su exageradamente rico mundo emocional. Era todo lo contrario de un iceberg. Todo su organismo reaccionaba como las cuerdas de una cítara al más leve toque. Cuando tu intervención quirúrgica, madre, el médico nos confesó que le preocupaba más la hipersensibilidad de mi padre que tu cáncer de matriz. Y a raíz de mi despedida para ir a la guerra, enrojeció de una manera alarmante como si la sangre quisiera escapársele por todos los poros del cuerpo. Por fortuna, pronto pudisteis informarnos de que había logrado superar la crisis y de que en adelante movilizaría toda su voluntad para no magnificar con exceso los acontecimientos. Pero a partir de ese momento yo no las tuve todas conmigo. La angina de pecho nos pareció un aviso, una señal de alerta. Pedro nos dijo: «Os repito que todo ha pasado, que lleva vida normal y que su aspecto es el de siempre. Lo único, quizá, es que al andar se cansa un poco más que antes...»

Se cansa un poco más que antes... Conociéndole, madre, sabiendo que caminar era media vida para él —el bosque, la naturaleza, la leche fresca que todas las mañanas iba a buscar a una granja de Palau Sacosta—, la apostilla no nos gustó. Y puesto que seis meses después pusimos definitivamente punto final a *Los cipreses creen en Dios* —cinco versiones, a cuál más laboriosa—, decidimos rechazar la tentación de quedarnos en París y nacionalizarnos franceses, posibilidad que nos hacía tilín (sobre todo a Magda) y regresar a España, regresar a vuestro lado. «La familia, ¿comprendes, Magda? Tú sólo tienes a tu madre, que ya vive con nosotros; yo tengo allí a mis padres y a cuatro hermanos, y eso tira mucho, es, nada más y nada menos, que mi cordón umbilical.»

Magda cedió, como sabes, aunque con la promesa de volver a salir de España pronto, de vivir más años aún en el extranjero, en Alemania, en Italia, en México tal vez... Como fuere, legalizamos nuestros papeles, gracias a la buena relación que nos unía con la Embajada de España, hicimos nuestro equipaje y nos despedimos de París. No sabíamos si decir «adiós» o bien «*au revoir*», pero todo nos conducía al mismo sitio: la sempiterna estación de Austerlitz.

Los reencuentros son siempre difíciles, complejos. Llenos de dulzura y también de aristas, no se sabe por qué. Tenemos un ejemplo en las nubes, que una vez separadas en el espacio es frecuente que decidan no refundirse nunca más en una sola. En lo que a mí respecta, no tuve ningún problema con mi padre —efectivamente, su aspecto externo era el de siempre—, y tampoco contigo, madre, aunque tus primeros síntomas de senectud en el rostro me conmovieron hasta lo más hondo, logrando que te sintiera todavía más afín. En cambio, es la verdad que tuve problema con mis hermanos. Ciertamente, tal y como he contado en varias ocasiones —lo habrás leído en alguna de mis obras—, por espacio de unas semanas mis cuatro hermanos se me antojaron seres distantes, ajenos, sin directa conexión conmigo. ¡Habían cambiado tanto!... Y, por lo visto, yo también (ausencia de cuatro años). Una vez reinstalados en casa, en la calle de la Rutlla, y olvidados los prietos abrazos que nos dimos en la estación, parecióme que miraban con irónica displicencia mi chaqueta de pana, que era un poco mi segunda piel, así como mi cabellera, que, sin darme cuenta, para acariciarla mientras escribía, me había dejado crecer más de lo habitual. De añadidura, parece que al hablar se me notaba un ligero acento francés. «Quieres demostrar que has estado por ahí fuera, ¿verdad?» Y por último, lo más temido: todo el repertorio de temas que en París me ocupaban la mente por simples razones geográficas y porque «a cada pueblo su afán», para ellos carecía de sentido. ¡La Europa nórdica, Indochina, De Gaulle, la posible demolición del Moulin Rouge, de la place Pigalle, un inédito manuscrito de Victor Hugo, que acababa de ser descubierto! Se encogían de hombros como si les hablara de Marte, mientras repasaban el periódico local, *Los Sitios,* interesándose por lo que acaecía en la miniciudad, por las esquelas y por los resultados deportivos.

Sin embargo, todo eso acabó solucionándose por una razón muy simple: porque yo también formaba parte de la tribu, del clan. Nuestros denominadores comunes terminaron por imponerse y hasta en algunos momentos el relato de nuestras andanzas logró cautivarlos a todos. En cuanto a ti, madre, te hubieras sentido feliz, a no ser que mi padre padecía de somnolencia, disimulaba cuanto podía su prematura fatiga y había vuelto a aumentar sensiblemente sus dosis de bicarbonato. Solía tomarlo a horas muy precisas, a los pocos minutos de mascar unas grageas de color amarillo que el médico le recetó. Abría la tapa de su reloj de esfera azul e iba a la cocina por un vaso de agua, que sorbía lentamente, secándose luego los labios con su siempre arrugado pañuelo.

Un buen día tuvimos noticia de que una de las secuelas de su crisis tomó el derrotero apropiado: decidió ocuparse de los enfermos, especialmente de los que pertenecían a la clase humilde que conocía, entre los que predominaban claramente los inmigrantes del Sur. ¡Cuántas mentirijillas, Señor, para esconder su buena acción! A no ser porque tú, madre, que descubriste su estuche con jeringuillas, agujas, alcohol, algodón, etc., así como un buen acopio de «muestras gratis» de medicamentos que se agenciaba Dios sabe dónde, hubiéramos tardado mucho tiempo en enterarnos de que se había convertido en un mago aspersor del bien. «¡Me voy un rato al café!» «¡Salgo a un recado y vuelvo en seguida!» Y se iba a la calle del Pavo, al barrio de Pedret, incluso a las chozas que se levantaban detrás de las murallas que colgaban sobre el valle de San Daniel, a «pinchar» a sus semejantes y a regalarles suero de vida.

Recuerdo que me confesaste, madre, que acaso fue su creciente amor por los enfermos lo que acercó mi padre a la religión, tal y como siempre tú habías deseado. «Pensar en las dolencias del prójimo contribuye a olvidarse de las propias.» El caso es que sitúo por aquel entonces, y no creo equivocarme, su decisión de ir a comulgar diariamente a tu lado y el insólito interés que despertó en él cualquier tema vinculado con lo sobrenatural, con lo trascendente. En ese sentido, no perdía ocasión de interrogarme sobre mis vivencias religiosas en París. Y recuerdo que nos entendíamos de maravilla, ya que, pese a todo, sabía separar el grano de la paja. Yo le contaba que a la sombra de la torre Eiffel tiré por la borda atávicos fetichismos muy arraigados en mí, al escuchar homilías no amenazantes, precisas como una espiga, sin pretensiones de Verdad excluyente; al oír misa en Saint-Sévérin, con el celebrante cara a los fieles, ¡en aquella época! —cambio de ritmo inimaginable en Gerona—; al escuchar, de boca de un confesor dominico, a cuyos pies una mañana de tortura interior por exceso de escrúpulos acudí a desahogarme, «que una de las cosas más difíciles de este mundo era cometer un pecado mortal»; él me contaba que yo estaba a punto de hallar el difícil y consolador término medio, tan alejado de los quemacuras como de los histerismos de la Misión que acababa de celebrarse en Gerona.

¡Qué bien lo pasabas, madre, sorprendiendo a mi padre leyendo los Evangelios y la vida de san Francisco de Sales! Y oírle decir que se alegraba de llamarse Joaquín porque así se llamó el padre de la Virgen María. Confieso que a mí —y lo mismo les ocurría a mis hermanos— aquel cambio nos chocaba de todas todas, recordando sus antecedentes corchotaponeros del Ampurdán, que se caracterizaban por un anticlericalismo que muchas veces *L'avi Pere* había tachado de visceral. Pero ahí estaba mi padre, advirtiéndonos a todos, cada noche después de cenar, que era la hora del rosario. Mientras tú, madre, permanecías sentada en tu butacón verde próximo al balcón de la terraza, en la cual las flores habían vuelto a pintar de colores el mundo, mi padre se paseaba pasillo arriba pasillo abajo, llevando las cuentas y rezando incluso, en latín, las interminables letanías. Eran unos momentos de paz desconocidos para quienes no han rezado jamás en familia. Eugenia, la mujer de hacer faenas, a cuyos pies se tumbaba feliz el gato *Pitufo,* participaba también en la oración. Al término del rosario mi padre añadía siempre media docena lo menos de padrenuestros por las necesidades de la Iglesia, por cada uno de nosotros, por el cirujano que te extirpó las entrañas, madre, por el éxito, que empezaba a ser espectacular, de *Los cipreses creen en Dios,* por los enfermos a los que él atendía con sus jeringuillas y sus medicamentos, etc. Tú, madre, siempre añadías por tu cuenta, al final, un padrenuestro por tus hermanos, algunos de los cuales parecían haberse apartado, por lo menos temporalmente, de la religión.

Pero mi padre, como recordarás, solía llevar las cosas al extremo límite, hasta el punto de que no me sorprendería que desde que se fue al cielo y allí vive —congeniando amistosamente, sin duda, con el padre de la Virgen María—, haya tenido sus más y sus menos con el Señor por la prisa que debe de embargarle para que todos nosotros nos reunamos con él. El caso es que, recuperando una antigua afición suya por el teatro *amateur,* se dedicó a dirigir obras domingueras en la vecina catequesis de los padres claretianos, obras en las que intervenían con ímpetu contagioso mis hermanas Carmen y Concepción. Él ejercía de coreógrafo, de director, de apuntador, ¡y a veces también de actor! Tú, sentada en primera fila, sonreías gozosa como *Pitufo* a los pies de Eugenia. Todo aquello, infantil y obviamente inofensivo, a mí de repente me parecía grotesco, sobre todo si mi padre se veía obligado a maquillarse o a ponerse una peluca. Magda no sabía qué hacer, y a menudo excusaba su asistencia con algún pretexto más o menos convincente.

Fue precisamente entonces, madre, cuando *Los cipreses creen en Dios* obtenían un éxito creciente e iban a publicarse en varios idiomas, cuando yo padecí aquel ataque de vértigo intensísimo que no me abandonaba ni de día ni de noche y que desembocó en una tremenda *depresión con síndrome de angustia,* certero diagnóstico del querido doctor Tomeu Mestre, de Palma de Mallorca.

Vértigo, depresión... Palabras nuevas para mí. Jamás, en la compañía de esquiadores, deslizándome con esquís por las pendientes del Pirineo oscense, mi cabeza había dado vueltas: precisamente me jactaba de mi poca común *estabilidad.* Y en cuanto a la depresión, ¿qué decir, madre? Si algo me había caracterizado siempre era una especie de alegría innata, muy honda, que solía contagiarse a cuantos me rodeaban. Con algunos intervalos, por supuesto, de seriedad e incluso de sufrimiento, puesto que la alegría total y permanente es propia de los imbéciles o de los locos. No, yo era demasiado sensible para caer en el tópico de la continua payasada, pero lo cierto es que me sentía bien conmigo mismo, corporal y psíquicamente, al margen de las dificultades que a lo largo de mis treinta y tres años justos tuve que salvar.

Depresión... Una de las enfermedades características de la época, que con toda evidencia se extiende cada vez más. Se habla, madre, de la progresiva carencia de valores religiosos y humanos que azota a la sociedad en este último tercio del siglo XX. No me atrevo a pronunciarme sobre el particular. La historia nos enseña que ya en épocas pretéritas la *tristeza infinita* invadió a personajes tan religiosos (místicos) y humanos como santa Teresa, Ramón Llull o san Juan de la Cruz. Las noches —y los días— oscuras del alma... Por descontado, la gama de depresiones es muy amplia —Kazantzaki afirmó que Cristo fue un gran depresivo—, siendo lo peor la que no tiene explicación tangible. El doctor Tomeu Mestre compartía dicha tesis. Hablaba de la *tristeza sin saber por qué,* e inscribía mi nombre en ese casillero. Cuando un hombre cae en la depresión porque se ha arruinado, saca la lotería, y de inmediato vuelve a ser el de antes, con mayores ganas de vivir, si cabe; cuando la depresión llega precisamente en el momento del triunfo, los psiquiatras andan a tientas sin el necesario asidero para actuar con eficacia.

Éste fue mi caso, madre, y tú lo sabes. Todo sonreía a mi alrededor y el futuro se presentaba glorioso; y de pronto *el alma se me cayó a los pies* —gráfica expresión que no cuenta con equivalente en ningún otro idioma— y me sentí aterrado, con una sensación de impotencia que desbordaba cualquier intento de superar el trance mediante la voluntad. Era precisamente *mi* voluntad la que se había desmoronado. Nada valía la pena. Sentado en una butaca de cuero marrón en un «palomar» que habíamos alquilado en Palma de Mallorca, desde el cual se divisaba la histórica bahía, veía desfilar los días con una monotonía y una lentitud que me llevaron al borde del estado catatónico. Era capaz de pasarme horas enteras sin moverme, entreteniéndome de vez en cuando en avivar el fuego de la chimenea, o bien, ¡extraño capricho!, clavándome un mondadientes en las encías y esperando a que se tambalease. Tus rezos, madre, y todos los rezos de Rutlla número 3 se evidenciaban inoperantes. E igualmente inoperantes eran los cuidados de Magda, estupefacta ante el giro radical que había dado mi vida. Me traía libros y la sola lectura del título me repugnaba. Probó con la música y los sonidos, por suaves que fueran, retumbaban en mi corazón produciéndome vivo malestar. Llegaba el cartero y no abría siquiera las cartas. Las noticias de los periódicos me parecían de una aplastante vulgaridad —hubiera estallado otra guerra mundial y no me habría movido del butacón de cuero (me habría clavado otro mondadientes en las encías)—, y los álbumes de fotografías de nuestro itinerario vital se me antojaban una broma pesada. Únicamente, de vez en cuando, reaccionaba ante las esquelas. Reaccionaba en el sentido de que los muertos me daban envidia, sobre todo si su edad se aproximaba a la mía. Treinta y tres años... La edad de los «elegidos», según los helenistas; la edad de José Antonio Primo de Rivera, a quien antaño idolatré, ¡y la edad de Jesucristo, por quien antaño hubiera dado la vida! Coincidencias que me dejaban por completo indiferente, como a los pinos del cercano castillo de Bellver los dejaba indiferente el mar.

El párroco de «El Terreno», donde estaba ubicado nuestro «palomar», solía visitarme, intentando consolarme o levantar mi ánimo. Yo contemplaba su sotana como si fuera una mortaja y escuchaba sus palabras como quien oye llover. «No me hable del cielo, por favor, puesto que no puedo imaginar que exista y no me hable tampoco del infierno, porque lo estoy sufriendo dentro de mí.» El hombre, bueno y cabal, se frotaba las manos como si tuviera frío, dejaba sobre la mesa, astutamente, una tableta de chocolate y se despedía de Magda con un humilde encogimiento de hombros.

Mi padre nos visitó también, dado que las noticias que os llegaban eran cada vez más alarmantes. Le miré como se mira a un extraño. No sentí absolutamente nada que me uniera a aquel ser que había sufrido una angina de pecho y que pinchaba con jeringuillas incluso a los gitanos de la gerundense calle de la Barca. También se frotó las manos —él sintió frío de veras— y se fue por donde había venido, con un inolvidable rictus de amargura en la boca. Entonces el doctor Tomeu Mestre decidió aplicarme, en su clínica de «El Terreno», una tanda de electrochoques. Por lo visto en aquella época era lo más apropiado, puesto que los medicamentos existentes eran menos eficaces que los actuales. Mi reacción al despertar de los electrochoques era, al parecer, espectacular. Todo difuso, una nebulosa; hasta que aparecía en un primer plano, progresivamente nítido, el rostro de Magda, quien me había acompañado anegada de dolor. Regresábamos a casa andando —orden del doctor—, con mucho cuidado para no caerme en redondo. Y al llegar a «El Palomar», en estado todavía sonámbulo, sentía —¡gracias, Señor!— un impulso, inconsciente pero irresistible, de sentarme a mi mesa de trabajo, o mesa de escribir, que yacía allí muerta de risa o de llanto, y garabateaba frases sueltas, inconexas, supuestamente poéticas, en los folios que Magda me iba suministrando. «El electrochoque me sumerge en la noche. Las drogas cierran mis párpados y me insensibilizan. Entonces ¿para qué sirve mi existencia? ¡Si me hibernaran —¿a cuántos grados bajo cero?— por espacio de treinta días!... Sería un iceberg, un poco de hielo, piel fría como el pecado de avaricia. ¿Qué haría entretanto mi alma? Mi alma no podría elegir la sala de espera. No podría sentarse al sol, en el paseo del Mar. Tal vez mi mujer la cobijara en su caliente seno.» «En los ataúdes debería haber un buzón para las cartas que nos llegan después de muertos.» «¡Era tanta mi salud!... En la calle daba pequeños saltos para demostrar mi agilidad. Llovía y salía sin cubrirme la cabeza. Cuando pasaba una ambulancia, encendía un pitillo. Cuando leía en un periódico una esquela mortuoria decía: *Adiós*.» «No, no sé por qué he caído en la depresión. Elefante en el alma, "noche oscura del alma". Fuera hace sol y repiquetean los tranvías al pasar. ¡Si pudiera unirme a la comitiva de los hombres normales! Sé que alguien lleva cilicio en mi intención, para que yo me cure. Tal vez sea mi madre. ¡No puedo hacerme a la idea de que alguien macera por mí su carne! ¿Por qué, Señor? No vale la pena, no importa. Ya nada se puede hacer.» «A veces veía de lejos a mi padre. Caminaba arrastrando un poco los pies, el sombrero colocado con descuido. Parecía estar pensando puñales. Yo lo seguía a distancia, avergonzado. Sabía que algunos de esos puñales se los había clavado yo.»

Por dos veces estuve a punto de acabar con todo suicidándome. De hecho, la palabra «suicidio» rondaba por mi mente desde que caí en la depresión. Y si no lo hice, si no llevé a cabo tal desatino, fue por Magda y por algo que tú me dijiste por teléfono, madre: las palabras de Cristo «si es posible que pase de mí este cáliz».

La primera vez estuve a punto de ingerir una dosis de barbitúricos que hubiera acabado conmigo (Largactil, lo tenía al alcance de la mano). La segunda vez fue al encontrarme en unas rocas junto al mar. Era un mar azul, diáfano y tantálico. Magda estaba a mi lado, sin duda vigilándome. ¡Dios, qué tenaza, qué hierro candente en el corazón! Podía zafarme de la vigilancia de mi mujer y, ¡zas!, en cuestión de un par de minutos habría conseguido mi definitiva liberación; pero Magda en aquel momento me ofreció un bombón de chocolate que la víspera me había traído el párroco de «El Terreno». Miré a mi mujer. Estaba hermosa, con el pelo corto y un jersey gris de cuello alto. Sonreía... ¡Sonreía, porque suponía que el bombón de chocolate iba a gustarme y a paliar por espacio de unos segundos mi dolor! No fui capaz de rechazar su delicado gesto, aparte de que me hubiera costado un esfuerzo sobrehumano ponerme en pie y acercarme al acantilado. Depositó el bombón en mi lengua y dijo: «Los curas suelen ofrecer siempre chocolate de calidad...» El bombón me supo a gloria —¡gracias otra vez, Señor!—, el mar seguía siendo azul en la hondonada, pero había dejado de ser tantálico. El imperioso deseo de suicidio pertenecía al pasado inmediato. Una voz interior me susurraba: «No des marcha atrás. ¡Es la ocasión!» Pero Magda me advirtió de la súbita entrada de un barco por la bocana del puerto y los toques de la sirena zanjaron definitivamente la tentación.

Perdóname, madre, que no pensara en ti, ni en vosotros, en esa ocasión precisa. Me salvaron mi mujer y el bombón de chocolate. Luego, con una brizna de hierba me hizo cosquillas en la oreja izquierda. ¡Y sonreí! De pronto me sorprendí sonriendo, cuando en otras ocasiones aquello me habría parecido una descarga eléctrica parecida al electrochoque. Por cierto, madre, que nadie acertará jamás a dilucidar si el suicida es un valiente o un cobarde. En lo que a mí atañe, sospecho que en aquel instante no fue ninguna de las dos cosas, sino un producto del mero azar. Lo que no comprendo es que no se me ocurriera nunca tirarme al vacío desde la terraza de «El Palomar»... Por lo visto mi destino era seguir viviendo; pero creer en el destino plantea graves problemas filosóficos que en estos momentos no soy capaz de resolver.

De repente, como se alza el telón en un escenario para que la obra teatral empiece, se produjo un quiebro positivo en mi estado. Recuperé, ¡y ya es mucho!, las ganas de vivir. Recuperé los reflejos, hasta entonces bloqueados; afloraron los *deseos,* signo inequívoco de mi regreso a la normalidad.

Optamos por abandonar Mallorca, entre otras razones para que el marco donde tanto sufrí no me influyera negativamente. Y puesto que tampoco nos atraía Gerona, ya que ahí os daríais cuenta de que mi mejoría era sólo relativa, después de haceros una breve visita alquilamos un piso en Barcelona, en la zona del Turó Park y nos instalamos en él.

En virtud del éxito de mis *Cipreses,* los periodistas venían a entrevistarme. ¡Qué sensación de extrañeza! ¿Cómo podían dar tanta importancia a un hecho tan trivial? También acudían a Gerona a entrevistaros a vosotros, madre, al objeto de conocer detalles de mi pasado. ¡Y qué preguntas os hacían! Claro, claro, ignoraban que uno puede llegar a sentirse todo vientre, que un acto tan insignificante como moverse puede llegar a parecer un atentado contra la paz y que un ser humano puede encontrar placer o distracción clavándose un palillo en las encías y dejando que se tambalee.

Con todo, si era cierto que había recobrado las ganas de vivir, era mi obligación demostrarlo. ¿Y cómo? Recuperando el pasado, rescatándolo; es decir, comenzando a escribir la aplazada novela *Un millón de muertos* (panorama de la guerra civil en los dos bandos), ordenando previamente todo el material preparado al efecto.

Eso fue lo que hice, en el minipiso del Turó Park, hasta que la desazón de España nos acosó otra vez de forma terminante. Además, la enfermedad me había dejado secuelas evidentes —entre ellas, una acusada amnesia (los electrochoques)—, lo cual podía significar un grave impedimento para mi trabajo, y alguien nos habló de que en Alemania, concretamente en Bonn, en la Policlínica Venusberg, un médico se había especializado en ese tipo de dolencia. La cosa, por lo que a nosotros se refiere, no ofrecía lugar a dudas; ahora bien, ¿cómo haceros partícipes, madre, de que nos íbamos otra vez? Como de costumbre, mi padre lo aceptó y mostró la mayor comprensión; tú, madre, nos escuchaste entre sollozos.

Esgrimí, a mi favor, un argumento sólido: mi padre me había dicho una y otra vez que al escribir *Un millón de muertos* tenía que ser imparcial y evitar en todo momento erigirme en juez. ¿Cómo conseguir esto escribiendo *desde aquí, desde España*? Con las aristas diarias que surgían —y surgen— en nuestro país, a las que entonces cabía añadir las inhibiciones creadas por el régimen imperante. Me hacía falta un distanciamiento incluso físico y, por supuesto, no verme obligado a esconder ciertos datos en el cubo de la basura. Por fin, madre, lo comprendiste también.

Augusta tregua al cruzar la frontera. ¡Ya no era «otro»! ¡Era yo! Si mal no recuerdo, madre, desde Alemania os enviamos una postal en la que mi mujer os explicaba que nada más pisar el país advirtió con asombro que «todo le resultaba familiar», desde la cocina y el paisaje hasta la arquitectura y el idioma. «Como si mis antepasados hubieran estado aquí, o yo misma en una vida anterior...» Luego pensamos que a lo mejor tal inciso os chocaría en exceso; para nosotros, en cambio, era lo más natural. ¡Me habían ocurrido tantas cosas anormales en el transcurso de la depresión!... Y aunque mi mujer conservó en todo instante un admirable autodominio, a partir de dicha experiencia se sentía más cerca de la metempsícosis que del supuesto limbo para los niños no bautizados, más próxima a la cuenta atrás de la genética que a la fácil aceptación de que sólo existe lo que está a este lado de la barrera, es decir, lo que se puede ver y palpar.

Inesperadamente, en Bonn, apenas internado en la Policlínica Venusberg, y sin apenas haber tenido tiempo de admirar la majestuosa belleza de la ciudad, con el Rin bajando caudaloso, cargado de potentes embarcaciones y de historia, el vértigo rebrotó y por unos días me hundí otra vez. Y aunque clínicamente tranquilizado al término de exhaustivas y para mí inéditas exploraciones, no tuve el valor suficiente para domeñar o hacer caso omiso del nuevo y doloroso ataque y, en un rapto entre satánico y lírico, escribí de un tirón, en la cama número 47, que me había tocado en suerte, y mientras las enfermeras entraban y salían una y otra vez a ponerme el termómetro en la axila o en la boca, un corto trabajo titulado *Anuncio para todos los periódicos del mundo,* en el que comunicaba a «los cinco continentes», nada más y nada menos, que había perdido la Alegría, rogando a quienquiera que la encontrase que me la devolviera a las señas que indicaba al respecto. Mi mujer sacó copias de dicho trabajo, las envió en todas direcciones y fue aceptado y publicado en muchos lugares. Por supuesto, tuve buen cuidado de detallar, de definir, la citada Alegría, para que pudiera ser reconocida: «Medía 1,74 metros, como yo. Era de color azul claro, pero con barras amarillas que la cruzaban como si fuera una bandera. Este detalle es inconfundible. No hay otra igual. Su forma se parecía mucho a la de un corazón humano adulto. Y no estaba nunca quieta. Era una Alegría móvil, que daba saltos, que pegaba brincos. Semejaba, en suma, un corazón vivo, como lo era el mío hasta que, en el trayecto comprendido entre los treinta y cuatro y los cuarenta años, de pronto, sin saber cómo, todo lo perdí. Se gratificará, se gratificará a quien la devuelva, sea hombre, mujer, esté sano o enfermo. No sé cómo se hará, pero una acción tan útil no puede quedar sin premio. A quien me devuelva la Alegría —¡suplico que no haya error, que sea la mía!— le daré un abrazo como el que di a mi madre al terminar la guerra. Si es persona rica, nada más; si pobre, todo cuanto hay en casa y cuanto mi mujer y yo tenemos en el Banco. Hago esta promesa formalmente en la ciudad de Bonn —en un lecho de la Policlínica de Venusberg— una noche de insomnio, sin luna y sin estrellas.»

Recuperado de nuevo, y decididos a empezar la redacción de *Un millón de muertos,* continuación automática de *Los cipreses creen en Dios,* por invitación de mi editor finlandés Erkki Renpää (editorial Otawa), que, coincidió con el consejo de los médicos de Bonn —«el brusco cambio de clima y de ambiente pueden favorecerle, ayudarle a restablecerse por completo»—, nos dirigimos a Helsinki, donde la obra empezó a tomar cuerpo. Vivíamos en Lautasaari, en un piso funcional que nos proporcionó Erkki. La lejanía de Finlandia con respecto a España dio buen resultado. La novela avanzaba a ritmo lento, en medio del frío y de la nieve que no cesaba de caer y que me recordaba mi estancia en esquiadores. Con frecuencia me faltaba la debida información (datos concretos sobre tal o cual acontecimiento), lo cual me impedía proseguir; entonces, como recordarás, mi padre me enviaba libros, recortes de periódicos, recuerdos personales que me permitían seguir adelante. Hasta que, para completar de una vez la debida documentación, pasado un año decidimos abandonar Finlandia, ¡enriquecedora experiencia!, e instalarnos en Zurich, donde residía un lejano pariente de mi mujer, exiliado, antiguo comandante «rojo». Ricardo Simó Prats, dueño de un colosal archivo sobre el tema en que yo estaba empeñado. Simó Prats nos recibió con una generosidad y entrega que no podremos olvidar jamás. Gracias a él —otra vez rodeado de nieve, que parecía dispuesta a helar el mismísimo lago Zürichsee— di un fuerte tirón a *Un millón de muertos*. Mi padre nos escribía también carta tras carta, teniéndonos al corriente de las novedades que iban produciéndose en ambas familias. De vez en cuando, esto sí, hablábamos por teléfono. Y tu voz continuaba siendo a un tiempo enérgica y dulce y terminabas siempre el diálogo con el consabido «que Dios os bendiga».

Ignoro si Dios nos bendecía o no, porque, si bien vivíamos y trabajámos en paz, y a Magda el catolicismo suizo, minoritario, le interesaba más que el folklórico y masivo catolicismo español, por mi parte, tocante a la religión, cruzaba una etapa neutra, neutra como tantas cosas en Suiza. El tema de la guerra de España, que ocupaba mi mente, martilleaba mi corazón. ¡Cuántos crímenes cometidos en nombre de aquel Jesús «que dio su propia vida para redimir al género humano!». Mis dudas, mis vacilaciones, eran cada vez más intensas y tus incesantes rezos, madre, parecían resbalar sobre mi piel. Si Dios era infinitamente misericordioso, ¿por qué Simó Prats había perdido en la guerra un ojo y la mano derecha? ¿Y cómo explicar el origen del Mal y la inevitabilidad de la Muerte (también en Zurich había cementerios, en uno de los cuales estaba enterrado Tomás Mann)? ¿Y cómo se atrevió

Lucifer, arcángel, a rebelarse contra el Creador, si debía de saber mejor que nadie que perdería la partida? ¿Y el sufrimiento de los animales? ¿Y el pecado original? ¿Y las discusiones en el seno de la Iglesia, a raíz del descubrimiento de América, sobre si las mujeres indias tenían o no tenían alma? A más de esto, Cristo vino al mundo no hacía más de dos mil años. ¿A quién podían invocar los millones y millones de seres humanos que habitaron la tierra antes que Él? ¿Cuál podía ser su sostén, su soporte? Tú, madre, eras una privilegiada. Naciste a fines del siglo pasado y, por tanto, Cristo podía ser ya tu punto de referencia. Y comulgabas. Transustanciación. Formabas parte del Cuerpo Místico y la Iglesia te acompañó desde la cuna y te acompañaría hasta la muerte. ¡La muerte! ¿Era posible, madre, que tú también estuvieras condenada a morir? ¿Morir cómo, cuándo? ¿Antes que mi padre o después? ¿Antes o después que yo mismo? Siempre me decías: «Conserva pura el *alma.*» ¿De verdad teníamos alma? ¿De verdad existía en nosotros algo que sobrevivía a la muerte corporal? La resurrección de los cuerpos... ¿A qué edad (humana) resucitaríamos? ¿Siendo niños, adolescentes, en la madurez, en la vejez? ¿Simó Prats resucitaría sin el ojo y sin la mano? ¿Nuestros cuerpos serían gloriosos, resplandecientes, sin achaques, sin necesidad siquiera de alimentarse y de defecar? ¡Por Dios, madre, ahora que conoces ya la verdad, perdona mi grosería!... Viviste noventa y nueve años. ¿Qué edad exacta tienes (representas) ahora en el cielo? Y mi padre ¿cómo está? ¿Echa de menos su oficio de taponero? ¿Todavía le interesa el esperanto o utilizáis ahí un lenguaje universal, el oponente a la torre de Babel? ¿Vivís juntos, os queréis, podéis abrazaros, o bien os basta con la contemplación de la Divinidad?

«¿Que Dios os bendiga...» Perdona, madre, mi desahogo. No olvides que te estoy describiendo el estado de mi conciencia en nuestra época de Zurich. Luego sufriría, como sabes, otros muchos altibajos. Volvería a creer, volvería a sentir rencor, volvería a la neutralidad, a la indiferencia. La duda sería, por descontado, mi más fiel compañera y continúa siéndolo mientras te escribo esta carta. Claro que alguna vez, sentada en tu butacón verde de la calle de la Rutlla, con el balcón abierto de par en par —el Oñar abajo, seco o culebreando—, me dijiste: «¿Crees que yo no tengo también dudas? ¿Quién no las tiene? La fe consiste en saber superarlas, como siempe supo superarlas tu abuelo, *L'avi Pere*.» *L'avi Pere* ¿cómo está? ¿Le ves de vez en cuando? ¿Está más cerca que tú y que mi padre de la Virgen María, que bajó a buscarle al morir? Sería una imperdonable discriminación...

La vejez... De pronto, nos preocupó la vejez de mi padre. Recibimos unas fotografías en las que dos grandes surcos verticales a ambos lados de la boca le habían impreso una huella que no nos gustó. Y el color desvaído de su rostro. Y el relieve de su cráneo —iba descubierto—, que pugnaba por abrirse paso a través de la piel. En cambio, tú, madre, aparecías pletórica de salud, abundante cabello, erguida la cabeza, sólidamente reclinada en la barandilla de la galería que colgaba sobre el Oñar. En otra fotografía se te veía sonriendo y regando las flores de los tiestos con que habías adornado también el balcón delantero de la casa. También la disparidad de vuestras imágenes se me antojó una imperdonable discriminación. Siempre supuse que viviríais juntos hasta el final, que os extinguiríais juntos, que «exhalaríais juntos el último suspiro». Era incapaz de hacerme a la idea de que uno de los dos viviera sin el otro. Siempre me ha desconcertado la palabra «viudez», lo que en Palma de Mallorca contribuyó también a que no me suicidara.

El pensamiento de que la vejez de mi padre era un trance irremediable me descorazonó. Parecióme que había entrado en una especie de etapa a contra reloj, urgente, y en vano me decía a mí mismo que se trataba de un mal sueño. Era un presagio, era un temblor. Renuncié a seguir visitando a Thomas Mann en su cementerio, porque en él abundaban las tumbas de personas de setenta años, y mi padre estaba a punto de cumplirlos. La cifra 7 se convirtió en obsesión, como si hubiera en mí elementos cabalísticos. Y cada vez que pasaba delante del hospital cantonal, memorizando el énfasis y el prestigio de la medicina suiza, me torturaba la idea de que no contasen allí con el soñado elixir que me garantizase el rejuvenecimiento de las constantes vitales de mi padre.

De pronto, ya en 1960, recibimos una noticia que nos provocó otro de nuestros espasmos trashumantes: en España iban a dar por televisión, en episodios, «y con todos los medios al alcance en aquel momento», *Los cipreses creen en Dios*. Era algo que de ningún modo podíamos perdernos (mis pensamientos convertidos en imagen viva), por lo que en cuestión de minutos tomamos la decisión de regresar. ¡Adiós Fitche, Joyce, Wagner, Thomas Mann! ¡Adiós el Limmat y el lago! ¡Adiós la Grossmünster, san Félix, el heráldico león y el hospital cantonal! Adiós a la pequeña iglesia católica-francesa a cuyos oficios asistíamos con regularidad y para el mantenimiento de cuyo culto pagábamos un impuesto fijo. ¿Cuándo en España se establecería tal costumbre? Adiós Europa, en fin, con todo lo que eso suponía de imprevisibilidad, habida cuenta de los hábitos que, a semejanza de nuestra época de París, habíamos adquirido.

Nos despedimos de Ricardo Simó Prats en la estación de Zurich (yo llevaba tres mil quinientos folios a máquina, clasificados en carpetas), y al día siguiente nos apeábamos en la estación de Gerona y volvíamos a abrazarnos todos con una emoción muy intensa. ¡Con una alegría inesperada! El aspecto de mi padre era mucho mejor que el que mostraba en las fotografías que nos habíais enviado hacía unos meses. De regreso a la calle de la Rutlla me cautivó, madre, reencontrar los muebles del comedor y, en vuestra alcoba, ¡la Virgen de Lourdes, fosforescente! ¿Qué había ocurrido? Nada de milagros. Una decisión tuya, madre. Por lo demás, el reloj de pared en el comedor, con el caballo de madera coronándolo, y, en el vestíbulo, un paisaje con sampanes de Hong Kong que conferían a la entrada un aire curiosamente exótico...

La iniciación de la serie televisiva de los *Cipreses* constituyó un acontecimiento. No sólo en casa, sino en toda la ciudad. Eran capítulos muy cortos, de calidad discutible, con saltos bruscos y cierta incoherencia argumental, pero ahí estaba el ambiente del libro, con hallazgos muy felices, sobre todo en la filmación de interiores. Y ahí estaba, por descontado, la familia Alvear, es decir, mi padre, Matías en la pantalla, tú misma, madre, que respondías al nombre de Carmen Elgazu, e Ignacio, que era yo, y el místico César, eternamente pasmado y dispuesto a una entrega total de humildad y de capacidad de servicio.

Llegué a contabilizar hasta dieciocho personas en el comedor atentas a la transmisión y a todos nos parecía que el viento se llevaba de un soplo las escenas, el discurrir de la novela, la vida. «Pero... ¿ya está?» «Eso parece... Y ahora, hasta mañana.» El actor que más te gustaba, madre, era Jesús Puente, acaso porque se llamaba *Jesús*. Mi padre te decía: «A saber qué opinarías si se llamara Eleuterio...»

A renglón seguido, y hurgando en todos los rincones de la casa, descubrí que habíais guardado todas mis cartas, atadas con gomas mucho más sólidas que las que utilizaban en los Bancos para los fajos de billetes. Tentado estuve de releerlas; sin embargo me dio pereza. ¡Cuánta existencia, cuánta lucha se encerraba allí! ¡Cuántas verdades..., y también cuántas mentiras, o más bien invenciones para ocultaros las malas noticias o simplemente para que estuvierais contentos! Me pregunté por qué no había hecho yo lo propio, por qué terminaba siempre por tirar vuestras cartas a la papelera o al fuego. Las que tiré al fuego me dolieron menos, por aquello de la purificación; pero las que tiré a la papelera...

A partir de ese momento los acontecimientos se precipitaron. Magda y yo nos trasladamos a Barcelona, a nuestro piso del Turó Park, en Maestro Pérez Cabrero, y allí, en un mes y medio de insólita inspiración, terminé *Un millón de muertos*, y lo terminé tal como mi padre y el exiliado Ricardo Simó Prats me habían aconsejado: imparcialmente y sin rencor. Con las paredes llenas de cartones en los que yo había escrito, desde el inicio de la obra, frases de ese tenor: «Tengo que amar a todos y cada uno de los personajes, sin distinción.» «El amor siempre avanza un centímetro más que el odio», etc. Cartones que me habían seguido a todas partes, como expertos timoneles, quién sabe si de la buena suerte.

El caso es que la terminación del libro —a finales de 1960— no significó su publicación inmediata. Era preciso salvar antes el obstáculo de la censura, cuyo plácet se presentaba problemático, ya que era la primera vez que en España, desde la terminación de la guerra, se decía en letras de molde que «en los dos bandos se cometieron atrocidades», conforme a la teoría según la cual un queso de bola partido por la mitad de ningún modo podía dar una parte sana y otra enferma. Recordarás, madre, que no parabais de llamarnos por teléfono. «¿Cuándo sabréis algo?» Pronto, es de suponer... Mañana volvemos a Madrid.» Sí, tuvimos que hacer varios viajes a la llamada capital del reino —Franco era el rey—, donde me entrevistaba con el ministro de Información y Turismo, responsable del sí o del no. ¡Ah, al término de un duro forcejeo, obtuvimos el SÍ! Ello ocurría a mediados de diciembre. Os llamé, y el teléfono casi dio un brinco. «¡Hijo!» Ésa fue la exclamación de mi padre. E inmediatamente me preguntó: «¿Y ahora qué?» «Ahora, a la imprenta.» «¿Y a quién dedicas el libro?» «A *todos* los muertos de la guerra.» «Me parece muy bien», comentó mi padre; y tú, madre, bendeciste también semejante decisión.

El libro apareció a mediados de febrero. Pero mi padre no pudo verlo, no lo pudo palpar. La distribución, simultánea en toda España, en todas las librerías —salieron camiones por doquier—, tuvo lugar exactamente el día 22. Y he aquí que el día 22, a las tres de la tarde, sonó el teléfono y mi hermana Carmen, con voz entrecortada, apenas audible, me comunicó que nuestro padre acababa de sufrir un gravísimo ataque cardiaco y que era preciso que tomáramos en seguida un coche y nos trasladáramos inmediatamente a Gerona.

Cortada la respiración, por fin me atreví a preguntar si aún vivía... o si ya no había remedio. Carmen nos dijo que aún vivía, que el médico estaba luchando para salvarle, pero que las esperanzas eran pocas; y repitió, entre sollozos que el auricular amplificaba hasta el límite, que fuéramos sin tardanza.

Llamé al profesor Arturo Fernández-Cruz, amigo del

alma —que también está ya ahora contigo, madre—, y se ofreció para acompañarnos en su mismo coche. El viaje fue angustioso, debido al silencio. Yo no acertaba a pronunciar una sílaba y el profesor Fernández-Cruz respetaba mi actitud. «Las esperanzas son pocas, las esperanzas son pocas...» «A lo mejor llegamos y ya está muerto.» «¡Señor, Señor, haz que no se cumplan mis presagios!» «Señor, Señor..., ¿por qué has elegido precisamente este día?» El conductor tampoco hablaba. Era un busto que fumaba con lentitud y que llevaba el coche adelante. Afuera hacía frío. Se notaba en los árboles, que parecían tiritar. El tráfico era escaso. Baches en la carretera. Los nombres de los pueblos se sucedían y había momentos en que se me antojaban peldaños de una escalera que conducía a la Gran Cámara de la muerte. Era un atardecer nublado, con toques de color malva en el sol, que asomaba de vez en cuando: color malva, agorero e infausto. Pensé en los lazos de las coronas de los féretros, si bien de pronto el pensamiento se me escapaba y tomaba derroteros absurdos, como el de los sanfermines o tu exclamación, madre, a raíz de la Misión que tuvo lugar en Gerona: «¿Cómo no es posible que haya quien no crea en Dios?»

Entramos en Gerona. ¿Se habría detenido aquel reloj de bolsillo, de esfera azul? Sí, era lo más probable. Al llegar al portal del número 3 de la calle de la Rutlla advertimos en la escalera algo, un desamparo, una quietud fuera de lo normal. Y la puerta del piso estaba abierta, con el mosaico reluciente, y bultos por todas partes, que no osaban moverse, que recordaban a las figuras de cera.

Inútil preguntar. Al verme, los bultos me cedieron el paso hasta el comedor, donde te vi, madre, sentada en tu sillón, la cara oculta entre las manos. Mi hermano Juan salía en aquel momento de la alcoba —la puerta estaba abierta— y se acercó y me abrazó con inusitada fuerza. De lo más hondo de la vida brotaban en el comedor sollozos rebeldes. No se interpuso nadie más. Entré en la alcoba y vi a mi padre yerto en la cama, con rigidez mineral. Las manos en cruz sobre el pecho, sosteniendo —¿sosteniendo?— un pequeño crucifijo negro que llevaba siempre consigo y un rosario. Estaba presente y era ya pasado.

Ningún sacerdote en la habitación; sólo, al lado de la cama, de rodillas, mis hermanas Carmen y Concepción.

Me acerqué por la derecha, que era el lado que mi padre ocupaba, y al llegar yo le salió un poco de espuma de las comisuras de los labios. Los párpados cerrados y, sin embargo, persistían en su rostro huellas de dolor. Ni siquiera la muerte pudo acabar del todo con él. Le contemplé por espacio de unos segundos, con una perplejidad que me inhabilitaba para cualquier movimiento; hasta que me incliné sobre él y le besé en la frente.

¡Dios, qué frío! ¡Qué acumulación de frío! ¿Cómo era posible? Volví a besarle para vencer mi adversa reacción. ¡Frío! Todo el frío del Ártico y de Helsinki y de la historia y del mundo se habían concentrado en su frente y era de suponer que en todo su cuerpo. No pude llorar. Salió más espuma de sus labios. Era como si todavía respirara y fuera expulsándola. La sequé con mi pañuelo. A mi lado brotó el profesor Fernández-Cruz, le miró, me miró y bajó la cabeza como diciendo adiós. Todo dijo adiós. Todo era adiós. Su frío era adiós. Y tú, madre, fuera, en el comedor, seguramente con la cabeza todavía entre las manos. Y en la calle, probablemente, el coche que nos trajo, con el conductor esperando, fumando con lentitud. Y los bultos por toda la casa. Y el reloj en la pared, con el caballo encima. Y mi corazón, de pronto, poniéndose a galopar, contrariamente a lo que le había ocurrido al de mi padre, que se paró para siempre, diciéndose adiós a sí mismo.

Mis hermanas, al otro lado, se levantaron y entonces yo me arrodillé, en el momento en que Magda entraba en la alcoba, se acercaba a ti y te besaba repetidamente.

Poco después me enteré de cómo había sido su muerte. Fue como tenía que ser. Me lo contaste tú misma, madre, que al verme, después de recibir mi abrazo profundo, de fundirte con él, tuviste unos minutos de serenidad y, sin moverte del sillón, con una voz que no parecía la tuya, que participaba un poco del misterio que envolvía la casa entera —al otro lado, en las habitaciones delanteras, se oía rumor de conversaciones—, hilvanaste perfectamente el relato.

Le había fallado el corazón en el entierro de uno de sus mejores amigos, compañero suyo en muchas tertulias y visitas al barrio antiguo. Fue a pie, con el cortejo fúnebre, desde la casa mortuoria hasta la parroquia —la temperatura era hostil—, y en el templo, durante la misa y el responso, empezó a sentirse mal. Por lo visto no pudo resistir la lentitud y la aparatosidad de la ceremonia, el «frío» y el «adiós» del *otro*, de aquel ser de su misma edad con el que había compartido un buen pedazo de vida. Yo había hablado varias veces con él y sólo recordaba que invariablemente me preguntaba: «¿Qué, qué tal estás? Tu padre me dice siempre que escribes demasiado, que tendrías que tomártelo con más calma...»

A mi padre le daría miedo sufrir una crisis allí mismo, durante la ceremonia religiosa y salió del templo con sigilo. Caminando como pudo, tambaleándose ligeramente, pudo llegar, por la calle de Santa Clara, hasta las cercanías del Puente de Piedra. Allí su corazón empezó a decir «basta» y se refugió en un portal, ahogándose cada vez más. Alguien que bajaba la escalera advirtió su presencia y el estado en que se encontraba, se alarmó, avisó inmediatamente al guardia urbano de la esquina, el cual recabó en el acto los servicios de un coche, con el que le acompañó a casa, adonde llegó presa de terribles convulsiones.

Por teléfono llamasteis con toda urgencia a un médico, un cardiólogo y un padre claretiano, el padre Soler, que era su confesor habitual. Éste llegó primero e intercambió con él algunas palabras, después de las cuales recibió de sus manos la absolución y la comunión. Y en seguida llegó el médico, el cual, ante la gravedad de su estado, abrió de prisa el maletín y le puso una inyección. Tal fue el brinco que mi padre pegó en la cama, que a ti, madre, te pareció de mal agüero. Todos los esfuerzos del cardiólogo para atajar la crisis y para reanimarle fueron inútiles. Transcurridos unos minutos —su jadeo daba grima—, se quedó súbitamente inmóvil, momento en que el médico te miró, madre, en señal de impotencia, y sólo pudo certificar que «todo se acabó».

Al llegar aquí, tus recuerdos se entremezclaron, se hicieron brumosos, pues por lo visto tú no acabaste de creer que todo aquello fuera definitivo. Por lo visto instaste al médico a que continuara luchando; pero el médico, por último, con el maletín ya cerrado, movió la cabeza negativamente, dio el pésame a todos los presentes y se marchó.

«Hijo mío, hijo mío —concluiste—, tu padre ha muerto. Le aconsejé que no fuera al entierro, se lo aconsejé. Pero él...»; y no pudiste añadir palabra.

Te abracé de nuevo. Y al separarme vi que te anegabas en llanto y que tu vestido negro se ennegrecía más aún, que se ennegrecía hasta tal punto que tu blanca cabellera pareció resplandecer, emitir destellos que te envolvieron como un aura. Entonces me di cuenta de que no todos los bultos eran negros y que quienes hablaban al otro lado, en la parte delantera de la casa, habían subido el tono de la voz, como si se hubieran fatigado del tema o de hablar por medio de susurros y estuvieran refiriéndose a cosas ajenas. Mi hermana Carmen era quien mejor dominaba su dolor, aunque hubiérase dicho que había envejecido diez años.

Le velamos toda la noche, por turnos, mis hermanos y algunos amigos. Tú, madre, echaste algunas cabezadas. No quisiste acostarte; pero, en tu sillón, a ratos conseguiste dormir. Seguro que te sentías —esta vez sí— *sin entrañas*. Por mi parte, entré varias veces a ver a mi padre. Poco a poco su tez iba adquiriendo un tono blancuzco y se le afilaban las facciones. Ya su aspecto era de total descanso. Se habían ido las huellas del sufrimiento. El crucifijo negro en su pecho, en sus manos cruzadas, me obsesionaba; en cambio, había desaparecido el rosario. Posteriormente me enteré de que fuiste tú, madre, quien quiso guardarlo para siempre, junto con el reloj de bolsillo, reloj de esfera azul.

Cuando, procedente del exterior, del otro lado del balcón, penetró un poco de luz, la luz del alba, el hecho me causó suma extrañeza. Me costó aceptar que la noche, que era luto, también hubiese muerto, fulminada por la luz. Por la luz matutina que era la señal de que aún sin mi padre la vida física del mundo e incluso la espiritual proseguirían su ciclo, su ritmo. Se oyeron pasar camiones por la calle del Carmen. ¡Dios, qué complejidad!

La funeraria se ocupó de todo. También su eficacia me causó extrañeza. No teníamos nicho propio, familiar, y nos proporcionó uno nuevo, en un pabellón recientemente habilitado en el cementerio, pabellón San Antonio María Claret. Y cuidó de que la esquela que mi hermano Juan y yo habíamos redactado apareciese en el periódico al que estabais suscritos y que trajeron a casa, como todas las mañanas, echándolo por debajo de la puerta.

Al ver dicha esquela, al ver impreso el nombre —«Joaquín Gironella Angelet, de setenta y un años de edad, descansó en la paz del Señor...»—, con el texto subsiguiente y el anuncio de la hora del entierro, me rebelé contra semejante objetivación; en cambio, tú, madre, la leíste una y otra vez, conteniendo los sollozos. Era una esquela modesta, poco espectacular, pues supusimos que así la hubiera querido mi padre.

Toda la ciudad se enteró de su muerte. Y la gente de la Gerona suburbial, que de hecho era aquella que con mayor porfía había ayudado, se convulsionó. Así que, a la hora del entierro, una muchedumbre de difícil cálculo se congregó delante del número 3 de la calle de la Rutlla y alrededores. La comitiva hasta la parroquia del Mercadal salvó el trayecto orillando el río —los tres hijos varones íbamos delante—, en medio de un silencio sobrecogedor. La tarde era gris. Las nubes se desplazaban sobre los tejados y no se veía el sol. Febrero cumplía con su misión. Chocaban contra el alma los rótulos de las tiendas. Sin embargo, en las aceras se habían apostado también grupos expectantes. Las mujeres se santiguaban, los hombres se quitaban al paso el sombrero o la gorra. Vi algunos tullidos... ¿Quiénes eran los demás? Hubiera querido preguntárselo. A lo mejor mi padre había conseguido mejorar sus haberes, su pensión, a lo mejor les había «pinchado» más de una vez. Yo sentía vértigo. Reconocía algunas caras. Todas me parecían como de yeso, como pertenecientes a seres que también muy pronto iban a morir. A no ser por la presencia cierta del cuerpo en la furgoneta

—¡cuántas coronas, cuántos lazos!—, hubiera creído en un desfile espectral. Al pasar delante del portal en el que la víspera mi padre se refugió, se produjo una tensión, no por impalpable menos evidente. Unos pasos más y alcanzamos la plazoleta de la parroquia, donde los que aguardaban parecían más de yeso que los demás, más tiesos pero también, por lo menos en apariencia, más conmovidos. Por un momento me pregunté si no se trataría de una avanzadilla del cementerio que había salido de sus nichos, o de la fosa común, para darle la bienvenida.

El templo se abarrotó, se puso a tope para el responso, y mucha gente tuvo que permanecer fuera, esperando. Ni siquiera hubo velas y recordatorios para todo el mundo. La caja mortuoria estaba a los pies del altar mayor, y las iniciales, J. G. A., eran de un metal chillón, que yo hubiera deseado de mejor calidad. Un poco más ancho el lugar en el que reposaba la cabeza, el féretro iba estrechándose de forma confluyente hasta llegar al espacio en que yacían los pies; aquellos pies de «andarín nato» que tantos caminos habían recorrido junto a ti, madre, y que sospeché eran más blanquecinos, y tal vez más fríos, que el resto del cuerpo. Dicho féretro, de madera, tan pronto me parecía enorme, cual si ocupara todo el templo, como se me antojaba ridículamente pequeño para dar cabida a toda la humanidad de mi padre. ¿Cómo medir los límites de un hombre? ¿Estaba mi padre entero allí dentro? No lo sé. En todo caso, muy compuesto, eso sí, con su traje azul marino, camisa y corbata —¿de qué color?—, afeitado (le había afeitado mi hermano Pedro) y el crucifijo en las manos cruzadas sobre el pecho.

A veces la salmodia de los sacerdotes se confundía en mi cerebro con el ruido de los martillazos de los empleados de la funeraria que, en casa, clavetearon la tapa del féretro. A mi espalda, alguien tosía de vez en cuando, emitía, sin poder evitarlo, una leve tos. Pero, pese a todo, lo que gravitaba, al igual que a lo largo del trayecto, era un gran silencio. El homenaje era el silencio. Posiblemente, ni uno solo de los asistentes había acudido allí sin convicción. La respiración humana no sabe mentir y la respiración era de un respeto profundo y sacro, de una autenticidad que no es fácil que se dé en una asamblea tan heterogénea de hombres y mujeres.

Hombres y mujeres... En el ala izquierda del templo, destinada a las mujeres, en primera fila, estabas tú, madre, y a tu lado mis hermanas Carmen y Concepción. Tu porte era de una entereza sobrecogedora. Con la cabeza baja —no erguida, como de costumbre—, vestida enteramente de negro, con un velo negro también, no miraste el féretro ni una sola vez. Tus ojos estaban concentrados en la ceremonia del altar, sin perder detalle de la misa y menos aún de la homilía del sacerdote. Homilía corta, escueta, como debe ser. El sacerdote cantó austeramente las virtudes del difunto —¡costaba creer que el difunto fuera mi padre!— y tuvo unas palabras de consuelo, ya que no de aliento, para la viuda —¡costaba creer que la viuda fueras tú!— y para los hijos y demás familiares. Hizo hincapié en el amor al prójimo del «hermano Joaquín» y afirmó que desde el cielo abogaría por todos nosotros, especialmente por los de su misma sangre. En todo momento yo temí que soltara aquello de que «debíamos alegrarnos», puesto que nos había precedido y disfrutaba ya del gozo de Dios; pero, por fortuna, se abstuvo de semejante provocación. En todo instante tú permaneciste inmóvil, excepto, naturalmente, cuando llegó la hora de la comunión. Te acercaste a los pies del altar —te vi de perfil y comprobé que tu serenidad era impresionante—, y, sobre todo, te vi, de cara, cuando regresaste a tu lugar, en la primera fila del banco. Nunca he olvidado —nunca olvidaré— tu unción, sabiendo que llevabas dentro, en el pecho, según tu fe, el cuerpo de Cristo, amo y señor de la segura resurrección. Años atrás, entre las docenas de poesías que te había dedicado, una de ellas hacía mención de tu actitud, de tu postura, en el momento exacto en que regresabas de comulgar, pero en esta ocasión me di cuenta de que no había hecho diana, de que me había quedado corto. Todo en ti era meditación profunda, transustanciación. Sin duda formabas también parte del Cuerpo Místico del que ya formaba parte mi padre en una instancia superior a la que nos correspondía a los mortales. El velo negro ocultaba por entero la blancura de tus cabellos y el moño con el que te los atabas en la nuca. Las manos... Tus manos cruzadas sobre el pecho (como las de mi padre), atentos, fijos guardianes del tesoro que llevabas dentro. No te tambaleaste, tus pies no tropezaron con ningún obstáculo y te reintegraste a la primera fila, a la presidencia del duelo. En aquel momento maldecí, como tantas otras veces, la separación de sexos. ¿Por qué, Señor? Parecióme que te habías ido al otro confín, siendo así que hubiera deseado con toda el alma permanecer a tu vera. Más aún: me hubiera gustado comulgar con la misma hostia que el sacerdote depositó en tu lengua. Podía habérnosla repartido a trocitos. Sí, claro, algo parecido a una infantil superstición; pero una superstición, o es infantil o no es nada. El caso es que apenas si reparé en la actitud de mis hermanas Carmen y Concepción, aunque *sabía* con certeza que Carmen daría muestras de tu misma serenidad, mientras que Concepción, de suyo temperamental y emotiva, debía de estar llorando a lágrima viva. Por cierto, ¿por qué hay lágrimas vivas y otras que no lo son? Problemas semánticos que no venían al caso y que por unos instantes me distrajeron. ¡Ah, claro, la deformación profesional! Algún día, ello era inevitable, debería describir semejante ceremonia; lo que no imaginé, madre, es que la describiría tal día como hoy, festividad de tu onomástica, 30 de agosto de 1991.

Terminada la ceremonia, llevaron el féretro afuera, volvieron a introducirlo en la furgoneta y, después de despedirse el duelo en la misma puerta del templo —nos estrechaban la mano, nos abrazaban, los había que se limitaban a inclinar con timidez la cabeza—, fuimos al cementerio. La furgoneta delante, sólo tres coches detrás, con los hijos varones y los parientes más próximos, varones también (las mujeres, conforme a la tradición, se fueron a rezar el rosario). La marcha fue lenta y, por descontado, no se produjo ningún atasco, ya que, al ver el cortejo, los demás vehículos se detenían o se apartaban a un lado.

Al pasar por la calle del Carmen todos miramos hacia

nuestra casa colgante al otro lado del río, en la que vimos la galería —con su taller de *bricolage* y el lavadero— y el balcón que daba al comedor. Fue un instante largo, largo, que nada tuvo que ver con el ritmo de los relojes.

En mi coche íbamos el sacerdote, un tanto ausente al lado del conductor, y detrás, conmigo, mis hermanos Pedro y Juan. Mi hermano Pedro lloraba y de vez en cuando me estrechaba la mano. Mi hermano Juan —¿dónde estaba la Pizarro Jazz?— había colocado la diestra en la rodilla y en la izquierda sostenía, doblado, el recordatorio, por lo que yo no veía el nombre de mi padre sino la pequeña reproducción del *Cristo* de Velázquez. Hacia el final de la calle del Carmen advirtió que lo estaba arrugando y, sacando la cartera, lo guardó en ella con sumo cuidado.

El nicho sin estrenar destinado a mi padre, en el pabellón San Antonio María Claret, era el primero de una de las esquinas y estaba situado en la fila de abajo, a ras de suelo. Ignorábamos este detalle, que haría innecesario, ¡gracias a Dios!, colocar la dramática escalera y subir por ella la caja. Dos obreros aguardaban ya, con su cubo lleno de argamasa, su paleta, su martillo. Al vernos, uno de ellos tiró la colilla y la aplastó en la arena con el pie.

El hueco del nicho estaba tan perfectamente calculado que la caja penetró sin dificultad, deslizándose. Hubiérase dicho que invisibles albañiles le habían tomado desde antiguo la medida a mi padre, sin que nosotros lo advirtiéramos. Y había muy cerca otros huecos abiertos, idénticos. Sus impersonales bocas me desazonaron, pues yo hubiera querido elegir sus vecinos.

La lápida, también ajustadísima, con sólo unas pasadas de cemento para que no se inclinara ni hacia él ni hacia nosotros, significó la separación brutal, la barrera neutra e inapelable. Para volver a verle, hubiéramos tenido que reventar mármol, madera, ¡tantas cosas!... Apenas si nos separaban dos metros y sentí a mi padre infinitamente lejos, como si se hubiera ido a una de las galaxias de que a veces él me hablaba mirando el firmamento.

El sacerdote, que antes había hisopado el féretro, rezó.

Nosotros respondimos. Luego, muy pronto, se hizo de nuevo el silencio. En aquel pabellón nuevo del camposanto no había cipreses. Sólo otros nichos, otros agujeros esperando y, es de suponer, la colilla aplastada por el pie de uno de los obreros. Me hubiera gustado saber si dentro se quedó con mi padre alguna hormiga haciéndole compañía.

Abandonamos el cementerio y regresamos a casa. Te encontramos, madre, otra vez sentada en tu sillón, en el comedor, rodeada de tus hijas, de tus tres nueras (Magda, Conchita y María Jesús) y de los seres más allegados a tu familia. Ya no llevabas el velo, por lo que tus blancos cabellos volvían a resplandecer. Habíais rezado durante mucho rato y ahora comentabais con cierto orgullo el hecho de que el entierro se había celebrado «en olor de multitud». Yo ignoraba si tú, madre, habías o no entrado en la alcoba donde mi padre murió; por mi parte entré en ella, sigilosamente, mientras vosotras seguíais hablando. La cama me pareció enorme y me pregunté, madre, si te desprenderías de ella cambiándola por otra más pequeña, en la que sólo cupieras tú. El *frío* en la alcoba era muy vivo y me penetró los huesos, al tiempo que miraba como hipnotizado el espacio rectangular del suelo donde estuvo depositado el féretro. Todo intacto, todo inmóvil, todo muerto. Sólo la imagen *naïf* de la Virgen del Carmen, que desde siempre formaba parte de la familia, parecía sonreír. Me invadió una extrema congoja y, de pronto, la rebelión. ¿Por qué, Señor, te llevaste a mi padre? ¿No te bastabas a ti mismo para ser feliz? Recordé, madre, las veces, las innumerables veces en las que tú y yo le habíamos dado vueltas al misterio de la muerte. Siempre me decías: «Dios quiere que compartamos su felicidad...» Exactamente lo que yo deseé que no dijera el sacerdote en su homilía. ¿Por qué, si tanto nos amaba Dios, no nos había creado directamente ángeles, sin ese trayecto intermedio en la tierra durante el cual podíamos «hacernos indignos de él», pecar? Harto de mí mismo, de mis sempiternos interrogantes, di media vuelta y regresé al comedor. Ahora tú estabas de pie, despidiéndote de alguien a quien yo no conocía... «¡No se levante, doña Rosa, no se levante, por favor!» «No faltaba más.» Tu voz había enronquecido de tanto chillar por dentro. Mucha gente te llamaba doña Rosa, otros más íntimos te llamaban Rosita, yo te llamaba simplemente madre y jamás me hubiera atrevido a tutearte; en cambio, la pequeña de la familia, Concepción, os tuteaba cariñosamente a mi padre y a ti, lo que en aquellos tiempos era una sorprendente osadía.

La mesa del comedor estaba llena de pastas, de canapés y de tazas de café. Me ganó un hambre atroz y me precipité sobre aquellos manjares como si llevara una semana sin probar bocado. Comí hasta hartarme, no sin cierto sentimiento de culpabilidad. Al parecer, madre, tú habías comido también y el hecho me chocó sobremanera. Luego tuve que ir al lavabo y aproveché para mirarme al espejo: tuve la impresión de haber envejecido diez años, al igual que mi hermana Carmen. Me entretuve frotándome las sienes y la nuca con agua de colonia, hasta que vi, en el estante junto al espejo, el vaso de color rojo en el que estaban depositados verticalmente los cepillos de dientes... ¡El de mi padre era de color verde, algo desgastado, inconfundible! El tuyo, madre, de color amarillo y el tubo dentífrico a medio usar. Me guardé el cepillo verde como si de una joya se tratase y me acordé de que mi padre llevaba tres muelas de oro. ¡Oh, sí, todo se pudriría en el nicho del cementerio, excepto la calavera, el resto de los huesos y la dentadura! Las muelas de oro vencerían la humedad, el paso del tiempo, los gusanos. Gusanos... Otra vez la rebelión. Por fortuna, noté algo tibio, reconfortante, en el estómago: las dos tazas de café. Ahora me arrepiento, madre, de no haberme guardado también tu cepillo de dientes...

Se hizo de noche, noche oscura de febrero —día 22— y todo el mundo se marchó. Sólo quedamos en el piso tú, tus cinco hijos y tus tres nueras. Cenamos en silencio y yo no dejé de observarte. El reloj de péndulo de la pared iba marcando su tictac y a intervalos odié el mundo indiferente y neutro de los objetos: la mesa, las sillas, los platos, las cucharas... Sólo la estufa de serrín, enrojecida, semejaba participar de *nuestra* viudez. Mientras te observaba, la palabra *viuda* llegó a obsesionarme. ¿Conseguirías habituarte a ella? De pronto, a raíz de un comentario, objetivo de María Jesús, tuve la impresión de que no te daría tiempo a habituarte, de que pronto, muy pronto, irías a reunirte con mi padre en aquel nicho recién estrenado. No conseguía hacerme a la idea de que pudieras superar aquel trance, como le ocurrió a la abuela Concepción, que sobrevivió sólo en nueve meses a *L'avi Pere*. Pero todo esto eran cogitaciones mías. Lo cierto era que tú estabas allí, en la mesa, doblando la servilleta —todavía llevabas el vestido negro—, secos los ojos de tanto llorar (lágrimas muertas), pero sin el menor signo de desesperación.

La fe, la fe trascendente, te salvaría una vez más. Como te hubiera salvado caso de que yo hubiera muerto en la guerra defendiendo la religión. A más de esto, tenías cinco hijos, algunos de los cuales habías parido con mucho dolor (especialmente a Carmen), y era posible que ello te diera fuerzas para continuar viviendo. Los cinco hijos que te rodeaban, que estaban al tanto del menor de tus gestos y de tus expresiones, que respetaban tu silencio y también tus palabras. ¿Qué palabras? No sólo se relacionaban con el ausente. También hablaste del cercano Oñar, que, debido a las recientes lluvias de enero, bajaba turbulento y aludiste a la belleza del mar de San Feliu de Guíxols, donde habías vivido unos años duros, ásperos, pero en el fondo llenos de una recóndita felicidad, entre otras razones porque yo estaba en el seminario y porque allí había nacido mi hermano Pedro.

Llegó la hora de acostarse. Juan y Conchita se fueron a su casa, situada también en la calle de la Rutlla, aunque más cerca de la vía del tren y de Montilivi, promontorio casi colgante sobre el cementerio; los demás nos acomodamos donde pudimos, improvisando algún que otro diván. Tú te acostaste, junto con Carmen, en la habitación de en medio, en una cama grande, antigua, de colchón de lana. En la otra cama grande, la de la alcoba, no se acostó nadie porque estaba ya ocupada: estaba ocupada por la muerte.

A lo largo de las semanas siguientes se produjo lo que era de esperar. Todo el mundo te invitaba, empezando por mi tío Benjamín, a quien tanto admiraba mi padre y que vivía en Barcelona con su esposa, Anita, que te quería mucho. «Vente con nosotros una temporada. Te distraerás. Te conviene un período de descanso...» También te invitaron Pedro y María Jesús, que residían en San Sebastián. (Pedro, director de la emisora de Radio Nacional.) Tenían un hijo, tu pequeño y alegre nieto César, quien, sin él darse cuenta, podía secarte alguna que otra lágrima (también Juan y Conchita te habían dado otro nieto, Johny, algo mayor, de suerte que, entre ambos, la prolongación del apellido quedaba garantizada).

También Magda y yo te invitamos a Barcelona. Nos habíamos mudado a un ático de la calle San Elías, en el barrio de Gracia, donde hubieras encontrado todo cuanto te hiciera falta, incluida la famosa parroquia de Santa Inés, famosa porque durante el período «rojo» fue transformada en cheka. Era una iglesia de fieles adictos al párroco, Jaime Armengol, cuyos sermones en los días festivos conseguían el milagro de abarrotar el templo. Todas las amistades te repetían el mismo sonsonete: «Vente con nosotros», sin darse cuenta de que tú querías más que nunca permanecer en Gerona, en aquel piso de la calle de la Rutlla, en el que habías perdido la mitad de tu razón de ser.

Así pues, se produjo cierta dispersión familiar, mitigada por el hecho de que mis hermanas Carmen y Concepción continuaron viviendo contigo. Carmen trabajaba en Sindicatos (CNS) y Concepción estudiaba magisterio. Por supuesto, nada ni nadie podía evitarte la sensación de vacío, de soledad. La soledad, una de las palabras más estremecedoras del diccionario, es también, al igual que la religión, un problema íntimo, personal, que por lo común nace y muere —¡muere!— en el interior de la persona. Ni tan siquiera te consolaban las incesantes visitas que recibías, sobre todo de muchas familias que mi padre había favorecido y de las cuales nunca habías oído hablar. «Gracias a él, doña Rosa, conseguimos un piso en el barrio de San Narciso.» «Gracias a él, doña Rosa, en el hospital atendieron a nuestra hija como Dios manda.» Un largo etcétera, letanía incluida, que te llegaba al corazón. Te llevaban flores, que tú agradecías porque las de las macetas de la galería se habían marchitado.

Nos sorprendió que no visitaras con mayor frecuencia el cementerio. O era una ley que te habías impuesto a ti misma o no querías caer en un inútil masoquismo. Hay mil maneras de honrar a los muertos; tú elegiste la de remozar por entero la alcoba, fumigándola primero, ¡dura prueba!, empapelándola luego con colores sobrios y cambiando la cama y el armario ropero. La ropa de mi padre fue a parar a la parroquia del Mercadal, y al desprenderte de ella tuviste la sensación de que algo tuyo huía para siempre, especialmente los sombreros y las gorras que él solía llevar, siempre un tanto ladeados; en cuanto al tan deseado reloj de bolsillo de esfera azul, correspondió a mi hermano Juan, es decir, el primogénito.

Días, semanas, de intenso fervor religioso. Y otra sorpresa: te confesabas con frecuencia, según noticias de mis hermanas. ¿De qué podías confesarte? ¿Qué pecados, o qué pecado reiterado e insistente podías haber cometido? ¡Ay, los escrúpulos! Otro pozo insondable, en el fondo del cual yace sin duda un origen genético. No podías confesarte de no haber amado lo suficiente, de no seguir amando. Si no te llamábamos por teléfono todos los días, nos llamabas tú. Precisamente a raíz de una conversación telefónica me enteré de que no escuchabas jamás música, porque te entristecía de forma irremediable. La radio y el tocadiscos dormían su larga siesta en el comedor. Carmen adquirió para ti, madre, un disco de canto gregoriano; intento frustrado. «Quítalo, por favor, hija... Te lo agradezco mucho, pero prefiero el silencio.» Carmen sufría lo suyo, pues tenía una bella voz y formaba parte de una capilla polifónica que acababa de fundarse en la ciudad.

Entretanto, Magda y yo iniciamos una gira por varias ciudades españolas al objeto de firmar ejemplares de *Un millón de muertos*. Tal obligación me sabía a demonios, pero la vida debía continuar. Y seis meses después decidimos abandonar de nuevo España y emprender un largo viaje por mar hacia el continente asiático. Necesidad de conocer otras tierras, otras gentes, otras maneras de mirar (y de honrar a los muertos). La Compañía Trasatlántica anunció un apetitoso viaje en un carguero, *El Almudena,* que salía del puerto de Tarragona en dirección al Pakistán oriental, con escalas en Suez, Safagan y Ceilán. *El Almudena* disponía de dos camarotes de pasajeros, que por lo visto eran de rigor y conseguimos hacernos con ellos. La despedida, en Gerona, fue menos traumática de lo que cabía esperar. Escuchaste nuestros argumentos con una serenidad que se nos antojó pasmosa. Así te lo dije. «¿Por qué, hijos? Dios quiso llevarse a vuestro padre y yo lo he aceptado. Haced lo que os convenga. La vida es vuestra y no debéis sacrificar nada por mí...» Obviamente, nos abstuvimos de decirte que en el carguero no iría ningún sacerdote, lo que suponía que durante varios meses —ida y vuelta— careceríamos de asistencia espiritual, a menos que considerásemos que el mar Mediterráneo y el océano Pacífico eran de por sí una gloriosa manifestación de Dios.

El viaje fue fructífero, pese a que decidimos modificar el itinerario previsto inicialmente. Ceilán nos interesó hasta tal extremo que abandonamos allí mismo *El Almudena* —exactamente, en el puerto de Trincomalee—, donde entramos en contacto con el mundo animista de los vedas, tribu residual que adoraba el fuego y que vivía en horadados troncos de árbol, y luego, en Colombo, la capital, empezamos a palpar de cerca el cosmos budista. Tú, madre, estabas muy lejos de suponer que aquella travesía, que se prolongó luego por la India, en la región de Bombay, partiría mi vida en dos. Me enamoré de Asia de forma delirante —enamoramiento que todavía perdura—, y en contacto con religiones tan distantes del cristianismo como tú podías estarlo de un pecado mortal sentí tambalearse en mi interior una serie de esquemas que hasta entonces habían presidido mi existencia. El budismo y el hinduismo, de los cuales sólo tenía vagas referencias en virtud de epidérmicas lecturas, al verlos encarnados en personas, en multitudes, entre las que abundaban los desheredados, los leprosos, ¡las viudas que al día siguiente de la muerte del esposo se tiraban suicidamente a un pozo!, zarandearon lo más íntimo de mi ser. Magda, siempre más templada, no se lo tomó tan a la tremenda y procuró frenar mi entusiasmo por las comparaciones. No existía tal religión superior a tal otra. Todas procedían de la misma necesidad —necesidad de trascendencia—, y todas perseguían lo mismo: la resignación en nuestra etapa terrena y la posterior fusión con Dios. ¿Jerarquía piramidal, horizontal, ausencia explícita de jerarquía? Daba lo mismo. Al fin del trayecto uno se encontraba con la eternidad. Magda creía —y sigue creyendo— en la eternidad, creía sin más, sin entrar en ningún tipo de escatología. Tenía serias dudas sobre la existencia del infierno y del purgatorio, aunque tampoco le cabía en la cabeza que los Malos de este mundo gozaran en el más allá del mismo trato que los justos —entre los que se encontraban su padre y el mío—, que el propio Buda y el propio Gandhi y todos los grandes profetas que había parido la historia. Magda sentía un visceral rechazo por Mahoma, por el mundo islámico y nuestro breve paso por Egipto (Suez y Safagan), el gigante musulmán le ratificó en su postura. Mahoma fue un personaje clave en la historia, pero guerrero. Mató. Mató personalmente a mecanos y a beduinos y fue todo lo contrario de un asceta, aunque murió pobremente. Mantuvo contacto sexual con más de veinte mujeres, entre esposas legítimas y concubinas. Dictó un libro único, el *Corán,* lúcido, brillante, creador de un soberbio idioma, pero plagado de contradicciones y amenazas que no venían a cuento. Su dios, Alá, era un dios vengativo, más vengativo que el mismísimo Yavhé de la Biblia y que podía bonitamente aniquilar a todos los seres humanos, a toda señal de vida en la tierra. «Sin embargo, Mahoma era un triste camellero, carecía de formación intelectual —excepto del don de la poesía— y con tan escaso bagaje fundó una religión que lleva ya catorce siglos de existencia y que cuenta con casi mil millones de adeptos, todos ellos dispuestos a dar la vida.» «Conforme, conforme, es la religión de la *fe*; pero yo prefiero la religión del *amor*, que es la nuestra, la cristiana, y no se me ocurriría ni por un instante comparar la figura del Profeta con la de Jesús, quien, Él sí, pronunció palabras de vida eterna.»

En Bombay visitamos a los misioneros jesuitas del Colegio de San Francisco Javier, entre los cuales localizamos a un gerundense: el padre Molinet. Fue un hallazgo providencial. Su presencia —y su nostalgia— nos retrajo a la ciudad en la que tú, madre, debías de estar rezando por el éxito de nuestra aventura. El padre Molinet tuvo un emocionado recuerdo para los dos principales campanarios de Gerona, el de la catedral y el de San Félix —«¿Os casasteis en San Félix...? ¡Caramba, qué bendita casualidad!»—, y nos propuso que adoptásemos por lo menos *un* niño indio, hijo de leprosos, por una cantidad anual ciertamente ridícula. «Vosotros no tenéis hijos y además sois huérfanos de padre; pues bien, en la región de Surat, lo lejos de aquí, hay muchos niños huérfanos de padre y madre, que por tan módico precio dispondrían de cama blanca en una de nuestras misiones y podrían estudiar una carrera, que buena falta le hace a la India.» Aquello nos llegó al corazón y actuamos de acuerdo con nuestros sentimientos. Más tarde, madre, te enteraste de esa propuesta del padre Molinet y recordaste los «fervores misioneros» de mi infancia. Por puro egoísmo me quedé siempre a mitad de camino. Perdóname, madre, pero quiero que sepas que, aun estando en la India, en el otro confín, mi pensamiento no se apartaba de ti, circunstancia que con frecuencia a Magda le parecía exagerada. «Ya eres mayorcito, ¿no? No acabo de comprender que continúes atado a tu madre hasta tal extremo. No creo que esto, para la carrera que has elegido, o que te ha elegido a ti —escribir— te beneficie en absoluto.» Es posible, madre, que Magda tuviera razón... En mis cosas y en mis andares siempre ha habido un punto hiperbólico, de exageración. Así que, cuando ahora recibas esta carta, procura comprender el porqué en aquel momento me juré a mí mismo «que procuraría enmendarme», lo que, por supuesto, no habría de conseguir jamás.

Nos enteramos de muchas cosas. De que había misioneros, como, por ejemplo, el padre Conti, que llevaban cuarenta años en la India. Que los «católicos» en el inmenso país, al cabo de cuatro siglos de evangelización, no llegaban al 1,50 de la población (entre hindúes y musulmanes se repartían el grueso del pastel). Esto último demostraba hasta qué extremo resulta difícil cambiar de religión. Mucho más difícil que cambiar de ideología política o postura intelectual. Por lo visto la geografía (y acaso el bautismo) imprime carácter. ¿Sabes, madre...? Te confesaré ahora lo que en repetidas ocasiones estuve a punto de decirte sin que a la postre osara hacerlo: si en vez de nacer en la provincia de Gerona lo hubieras hecho en Pekín, Tokio o el Nepal, en vez de católica, apostólica y romana hubieras sido enteramente otra cosa. De haber nacido en Bombay, hubieras sido hindú o mahometana, lo que, en honor a la verdad, no acierto a imaginar siquiera. Y hablando del tema, ahora en el cielo, ¿has conocido a Buda, a Confucio, al dios Sol, a la diosa Luna, a los dioses de los desiertos o de los mares, al propio Mahoma, al propio Yahvé? No quisiera que te bastara con *Jesús sentado a la derecha del Padre.* Si tienes ocasión de hablar con Él, pregúntale qué opina de esos fundadores de religiones que le precedieron y de aquellos que le subsiguieron. Y escríbeme una carta contándome la verdad, puesto que ando metido, como casi siempre, en un mar de dudas, y digo casi porque de repente experimento un rapto de misticismo durante el cual todo se me aparece claro como el alba en Bombay. Por otra parte, recuérdale a mi padre, con el que a buen seguro has entrado en contacto, por qué no ha tenido a bien enviarme, como le pedí en *Carta a mi padre muerto,* una misiva que llevara en el sello la efigie de Dios. No te dé vergüenza. Pregúntaselo, madre, y dame la respuesta. ¿Cómo es Dios? Formúlale esta pregunta porque siempre he sido, y continúo siéndolo, monoteísta, lo que está en la base de mi desconcierto ante el misterio de la Trinidad, creencia que Mahoma consideraba sacrílega, idolátrica. ¿Cómo es Dios, madre? Si no es *persona,* si es algo más que *persona-persona,* ¿qué es? Nunca he querido militar en las filas del panteísmo. Me resulta impensable que el universo sea Dios, que se creara a sí mismo. ¡Cuántas veces, madre, me repetiste lo que te enseñaron en el catecismo!: no hay reloj sin relojero.

También me gustaría saber cómo se ve Oriente desde el cielo en el que habitas desde hace apenas un año. Miseria, piojos, lepra y demás, pero, junto a ello, ¡qué alto grado de espiritualidad! Los padres Molinet y Conti me lo han confirmado: millones y millones de seres de increíble honestidad y capacidad de sufrimiento, de capacidad de autodominio —forzoso aludir a los yoguis y a los monjes tibetanos—, de profundos conocimientos (sabiduría) sobre la naturaleza del ser. Si tienes un momento de libertad personal —¿hay libertad en el cielo?—, procura entablar diálogo con el filósofo chino Lin Yutang, que tanto se ocupó de este tema, procurando con sus escritos tender puentes entre Oriente y Occidente. Dime, madre, si estoy o no estoy en lo cierto: Oriente, en muchos aspectos de nuestra vida en la tierra, nos ha ganado la partida, nos da ciento y raya, es superior. Dime también a cuál de los dos hemisferios pertenecía Jesús, puesto que Palestina es un enclave ambiguo y además ciertos historiadores de gran valía sospechan que «durante sus años oscuros», los comprendidos entre su infancia y su presentación pública, anduvo por ese Oriente que siempre me fascinó. Me gustaría recordarte que Gandhi estaba enamorado de la figura de Jesús, especialmente del Jesús del Sermón de la Montaña y que en cambio renegaba con extrema contundencia del camino emprendido por sus seguidores, es decir, del cristianismo.

A nuestro regreso a España nos ocurrió lo de siempre: desconexión. Como es lógico, nos plantamos de inmediato en Gerona para darte el abrazo del hijo pródigo; y al instante nos percatamos de que no había peligro, de que habías sobrevivido y sobrevivirías posiblemente durante mucho tiempo a tu viudez. El impulso vital no te había abandonado ni te pasaría jamás por las mientes tirarte a un pozo. Tu aspecto había mejorado sensiblemente, aunque continuabas guardando luto. Llevábamos una serie de regalos para toda la familia; a ti te correspondió una miniatura india representando a la Virgen con rasgos orientales, rodeada, no de ángeles, sino de figuras femeninas semejantes, ¡perdóname, madre!, a odaliscas. «Pero

¿quiénes son esas señoritas?», preguntaste en tono de humor. «Son cosas de aquellos países. Son los equivalentes a nuestros ángeles. Veneran a la Virgen y la acompañan y escoltan por todas partes.» «¿Cómo que la acompañan por todas partes? ¿Es que la Virgen se dedica a viajar?» «¡Pues claro que sí, madre! Recorre los cielos y visita, uno a uno, a todos los bienaventurados. Seguro que mi padre ha dialogado con ella más de una vez.»

Me había dedicado a filmar, con una cámara Nikkon super 8, toda nuestra aventura en *El Almudena* y nuestra estancia en Ceilán y la India. Instalamos en el comedor la debida pantalla y el proyector empezó a runrunear. Tus comentarios nos provocaron sonrisas de buena voluntad. «¡Qué indumentaria más rara! ¿Cómo le llaman a eso?» «Son galabías, madre, y en Egipto las llevan los descendientes de los moros.» «¿Y por qué esos cochinos andan casi desnudos?» «Son pescadores de Ceilán y campesinos que trabajan en las plantaciones de té, en las épocas de recolección. Es consecuencia del clima. ¿Te das cuenta?» «¿Y por qué se dejan filmar?» «¡Oh, les gustaba, estaban encantados!» «Unos sinvergüenzas, eso es lo que son.»

Las danzas indias te gustaron. Estuviste a punto de aplaudir. También te gustaron los *saaris,* aunque no imaginabas a Carmen y a Concepción vestidas de tal guisa. Pero lo que mayormente te impresionó, además de la aparición del padre Molinet agitando la mano en señal de saludo, fue un cementerio budista que filmé en Colombo, en el centro de la ciudad. Las tumbas tenían forma de barca y, por supuesto, no las presidía ninguna cruz. Con expresión súbitamente seria preguntaste: «¿Y qué significan esas barcas?» «Son un símbolo religioso. De su religión, claro está. Son barcas *para cruzar a la otra orilla* del río de la vida.» «¿A la otra orilla?» «Eso es. La otra orilla es la muerte. Nuestro padre se fue a la otra orilla, ¿no es cierto? Ellos emplean su lenguaje y nosotros empleamos el nuestro, comprendes?» «Sí, claro...»

Hubiérase dicho que inesperadamente se te contagiaron nuestras ganas o nuestra necesidad de viajar. No para ir a Egipto, Ceilán o la India, claro, sino para ir a Lourdes.

Tú creías en los milagros. Repetidas veces nos habías contado algo que te ocurrió poco después de ser intervenida quirúrgicamente. Te salió un «tumor» en la lengua, en mitad de la lengua, del tamaño de una lenteja y de color negro. Te dolía mucho y apenas si podías probar bocado. No dijiste nada a nadie, ni siquiera a mi padre, pero ni tan sólo le encontrabas sabor a la comida. Cuando la «lenteja» se agrandó fuiste por tu cuenta al médico, quien te riñó con cierta dureza. «¿Por qué no vino usted antes? Vuelva usted hoy mismo, pero acompañada de su marido.» Obedecisteis y el diagnóstico fue aterrador: se harían las pruebas necesarias, pero la impresión era de que se trataba de un carcinoma. ¡Cáncer en la lengua! ¿Qué se podía hacer? Tu decisión fue rápida: impetrar la ayuda del cielo. Al día siguiente, a primera hora de la mañana, fuiste a comulgar a la iglesia del Sagrado Corazón, y pasándote la hostia por el «tumor» susurraste al oído de Dios: «Señor, hágase tu voluntad..., pero si es posible haz que este tumor se cure. Mi familia me necesita, bien lo sabéis. Señor, concédeme esta gracia, y os prometo que rezaré por lo menos un rosario todos los días de mi vida.»

A la salida del templo notaste «libre» la lengua. Le contaste a mi padre lo ocurrido y volvisteis inmediatamente al médico. Éste manifestó su estupor: el tumor —efectivamente, maligno— había desaparecido. El doctor no daba crédito a sus ojos, pero tuvo que rendirse a la evidencia. «Puede usted contar donde quiera que desde el punto de vista de la ciencia esto no tiene explicación; y si alguien duda de sus palabras, que venga a verme.»

Así de sencillo. No lo comunicaste a nadie, excepto a tus cuatro hermanas, que eran unas beatas de tomo y lomo. Y, naturalmente, a tus cinco hijos. Nuestra reacción al oír el relato fue dispar. Hubo quien se echó a llorar, hubo quien se encogió de hombros, aunque resulta inconcebible que tú y mi padre os inventarais una historia de semejante calibre. Por mi parte, adopté una postura neutra, como siempre que se trata de milagros. No me tomé la molestia de visitar al doctor, quién sabe si por temor a que me convenciera. Me enseñaste la lengua una y otra vez. Limpia como una patena (nunca mejor dicho). Simulé un entusiasmo que estaba muy lejos de sentir. Algo en mi interior se rebelaba contra aquella «evidencia». Claro, claro, yo no había visto el tumor y, por otra parte, había oído contar, sobre todo durante la guerra en la España nacional, multitud de curaciones «sin explicación científica posible». Mis camaradas —y por supuesto, el comandante— soltaban carcajadas. Elisenda, mi madrina de guerra donostiarra, cuyo recuerdo pervive en mi memoria, me habló de la fulminante curación de un primo hermano suyo al que una bala le había atravesado un pulmón. Resumiendo, acabé por olvidar el asunto, hasta que tu decisión de aceptar el viaje a Lourdes reavivó el tema, pues tú creías poco menos que en aquel santuario ocurrían un par de milagros diarios.

Había dos maneras de trasladarse a Lourdes: en el *Tren de la Esperanza,* en peregrinación colectiva, en compañía de enfermos graves y de varios sacerdotes, o en el flamante Gordini que Magda y yo acabábamos de estrenar. Te convencimos para ir en el Gordini y Carmen se añadió a la expedición. Fue cosa de encantamiento. Poco después de entrar en Francia comprobamos que el paisaje se tornaba menos árido, más amable. «Vuestro padre siempre decía que Francia era mucho más rica que España y por lo visto tenía razón.» «¡Claro que la tenía, madre! Si algún día te apetece, tomaremos el avión en Barcelona destino París y podrás contemplar las grandes y ubérrimas llanuras de Francia, cultivadas con primor. España es abrupta. Después de Suiza, es el país más montañoso de Europa; de ahí que no exista una sola España, sino varias; de ahí, quizá, nuestras periódicas guerras civiles.»

En Lourdes nos hospedamos en el hotel *L'Espoir,* que no era de lujo pero sí confortable. Una hora después de nuestra llegada nos encontrábamos cerca de la gruta. Tú, madre, aparecías como transfigurada. Tenías presente *tu* milagro y creías a pie juntillas, como antes dije, que allí se habían producido muchos más. La tarde, primaveral, era espléndida, pese a lo cual, debido al agua que se filtraba por las rocas y a la tupida vegetación, el ambiente era extrañamente húmedo. Ingente multitud, dividida, dentro de lo posible, en grupos. Abundaban las mujeres italianas; a juzgar por el acento al hablar y gritar y por las banderolas al aire procedían de Sicilia y Cerdeña y eran de extracción humilde. «Natural —pensé para mi capote—. El pueblo, el pueblo llano, el de la fe del carbonero.» Nos abrimos paso casi a codazos y de pronto, allá al fondo, la gruta se hizo visible, escoltada por un incalculable número de cirios encendidos, de tamaños diversos y diversos colores, abundando el de la cera virgen y el rojo. Los cuatro nos arrodillamos en el santo suelo y cada cual se puso a orar por cuenta propia, con la cabeza baja, levantándola de vez en cuando para contemplar la imagen de la Virgen. Dos cosas te sorprendieron: que no estuviera, en su presunto rincón, la imagen de Bernadette y que la inscripción de la Virgen dijera: «Jo soc —era— Inmaculada Concepció.» Más tarde tuve que aclararte que ignoraba el porqué de la ausencia de Bernadette, pero que el *era* de la inscripción significaba, en el idioma occitano, *la,* de suerte que debía leerse exactamente: «Yo soy *la* Inmaculada Concepció.»

Abrigo la certeza de que a lo primero rezaste por mi padre, luego por todos los hijos y a continuación por tus dos nietos Johny y César y por el resto de la familia. Posteriormente, seguro que rezaste por todos los pobres del mundo —incluidos los de Bombay— y por todos los enfermos que aquel día habían acudido al venerable santuario. Carmen se quedó como en trance, mientras Magda me cogía de la mano y la apretaba con fuerza como queriendo contagiarme su fervor. Magda no era muy milagrera, pero se daba la circunstancia de que su madre, que tanto nos había ayudado siempre, y que sufrió durante años de horribles jaquecas, estuvo en Lourdes, se mojó la cabeza con el agua de una de las fuentes que manaban sin cesar y las jaquecas le desaparecieron como por arte de magia. Era éste un hecho objetivo, que nadie podía discutir. De ahí que mi esposa se hubiera arrodillado allí con un muy acusado sentimiento reverencial y que el contacto de su mano consiguiera que ningún pensamiento ajeno al lugar y al momento se entrometiera en mis esfuerzos por concentrarme. Lo conseguí. Y después de rezar, con inusitado fervor, una salve, prometí que a la mañana siguiente me bañaría en una de las piscinas preparadas al efecto, suplicando que nunca jamás volviera a asaltarme el fantasma de la depresión.

Al término de un considerable esfuerzo conseguimos poco después acercarnos a la gruta lo suficiente como para depositar en ella cuatro cirios a los pies del altar. Cierto, había cirios enormes, lenguas que pretendían llegar al cielo; otros cirios habían ardido ya mucho rato y se situaban en un plano de mayor humildad; finalmente, había cirios ya a punto de extinguirse, como los enfermos en fase terminal. Cumplido este requisito dimos media vuelta y alcanzamos la zona libre, en el momento en que tenía lugar la procesión de las antorchas. Las mujeres italianas habían copado los primeros puestos y cantaban a gritos, y por su culpa apenas si pudimos gozar del espectáculo. Tú, madre, esperabas oír de un momento a otro el grito de «¡Milagro, milagro!», un grito que resonara en la montaña y que a través del eco de la fe llegara hasta la mismísima Gerona; pero no hubo tal grito, sólo vigoroso rumor de cánticos y rezos y el flamear de las antorchas, en el instante en que empezaba a ponerse el sol. A fuer de sincero, te confesaré que mi estado de ánimo era tal —Magda continuaba apretándome con fuerza la mano—, que casi me sorprendió que el sol se pusiera, que renunciara a participar en cuanto sucedía a nuestro alrededor. Bien cierto es que en ocasiones la naturaleza parece actuar por cuenta propia, importándole un comino que los hombres hayan creado una situación sacralizada. Buena prueba de ello la habíamos vivido tú y yo en nuestro querido Ampurdán: el día de mi primera comunión, en Darnius, la tramontana sopló con tal fuerza que apenas si pudimos salvar el trayecto que separaba nuestra casa de la iglesia parroquial. Tu velo negro se desprendió de tu cabeza y mi padre, endomingado con un flamante traje azul marino, tuvo que darse su carrerita para rescatarlo del suelo.

Asistimos a la misa vespertina de la basílica colindante con la gruta. Eran tiempos anteriores al Concilio Vaticano II, de modo que no estaba permitido comulgar sin estar en ayunas desde la medianoche. Ofició la misa un sacerdote de edad avanzada, con perilla leninista, al que costaba esfuerzo doblar la rodilla. Misa en latín: tú y Carmen llevabais preparados los consabidos misales. La homilía, ¡en italiano! ¿Para qué sorprenderse? Al fin y al cabo Roma, el Vaticano, mandaba en el lugar. Misa de espaldas al público, a los fieles, siguiendo con la atávica costumbre que, todo hay que decirlo, Magda y yo no acabábamos de comprender, puesto que en París y en Zurich nos habíamos acostumbrado a contemplar con respeto no la espalda del oficiante, sino su rostro y sus manos elevadas al Señor.

Cenamos y dormimos en el hotel L'Espoir, repleto de peregrinos, algunos de ellos, españoles, que, sorprendentemente, durante el ágape guardaron un silencio ejemplar y luego, en voz baja y puestos en pie, dieron las gracias por los alimentos que habían recibido. Nos llamó la atención un grupo de monjas alemanas, presididas por un alto monseñor que lucía un reluciente pectoral de oro. Por lo visto el monseñor, pese a su impresionante presencia, no podía moverse por sí solo. Le ayudaron a levantarse; probablemente había hecho el viaje en busca de una milagrosa curación. Tú, madre, estabas, al igual que nosotros, completamente exhausta, de modo que, junto con Carmen, nos disteis un beso a Magda y a mí y ambas os retirasteis a vuestra habitación. Magda me dijo entonces que algún día iríamos también a Fátima. «Tengo la impresión de que aquello es menos serio. Eso del baile del sol y del secreto de las profecías que el Vaticano revelará cuando le apetezca me da mala espina. —Hizo un mohín coqueto y añadió—: Pero en Fátima se da una circunstancia que no se da en Lourdes: las supuestas apariciones de la Virgen tuvieron lugar el año 1917, que es precisamente el año en que tú naciste...» Casi se me atragantó el helado de chocolate que estaba saboreando. «Curioso —dije—. Ignoraba este dato. —Marqué una pausa y concluí—: Así que 1917 me trajo debajo del brazo, y sin que mi madre se enterara, el baile del sol de Fátima y la revolución bolchevique.»

El día siguiente amaneció triste, húmedo. Pese a ello tu aspecto era radiante: habías dormido de un tirón. Te pregunté si habías soñado que bailaba la luna y si el «secreto» de Fátima era que Rusia se convertiría antes de que finalizara el siglo. Me miraste con asombro y cortaste: «Anda, vamos a la basílica a confesarnos, a comulgar y luego asistiremos a la procesión de los enfermos...» Luego me preguntaste: «¿Cuánto tiempo hace que no te confiesas, hijo?» Encogí los hombros. Carmen comentó, resolviendo la situación: «A ver si tenemos la suerte de que el enfermo curado hoy sea el obispo alemán.»

Mi estado de ánimo al salir de L'Espoir era contradictorio. Tal vez me influyera el clima, que amenazaba lluvia, con lo cual el esplendor de las ceremonias podía verse truncado. Pero no. Era algo más profundo: la lucha, la eterna lucha, entre el cerebro y el corazón. Mi cerebro iba por un lado, alegando que todo aquello era parafernalia, contagio emocional y que en toda la historia de la humanidad no se había producido ningún milagro, ni siquiera los narrados en los Evangelios, ni siquiera los certificados por Alexis Carrell en su librito sobre Lourdes; mi corazón, en cambio, se inclinaba hacia la creencia de que por lo menos un milagro sí se había producido: la creación del Universo. «Quien hace un cesto hace ciento». Por consiguiente, nada me autorizaba a negar la posibilidad de que los milagros existieran y de que en Lourdes, o en Gerona, o en la India, se curara súbitamente un obispo alemán. Por si fuera poco, camino de la iglesia anduve meditando sobre el guisante negro de tu lengua... ¿Por qué habrías de mentir? ¿Y por qué el hecho impresionó tanto a nuestro médico de cabecera, el doctor Muñoz?

Resumiendo, madre, me confesé con un cura francés, y lo hice no con el cerebro, sino con el corazón, lamentando muy adentro que nunca jamás a Dios se le llamara Sagrado Cerebro sino Sagrado Corazón. Confesión general, como entonces se la llamaba: indulgencia plenaria, todos los pecados quedaban perdonados y salía uno del confesonario inocente y puro como un recién nacido. Tuve que retrotraerme a mi primera masturbación, a mi primera mentira, a toda clase de exageraciones, a los escarceos sexuales con mis novias, a las dudas que hubiera podido sembrar en el prójimo con mis argumentaciones más bien agnósticos. Me confesé también de mis pecados de *omisión,* acaso los más gravosos. Era egoísta, no había salido a mi padre, que en aquellos momentos, en Lourdes, tanto echaba de menos. ¡Me confesé de haber disparado contra el «enemigo» durante la guerra civil! ¿Y si había matado a alguien? La sempiterna cantinela, que de vez en cuando bordoneaba en mi interior. Confesé también que, a través de las lecturas y de los viajes, había llegado a afirmar que todas las religiones eran parejas y que las escenas que pudiera presenciar en Lourdes podría presenciarlas igualmente en La Meca o en Benarés...

El sacerdote francés fue muy comprensivo. Advirtió que yo estaba a punto de sollozar y me dijo unas insólitas palabras que no he podido olvidar jamás; me dijo, madre, que yo era un alma más próxima a Dios que muchas almas que creían vivir ya cerca del paraíso, y que, por otra parte, era muy difícil cometer un pecado mortal. «Cometer un pecado mortal, hijo mío, es más difícil de lo que se supone. Se precisan una serie de requisitos, desde la gravedad de la materia hasta el rechazo del arrepentimiento y un largo etcétera. Yo no veo que en ti, hijo mío, se den todos esos requisitos. Por tanto, ahí va la absolución, reza una salve en la gruta y que la Virgen te acompañe...»

Me levanté del confesonario anonadado, con cierta sensación de ingravidez, y vi que Magda se confesaba también. ¡Y Carmen! ¿De qué podía confesarse Carmen? ¡Y tú, madre, confesándote una vez más, como solías hacer en Gerona con una frecuencia que nos tenía asombrados a todos! La pregunta era la de siempre: ¿de qué podías confesarte? Sin embargo, ahí estabas, a los pies de un sacerdote español, pegado tu rostro a la rejilla lateral del confesonario. Cuando te decidas a contestarme esta carta, cuéntame la verdad, la verdad de tus posibles culpas. Yo sólo me atrevería a culparte de un granítico fanatismo, de habernos creado debido a ello ciertas inhibiciones y de cierto autoritarismo que a menudo emanaba de tu persona, puesto que a través de tu fe rocosa te creías en posesión de la verdad.

Los cuatro comulgamos con devoción. Y acto seguido bajamos a la gran explanada donde los enfermos estaban ya alineados esperando la consabida bendición, en su gran mayoría agrupados también por naciones —pancartas que decían Portugal, España, Francia, Alemania, Italia, Irlanda, etc.—. A lo primero no vi más que sillones de ruedas correspondientes a los paralíticos. Pero, fijando mejor la atención, vi también cuerpos esqueléticos, extendidos horizontalmente en camillas como si fueran ataúdes, y por todas partes deficientes mentales, niños con síndrome de Down, cabezas torcidas, muecas, babas que se caían de las bocas... ¿Cuántos habría? Imposible dar una cifra aproximada. Sin duda, centenares. Y en medio del pasillo central abierto entre las dos hileras de enfermos, sacerdotes, muchos sacerdotes, suministrándoles la comunión. Renuncio, madre, a continuar la descripción, puesto que allá donde ahora tú estás debes recordarlo perfectamente y tal vez, muy cerca de la Virgen, estés contemplando el perfecto *pendant* de aquella escena que en Lourdes debe de estar celebrándose en el día de hoy. Había escampado y se advertía en el aire, tal vez a causa de los *brancadiers* y de la unción de los sacerdotes, algo que recordaba la tan deseable solidaridad cristiana, la tan deseable hermandad. Sin duda todo el mundo anhelaba lo mejor y una secreta esperanza anidaba en los corazones. De repente se oían gritos de dolor y, también, imploraciones. Y luego, por unos momentos, un extraño silencio.

Repito que me abstengo, madre, de continuar la descripción, porque mi reacción fue negativa al ciento por ciento. El espectáculo que ofrecía aquel himalaya de sufrimiento me pinchó el cerebro, el maldito cerebro, que era precisamente lo que yo quería evitar. Los paralíticos pasaron para mí a un segundo término y, como atraído por una fuerza irresistible, paseé mi mirada por entre los *muertos vivientes* de las camillas-ataúdes y por entre los niños con síndrome de Down, a algunos de los cuales se les negó la comunión. Tuve la absoluta certeza de que allí, en aquella mañana triste, no se oiría ningún grito de júbilo, ningún «¡milagro, milagro!». Todo aquello era superstición, a menos que se considerara milagro el hecho concreto de que tantos y tantos enfermos hubieran acudido allí con la esperanza de salvarse. La teoría del Cuerpo Místico, que tanto encandilaba a Carmen... «Dondequiera que se reúnan dos en mi nombre, allí estaré yo.» Me embargó una punzante repugnancia. De la ingravidez de la confesión reciente pasé, en menos de una hora, a una actitud de rebelión que jamás había experimentado con tal ímpetu. ¡Señor, Señor!... ¿Por qué aquella montaña de carne doliente, aquellos grupos de ciegos, de sordomudos, por qué tanto dolor y tanta fealdad? El lugar era hermoso, no cabía duda. Lourdes era hermoso, con el fluyente Gare subrayando el paisaje y las fuentes cercanas manando sin cesar. Pero el mundo creado por el Gran Relojero era injusto y, peor aun, innecesario. Una vez más mi cerebro me dictó una retahíla de imprecaciones que ahora, mientras te escribo esta carta, me atrevo a calificar de sacrílegas. ¡Llegué a odiar a Dios! Con todas mis fuerzas. Sí, aquello debía de ser, por fin, un pecado mortal. Un Ser Omnipotente no tenía por qué sacar de la nada millones y millones de seres inocentes condenados a la tortura —al calvario— y a la muerte. Según tú, madre, y según la tesis tradicional de la Iglesia, Dios creó al hombre precisamente para que participase de su felicidad... ¿Dónde estaba la felicidad, a no ser en tu rostro y en el rostro de algunos enfermos? Tal tesis afirmaba también que el objetivo de Dios era que los hombres participasen de su gloria... ¿Es que no se bastaba a sí mismo, pregunta clave que tantas veces yo había lanzado al aire? Seguro que el Doctor Angélico y san Agustín y muchos padres de la Iglesia habían lucubrado toda suerte de teorías sobre el particular; pero allá en Lourdes, cualquier explicación apologética se me hubiera antojado un sofisma, un sofisma más o menos brillante y bien pergeñado. La realidad estaba al alcance de mis ojos. Perdona, madre, tanta sinceridad, pero no quiero que te pases la eternidad imaginando que las lágrimas que aquella mañana inundaron mis ojos fueran lágrimas piadosas; fueron lágrimas de rabia, sin más. Pensé en la eutanasia. De ser yo todopoderoso, de un solo golpe hubiera acabado con la vida de todos aquellos enfermos e, incluso, de toda la humanidad, dejando que las estrellas continuaran su resplandeciente ruta por el firmamento inacabable.

Aquello pasó. No hubo milagro... Los sacerdotes se retiraron y, poco a poco, en manos de los *brancadiers,* se retiraron los enfermos, uno de los cuales, según corrió la voz, había muerto. Te miré, madre y miré a Carmen. Vuestros semblantes rezumaban una emoción extrema, una resignación sin límites con la cual homenajeabais los designios del Señor y los designios de la Inmaculada Concepción. Por su parte, el semblante de Magda no reflejaba ninguna rebelión, pero sí una intensa angustia. Conociendo a mi mujer, yo hubiera podido asegurar que se estaba prometiendo a sí misma no repetir jamás tal experiencia.

Volvimos a la gruta, donde muchos de los cirios flameantes de la víspera también habían muerto. Rezamos el rosario, traduciendo las letanías al catalán. Poco a poco fui calmándome y los cánticos de un grupo irlandés me devolvieron las ganas de vivir. No sólo eso sino que, conforme a los espasmos de mi psique, me mostré dispuesto a hacer realidad mi intención de bañarme en una de las piscinas preparadas al efecto. Naturalmente, separación de sexos. Vosotras, que también quisisteis bañaros en el agua bendita, fuisteis al lugar indicado para ello; yo me dirigí a la piscina que me asignaron, ante la cual se había formado una fila india, muy disciplinada, de fieles esperando el turno correspondiente. Delante de mí, precediéndome, un negro de casi dos metros de altura con la piel purulenta, rojas las encías y desorbitados los ojos. Detrás de mí, rostros sanos, expresando una rara serenidad, rostros cadavéricos. De todo había en la viña de la Virgen Santísima. Avanzábamos con rapidez: sin duda el baño era rápido, instantáneo. Llegado a la puerta, una nueva sorpresa. La piscina, bajo techo, apenas si alcanzaba los seis metros cuadrados y olía a diablos. Era una suerte de bañera, que recordaba aquellos lavaderos públicos de antaño. Del agua emergían burbujas y sin duda por el aire pululaban microbios. Dos hombres de facha rutinaria cuidaban de sumergir en la piscina a los enfermos, advirtiéndoles a cada uno que rezara una jaculatoria. «*Allez, allez.*» Al ver sumergirse al negro lleno de pus me embargó un asco y un miedo indescriptibles. Visto y no visto y me tocó el turno. Miedo al contagio. ¿Cómo era posible salir indemne de aquel cuadrilátero de infección, aun cuando el agua fuera renovándose sin cesar? Tal vez ahí radicara el milagro. Cerré los ojos y pedí lo de siempre: no volver a caer en la depresión. «Lo que sea, Virgen santísima, pero no la depresión.» Volví a vestirme a toda prisa, pues los peregrinos de la fila india empujaban con desmesurado ardor. Al respirar el aire libre, pese a la humedad, me sentí renacer. Misión cumplida. Murmullos en varios indiomas. Me fijé en un padre que llevaba a su bebé en brazos, bebé de apariencia normal; también en un hombre pelirrojo que avanzaba lento apoyado en dos muletas. Salí raudo a vuestro encuentro y tuve la fortuna de localizaros de inmediato. Tu aspecto, madre, volvía a ser radiante. También Magda y Carmen parecían de buen humor. Tal vez delante de vosotras no se había bañado ninguna mujer negra repleta de pus, rojas las encías y los ojos desorbitados. «¿Contento, hijo mío?» «Contento, madre... Empapado hasta los huesos, pero contento.»

Poco después recorrimos la vasta feria de los *souvenirs*. La reacción de Magda fue más negativa aún que la mía. Medallones, insignias, vírgenes fosforescentes, pisapapeles de cristal con la Bernadette dentro, envases de plástico y botellines para llevarse a casa una porción de agua milagrosa... Incluso a ti, madre, aquel comercio te desagradó; sin embargo compraste un envase de dos litros y lo llenaste en la fuente más cercana. Alguien me había dicho que en Fátima tal comercio estaba prohibido. Algun día tendría la ocasión de comprobar si ello era o no era cierto...

Permanecimos dos días enteros en Lourdes y su entorno. Lo recorrimos todo, absolutamente todo, incluida, como es natural, la basílica subterránea, de inigualable belleza. Le pregunté a la patrona del hotel L'Espoir, extrovertida y servicial, si había ella presenciado, o comprobado, algún milagro. Se encogió de hombros y sonrió sibilinamente: «Vayan ustedes a saber...» Intervino su marido y añadió: «Eso deben ustedes preguntárselo al

Sumo Pontífice.» El marido, el patrón, Jean-Pierre Gayraud de nombre, era persona de talante marcadamente irónico, de mucho *esprit*. Nos dijo que por lo menos *un* milagro sí se había producido: Lourdes era la tercera potencia de Francia en cuanto al ingreso de divisas, después de la Renault y de Brigitte Bardot. Tú, madre, te escandalizaste; yo me reí de buena gana. Y el talante de *monsieur* Gayraud me dio pie a someterle a un largo interrogatorio. Contestó pausadamente, pero sin ambages. Saqué en claro que detestaba a los italianos porque eran frívolos y muy protestones, y pude saber también que el nivel medio intelectual de los peregrinos era bastante bajo. «Si vinieran peregrinos ingleses sería otra cosa, pero se ven pocos por aquí.» «Tampoco abundan los nórdicos, los escandinavos... Ya saben ustedes: donde se acaban los viñedos se acaba el catolicismo.» Carmen arrugó el entrecejo y *monsieur* Gayraud le aconsejó que consultara un mapa de Europa y se convencería de que aquello no era una *boutade* sino un hecho cierto, comprobable. «Tal vez la única excepción sea Holanda.» También nos sorprendió al decirnos que peregrinaban a Lourdes muchos protestantes norteamericanos. «¡Ah, los yanquis! No creen en la Virgen, pero vienen aquí a ver si se les curan los males... Claro que no suelen hospedarse en el hotel L'Espoir.» A ti, madre, te alegró mucho que incluso algunos protestantes acudieran a Lourdes. «A ver si te reconcilias con ellos», te dije. Y tú me contestaste: «¿Reconciliarme? No hay por qué. Lo único que me ocurre con ellos es que me dan mucha pena.»

La aventura de Lourdes terminó y regresamos a España montados en nuestro Gordini. Magda y yo nos turnábamos al volante cada cincuenta quilómetros. A ti te gustaba contemplar el paisaje desde la ventanilla del coche. Cultivos, viñedos, el Garona, arroyos, agua por doquier. Sí, Francia era rica. En un pueblo vimos al cura con la sotana arremangada jugando a los bolos con los vecinos. Sonreíste, lo cual me asombró. A propuesta mía nos detuvimos un rato en Colliure para visitar el cementerio donde estaban enterrados Antonio Machado y su madre. Al saber que se trataba de un poeta te emocionaste recordando las muchas poesías que yo te había dedicado. «No compares, por favor. Él era, y continúa siendo, el mejor poeta español de este siglo; a su lado no soy más que un mero aprendiz.» El cementerio te impresionó por los cipreses que se erguían en él. Siempre que veías un ciprés recordabas aquella novela mía que tanto trabajo nos costó. «Los cipreses de este poeta ¿también creían en Dios...?» «No lo sé, madre, pero creo que sí. En todo caso, era un hombre cabal, que no se merecía morir en el exilio. Como puedes comprobar en la lápida, su madre, que le acompañó siempre, le sobrevivió solamente tres días.» Sonreíste otra vez, me atrajiste hacia ti y estampaste un beso en mi mejilla. «Lo mismo me ocurriría a mí.» Carmen protestó, también con buen humor. Quizá todo se debiera a los dos litros de agua bendita que llevábamos en el maletero.

Llegamos a Gerona sanos y salvos. Daba la impresión de que todo iba a seguir igual, pero en el plazo de un año —1964— se produjeron varias novedades, cuyo denominador común fue la dispersión familiar. Juan se dio de baja en el Banco Central y él y Conchita se trasladaron a San Feliu de Guíxols a vivir. Naturalmente, llevaron consigo un piano. Juan trabajaría en el ayuntamiento de Playa de Aro, corazón de la Costa Brava. Entretanto, Pedro continuaba en San Sebastián, dirigiendo la emisora de Radio Nacional y desde allí insistía una y otra vez para que te fueras a pasar una temporada con ellos, máxime teniendo en cuenta que tu nuera María Jesús había dado a luz una niña preciosa que se llamaba Beatriz. «Madre, sólo la conociste con motivo del bautizo. Vente. San Sebastián es precioso. Beatriz también es preciosa y tiene unos ojos negros y profundos que se parecen a los tuyos. Si no te vienes, la llevaré a la emisora para que desde Gerona la oigas berrear.» De modo que en el número 3 de la calle de la Rutlla quedasteis solas las tres mujeres: tú, Carmen y Concepción.

Tal dispersión te entristeció, pero era la vida que seguía rodando, que «hacía su camino al andar». Hasta que, inesperadamente, se produjo un acontecimiento del todo imprevisible: una noche se presentó en vuestra casa mi primo Aniceto, aquel «miliciano rojo» que el 6 de diciembre de 1936 me había salvado la vida. Se presentó buscando refugio, teñido de rubio, impecablemente vestido, convertido en *gentleman*. Exiliado en Toulouse junto con toda la familia de mi padre, topó con las autoridades francesas por motivos ignorados y no tuvo otro remedio que huir, que volver a España, su punto de partida. Pero en España tenía cuentas pendientes mucho más serias que las de Francia, puesto que había formado parte del «Comité Antifascista» de Agullana, pueblo donde fueron fusilados el párroco, el médico y un terrateniente. «Tenéis que esconderme por lo menos un par de meses. Pese a los años transcurridos, alguien podría reconocerme. Os prometo que no os daré la lata. Además, fijaos en lo que llevo en la muñeca»; y os enseñó un brazalete de plata con varias medallas de la Virgen tintineando.

Pronto supisteis la verdad. Aceptasteis al incómodo huésped, puesto que me había salvado la vida exponiendo la suya. En un principio, en Toulouse, continuó formando parte de la célula comunista en el exilio e incluso había participado en aquella célebre operación que los maquis llevaron a cabo en el Valle de Arán y que el general Moscardó acertó a atajar. ¡Pero a Aniceto, un poco más tarde, se le ocurrió viajar a la URSS, su soñado paraíso, donde se habían refugiado varios camaradas suyos! Y en la URSS se llevó un gran chasco. Aquello no tenía nada que ver ni con la liberación del proletariado ni con la igualdad. Se decepcionó hasta la médula, como les había ocurrido a Gide, a Sartre, a Ives Montand y a tantos otros. Stalin, mitificado por su victoria sobre Hitler, era responsable de millones de muertos, de masivas deportaciones a Siberia, de las colas que se formaban en las ciudades para conseguir algo de comida. Y la gente estaba triste. Llevaba la tristeza marcada en el rostro y en caso de radiografía debía de verse dicha tristeza en las entrañas. Y el golpe de gracia lo recibió al visitar en Moscú y, sobre todo, en Leningrado, el Museo de Ateísmo. Aniceto, hombre de mucha lectura y de fina sensibilidad, en Toulouse había meditado mucho sobre religión, sobre el origen y el destino del hombre, recordando además las últimas palabras del párroco de Agullana, ya en el paredón: «¡Viva Cristo Rey!» Aquel grito le perseguía en noches de insomnio. De niño había sido monaguillo y la figura de Cristo le atrajo siempre, como les había atraído a Gandhi y a Rabindranath Tagore. Sus ideales izquierdistas le provenían de toda la familia de mi padre, cuyos miembros en Toulouse continuaban ejerciendo de taponeros. Resumiendo —así os lo contó, madre, provocando vuestro absoluto asombro—, en ambos Museos de Ateísmo experimentó una intensa incomodidad que ni él mismo atinaba a comprender. Ridiculizar a Cristo se le antojó, además de una injusticia, una memez. La vida de Cristo era mucho más ejemplar que las vidas de Stalin y de Lenin; éste, con su gorra obreril, su afición al ajedrez y su amor por los gatos, había sido el artífice de todas las revoluciones que desde su llegada al poder —¡en 1917!— habían tenido lugar en las repúblicas soviéticas, bajo el yugo ruso. De regreso a Toulouse, le pareció que sus camaradas españoles, y los miembros de su propia familia, tenían una visión incorrecta y chata del comunismo y entró en contacto con un sacerdote vasco que se ocupaba de ayudar a los exiliados, sin pretender, ni por asomo, catequizarlos. Las reuniones o tertulias tenían lugar en el café Capitol. Allí se hablaba de lo humano y, de vez en cuando, gracias al padre Bengoechea, de lo divino. Poco a poco fue penetrándole a Aniceto el gusanillo de la religión perdida y que él mismo persiguió con toda la saña de un joven neófito contagiado del ambiente rojo de la guerra civil. Al término de un largo recorrido mental y espiritual llegó a la conclusión de que su vida carecía de sentido, puesto que su ideal comunista había periclitado con más pena que gloria. Y dado que la naturaleza le tenía horror al vacío, un buen día, acuciado por su mujer, asturiana y amante de la Virgen de Covadonga, tuvo un pronto, un rapto y le pidió al padre Bengoechea que le oyera en confesión. Así lo hizo. Y después de recibir la absolución y de cumplir pe a pa con la pesadísima penitencia que el cura le impuso, desertó de la célula, del café Capitol y se pasaba tardes enteras en los cines de Toulouse, donde descubrió todos los «encantos» de la vida norteamericana. Un paso más y acompañó a su mujer, todos los domingos y festivos, a misa. Tardó lo menos un año en atreverse a comulgar, habida cuenta de que aquello de la transubstanciación se le hacía cuesta arriba. Hasta que claudicó. Hasta que sintió en el pecho una llamada especial, que se le antojó provinente del cura de Agullana fusilado. «Me convertí, tía Rosa, me convertí... A veces, ¿a qué negarlo?, me asaltan absurdas nostalgias y, sobre todo, muchas dudas, porque lo que mosén Bengoechea llama tinglado vaticanista no acaba de convencerme; pero ahí tenéis este brazalete con las medallas. La mayor, tía Rosa, es la Virgen del Pilar; las demás son la Moreneta y la Virgen de Lourdes. Os agradezco mucho que me concedáis el refugio en vuestra casa. No esperaba menos de "mi" familia. Y por favor, dejadme hablar por teléfono con José María, cuyos libros he leído en francés. Claro que a lo mejor se encuentra en el Japón o en Filipinas... ¿Cómo? ¿Que está en Barcelona? Llamadle, por favor, y yo le hablaré.»

Apenas si reconocí la voz de Aniceto. ¡Habían pasado tantos años!... Pero al día siguiente por la mañana tomé mi Gordini y en cuestión de hora y media me presenté en Gerona, en la calle de la Rutlla. Mientras subía la escalera traté de recordar el rostro de mi primo, pero no lo conseguí. Sus facciones se me habían borrado de la memoria. Lo que sí recordé de él fue su aspecto de miliciano cuando se presentó en casa para salvarme la vida, dato este que no había olvidado jamás: pañuelo rojo en el cuello, dos pistolones en el cinto y facha atlética. Tú, madre, me abriste la puerta; él me esperaba en el pasillo que daba al comedor. ¡Teñido de rubio, traje impecable, aspecto de *gentleman!* No le hubiera reconocido. Varias arrugas verticales se habían apoderado de él y sus ojos revelaban un cansancio prematuro. El abrazo que nos dimos fue tan emotivo que automáticamente quedó zanjada toda posibilidad de enfrentamiento. «¡Aniceto...!» «¡José María!» Por teléfono me había enterado de su «conversión», de modo que no me sorprendió que, con ironía de buena ley, al separarnos —el abrazo se prolongó más de lo corriente— agitara su muñeca izquierda para que tintinearan las virginales medallas que llevaba siempre consigo. Yo le correspondí con un también irónico «Dios te guarde, Aniceto», y él, bajando ligeramente la cabeza replicó: «No te preocupes, *cher maître.* Dios me guarda hasta tal punto que he podido llegar hasta aquí...»

A los pocos minutos nos encontramos tomando café en la mesa camilla del comedor, junto a la estufa de serrín. ¡Cómo había cambiado mi primo! Si es cierto que cada ser humano va labrándose a diario su propio rostro, Aniceto se había labrado el suyo a base de sufrimiento. Las cartas estaban marcadas; el cansancio de sus ojos evidenciaba su lucha interior, posiblemente más dura que la mía. No conseguía acostumbrarme a su cabellera rubia y tampoco al acento francés que su hablar delataba. La fonética de sus frases era *du Midi* e intercalaba con frecuencia expresiones como *mais oui, pardon, pas possible*! A instancias mías me juró que no continuaría tratándome de *cher maître.* «Con José María basta, ¿no te parece?» «*Mais oui,* tienes razón.» No osé preguntarle por mi aspecto por temor a que me hablara también de ciertas arrugas y de cierto cansancio en la mirada.

No conseguíamos hilvanar un diálogo coherente. Recordamos la odisea de mi huida a través de los Pirineos ampurdaneses, colmados de nieve. «Tú llevabas pasamontañas, Aniceto.» «Y tú te cagabas de miedo, querido primo.» El verbo *cagar* no te gustó ni pizca, madre, y tampoco les gustó a Carmen y a Concepción. Lo leí en vuestros ojos y yo pedí otra taza de café. «Lástima que no tengáis Pernod —apostilló Aniceto—. En Toulouse todo el mundo toma Pernod.» Le pregunté, como era de rigor, por su familia. Su mujer, que se llamaba Leocadia, era un encanto y había sido su brazo derecho. No tenían hijos... «Tampoco los tenéis vosotros, si no estoy mal informado.» Mi otro primo, Joaquín, que era el mayor, trabajaba de taponero y en su casa, junto al Garona, se dedicaba a la escultura en corcho, con un éxito arrollador debido a la originalidad de la materia empleada. «Mi padre, tu tío *Nochu,* está bien; mi madre, tu tía Nieves, se suicidó.»

El comedor entero quedó anonadado y tú, madre, te santiguaste convulsamente. Mis hermanas dejaron de respirar y yo me quedé sin habla. Sólo acerté a balbucear:

«Pero...»; y no se me ocurrió nada más. En cuanto a Aniceto, se limitó a añadir que jamás pudieron adivinar las causas de semejante decisión. «Llevaba una vida normal, tranquila, tal vez un poco triste. Y un día la encontramos colgada en el taller de Joaquín, al lado de las esculturas de corcho.»

Apuré el café de un trago, en el momento en que el reloj del comedor señaló el mediodía. Poco a poco fuimos reaccionando, sobre todo porque Aniceto, de sopetón, pareció desmoralizarse y no era cosa de dramatizar más aún. Le pregunté por los dos hijos de Joaquín: «Son la alegría de vuestro tío *Nochu* y de toda la familia.»

Me costó Dios y ayuda simular normalidad. ¿Cómo era posible que una *madre* pudiera suicidarse? Madre, recuerdo que más tarde tú lo atribuiste a la falta de religión, puesto que «tía Nieves», a quien tú conocías muy bien, era una mujer agresivamente anticlerical, al igual que tío *Nochu*. Pero ya el diálogo había tomado, ¡por fin!, otros derroteros y hablábamos con Aniceto de la situación política de España. Aniceto creía saber que el pueblo estaba mayoritariamente en contra de Franco y que «aquello no podía durar». De ahí que él participara en la aventura de los maquis. Le desanimé. Le dije que el país vivía una etapa neutra, horizontal, que cada cual iba a lo suyo y que nadie quería volver a las andadas. «Comer y divertirse, ya sabes.» «El orden público es importante.» «Y se construyen pantanos y carreteras y cosas por el estilo.» Aniceto comentó: «Lo mismo que Hitler y Mussolini, ¿no es eso?» «Más o menos.»

Mi obsesión era averiguar por qué Aniceto se había fugado de Francia, de Toulouse, y por qué su mujer no se vino con él. Y qué pensaba hacer una vez transcurridos los dos meses que pedía de «refugio» en la calle de la Rutlla. Se lo pregunté abiertamente, sin tapujos. «Te ayudaremos en cuanto necesites, pero me gustaría que nos dieras una explicación....» Se levantó de la silla, dio un par de vueltas alrededor de la estufa y luego, mudando de expresión y con pasmosa serenidad, contestó: «Secreto del sumario... No puedo explicar nada. O me aceptáis o no me aceptáis. —Marcó una pausa y prosiguió—: Sólo puedo deciros que mi destino será París, donde Leocadia se reunirá conmigo y empezaremos una nueva vida.»

Se hizo otro silencio en el comedor. Si su destino era París, ¿por qué no se fue directamente allí, en vez de aventurarse a entrar en España con, al parecer, documentación falsa? Mi primo no dio su brazo a torcer. «Lo dicho. O me aceptáis o no me aceptáis... Si no me aceptáis, esta misma tarde, cuando oscurezca, saldré por esa puerta y no os molestaré más.» «¡Pues claro que te aceptamos!», dije. Tú, madre, añadiste: «¡Pues no faltaba más!» «Entonces, de acuerdo —respondió Aniceto—. Algún día os desvelaré el secreto del sumario.» Instantes después se dignó añadir: «Sólo os daré una pista: las células comunistas, y yo pertenecía a una de ellas, no perdonan a los desertores...» Se sentó de nuevo y pidió también otra taza de café.

A media tarde, y a petición suya, fuimos al cementerio. Se empeñó en visitar el nicho donde estaba enterrado mi padre, al que él llamaba *L'oncle Quimet.* Le agradecimos el detalle y los cinco, montados apretadamente en mi Gordini, nos dirigimos al camposanto. ¿Cuánto tiempo hacía, madre, que no visitabais el nicho de *L'oncle Quimet?* Aquello fue un sobresalto. El crepúsculo vespertino contribuyó, con su nostálgico poder, a acentuar la tristeza de la escena. El sepulturero estaba a punto de cerrar, pero se mostró amable y permitió nuestra entrada. Pronto localizamos el nicho, el primero de la fila de abajo del pabellón del padre Antonio María Claret. La lápida era de mármol y decía escuetamente: «Joaquín Gironella Angelet.» Encima del nombre, labrada, una cruz; pero no había cristal que protegiera la lápida, ni fotografía, ni un sencillo ramo de flores. Nicho mondo y lirondo. Aniceto no pudo ocultar su extrañeza; yo sabía de antemano que ni tú, madre, ni mis hermanas os creíais obligadas a cuidar de esos detalles externos, que os bastaba con la pena interior y con ofrecerle a mi padre misas y toda clase de rezos.

Aniceto se quedó clavado ante el nicho, agachada la

cabeza y tiritando de frío; o eso nos pareció. «Recemos un padrenuestro», propusiste, madre, rompiendo el silencio. Lo rezamos a coro y nuestras voces chocaron contra los nichos vecinos, en los que sí había fotografías, flores y lamparillas. «*L'oncle Quimet...*», balbuceó Aniceto, al término de la plegaria. Era el grito de la sangre. Te miré, madre, y leí en tu rostro toda la angustia de la viudez. Sin duda desfilaron por tu cerebro, en cuestión de unos pocos instantes, multitud de vivencias con aquel que había sido tu esposo, especialmente el ¡aaaaay...! de dolor en el momento de la agonía, al recibir la inyección que a criterio del médico podía salvarle y que resultó letal. Dimos media vuelta, crujió la gravilla y agradecimos al sepulturero su amabilidad. No se veía ningún ciprés: había oscurecido por completo. Y el frío era realmente intenso. Mes de noviembre en Gerona. Pocos días antes se habían celebrado las ferias y fiestas de la ciudad, las ferias y fiestas de San Narciso.

Le propuse a Aniceto que los dos meses de «refugio» los pasara con Magda y conmigo en Barcelona, donde no tendría necesidad de vivir enclaustrado, donde podría deambular sin el temor de ser reconocido. «Gerona es muy pequeña... Aquí corres cierto peligro.» Otra inesperada reacción. «No, no, ni hablar. ¿Barcelona...? Ni hablar. Prefiero quedarme aquí, con tía Rosa, Carmen y Concepción.» Comprendí que cualquier insistencia sería inútil; mi primo daba la impresión de llevar perfectamente estudiados los pros y los contras de su situación.

Recordarás, madre, que a lo largo de esos dos meses mis viajes a Gerona fueron constantes. Magda me repetía que era mi obligación. «Te salvó la vida.» A Magda, Aniceto le caía bien. Era culto, educado y procuraba pasar inadvertido, aunque su personalidad desbordaba las dimensiones del piso de la calle de la Rutlla. Aquel pelo rubio, aquella cicatriz en la mejilla, la intensidad de su vida —Agullana, guerra civil, el exilio, la célula comunista de Toulouse, su decepción en la URSS, el suicidio de su madre, tía Nieves, etc.—, creaban en torno suyo, y sin que él se lo propusiera, un halo de misterio.

En esos mis viajes a Gerona, caso de tratar temas neutros, sosteníamos nuestros diálogos en tu presencia, madre; caso de que el tema fuera la religión, lo que ocurría muy a menudo, nos encerrábamos en la «habitación de Aniceto» —así la llamábamos—, acondicionada para que pudiera leer, escribir y pasar las horas como mejor le apeteciera. La razón de nuestro aislamiento era muy sencilla: Aniceto, ¡menuda paradoja!, se mostraba más creyente que yo, y yo no quería darte, madre, tamaño disgusto. En efecto, con el entusiasmo del neófito, del recién llegado al huerto de la fe, mi primo defendía con uñas y dientes la Iglesia católica. Bien pertrechado apologéticamente, gracias a las lecturas, a las enseñanzas, en Toulouse, del padre Bengoechea y a su «experiencia personal», perdonaba fácilmente cualquier error de la Iglesia, prefiriendo cantar sus excelencias, capítulo en el que parecía haberse especializado. «La historia le debe al catolicismo gran parte de los hallazgos culturales de Occidente, cuya lista no creo necesario recitar... Me daría vergüenza, José María, verme obligado a refrescarte la memoria.» Yo sonreía. «Te agradezco que te ahorres los detalles, porque los aprendí ya en el catecismo y luego los he palpado en mis viajes: las bibliotecas de los monasterios, las catedrales, la Capilla Sixtina y tal. Mi problema, como sabes, no es la Iglesia católica, ni ninguna otra iglesia. Mi problema es Dios. ¿Es omnipotente, se preocupa una por una de sus criaturas, es un Dios *bueno*? ¿Qué me cuentas del origen del Mal y del porqué de la Muerte, escollos contra los que me estrello una y otra vez?»

Aniceto chupaba con delectación su cachimba y se repantigaba en su sillón. Y se defendía argumentando —como lo hubieras hecho tú— que era inútil luchar contra tales misterios. Sólo Dios sabía quién era Dios. ¿Dios tenía alguna limitación? Cabía dentro de lo posible. La figura del Diablo, su oponente, era tantálica. Y era también tantálica la idea de un Dios «equivalente», el Dios del Mal, tesis defendida por aquel vejete de las montañas que se llamaba Zoroastro. Podía muy bien ocurrir que ambos Dioses lucharan entre ellos de continuo, con alternancias en sus victorias y en sus derrotas. En el fondo de nuestra conciencia advertíamos esa dualidad. Cada ser humano era capaz de lo mejor y de los peor. «¡Si lo sabré yo, querido primo...! De las pistolas he pasado al rosario sin apenas darme cuenta. Y tú, de los raptos místicos, has pasado, sin tampoco darte cuenta, a una absurda obsesión dialéctica que, como es obvio, me ha asombrado sobremanera. Te estrellarás, te lo digo yo... ¿Sabes lo que sobre todo me preocupa? Que, cansado de luchar contra el Dios del que te ha hablado tu madre, tía Rosa, desde que naciste, caigas en la indiferencia... Eso sería lo peor que te podría pasar. Serías peor que el Diablo, pues éste sí cree en Dios, ya que lo tiene siempre delante de sus narices o de sus cuernos. Terminarías oliendo a azufre. La indiferencia, que es el gran pecado de mi padre, tu tío *Nochu*, haría de ti un ser infeliz e incapaz de escribir un libro que conectara con el alma de la gente.» Etcétera.

Me arrepiento, madre, de haber tratado con todas mis fuerzas de atraer a Aniceto a mi terreno... Porque, me emborrachaba de palabras y luego, al regresar a Barcelona, con mi Gordini, me preguntaba qué era lo que andaba persiguiendo. Si mi primo había encontrado por fin un asidero que le permitía vivir con cierta esperanza y consolarle de su precaria situación de «fugitivo», ¿a santo de qué pretender complicarle la existencia? Por vanidad, madre... Simplemente me movía la vanidad, el orgullo de poder decirme a mí mismo: «Ya le he robado a Dios otra alma.»

¡Oh, no, creo que estoy exagerando! No era yo tan malo como para eso. Lo que ocurría es que estaba harto de mis dudas, que se iban acumulando como la nieve en Helsinki o en Zurich. Fue precisamente entonces cuando pensé: «Tal vez me convendría un viaje, mejor dicho, una larga estancia, en Tierra Santa, la tierra sagrada que Jesús pisó, que ya era sagrada, debido a los profetas, antes de que Jesús, la figura que hipnotizó a Aniceto, viniera al mundo. Se lo dije a mi primo y éste me contestó, ante mi asombro: «Yo no pienso ir. ¡No, de ningún modo! —Chupó de nuevo la pipa y sentenció—: No quiero que me ocurra lo que me ocurrió en la URSS...»

He de abreviar, madre, porque Aniceto también abrevió. Un día lluvioso de Gerona, un día como otro cualquiera, a la hora de almorzar os dijo: «Mañana me voy. Mañana me voy a París...» No os dio la menor explicación. Ocurría eso con él: de repente era una tumba. Y fue lo curioso que, aunque no osasteis decírselo, lamentasteis que hubiera llegado la hora de su partida. Se había comportado con tal dignidad y comedimiento que os tenía un tanto embrujadas, especialmente a mi hermana Concepción. Por lo demás, era un hombre, faltaba un hombre en la casa y Aniceto, ¡otra paradoja!, llenaba este vacío dándoos al mismo tiempo una sensación de seguridad. También cabía lucubrar que por sus venas discurría sangre de mi padre. Se llamaba Aniceto Vicens Gironella y mi padre quería con toda su alma, que era muy grande, a su familia exiliada en Toulouse. No estuve presente en la despedida, que fue muy precipitada, pero hablamos por teléfono y Magda le saludó a su vez con mucho afecto. Según me contaste luego, madre, tal despedida fue muy emotiva y todas tuvisteis la impresión de que Aniceto tenía miedo, miedo de lo que pudiera ocurrirle en adelante, en París o donde fuere. Por lo visto no pudo ocultar su condición de perseguido. Recordasteis aquellas palabras suyas a raíz de su llegada: «Los comunistas no perdonan a un desertor...» Abrazos, consejos de prudencia, mil saludos para su esposa, Leocadia, que se reuniría con él en la llamada «Ciudad de la Luz» y la firme promesa de que nos tendría al corriente de sus andanzas. Según me dijiste, en aquel mes y medio de permanencia a vuestro lado su aspecto había mejorado sensiblemente. Había engordado: vida sedentaria y buenos alimentos. Y, sobre todo, su espíritu disfrutó de una gran calma. Leyó, leyó sin parar. Arrasó con toda vuestra biblioteca, nutrida en buena proporción de libros residuales de mi fracasado negocio de Estudios Arte. ¡Releyó mis libros, esta vez en su versión original, es decir, en castellano! Le interesó de un modo especial aquel mi breve ensayo *Los fantasmas de mi cerebro,* en el que yo analizaba retroactivamente los datos íntimos de mi depresión en Palma de Mallorca. Se llevó consigo un ejemplar. «Nunca hubiera imaginado que José María hubiera estado al borde del suicidio.» Dijo esto en tono amargo, sin duda recordando el suicidio de su madre, tía Nieves, a la que precisamente él, Aniceto, había encontrado colgada en el taller de esculturas en corcho. A cambio de mis fantasmas os dejó en depósito un centenar de folios escritos de su puño y letra. «Guardad esto, por favor. No quiero arriesgarme a llevar conmigo esas memorias mías. En su momento os haré saber si debéis mandármelas o quemarlas. Y prometedme que no las leeréis... Son cosas mías, cosas de un loco lúcido llamado Aniceto.»

Aniceto se fue, por fin, en tren hasta la frontera. Y en vano, madre, te supliqué una y otra vez que me traspasaras los folios. Adivinaste mi intención, como adivinabas todas mis intenciones: leerlos. «Ni hablar, hijo. Se lo hemos prometido.»

Nueva etapa para ti. Por fin aceptaste la invitación de venirte una temporada a Barcelona, con Magda y conmigo. La calle San Elías era tranquila y teníamos enfrente, como recordarás, la parroquia de Santa Inés, con mosén Jaime Armengol, gran predicador, a la cabeza. Nuestro ático era confortable y acondicionamos una habitación para ti. Por entonces yo andaba terminando —año 1966— el tercer volumen de mi trilogía, *Ha estallado la paz.* La paz estalló en nuestra casa con tu llegada. Ningún atisbo del autoritarismo del que a veces te acusé; por el contrario, una extrema mansedumbre, tierna y a la vez contagiosa. La ternura, eso es. Era tu ex libris, tu característica principal, el tatuaje con el que Dios te trajo al mundo. En el fondo de tu mirada latía toda la fuerza del amor al prójimo. Ojos grandes, negros, largas pestañas, pobladas cejas. ¿Quién podía predecir que un día te quedarías ciega, que la ceguera, una de mis obsesiones —Papini, mi maestro, se quedó ciego—, te dejaría, junto con la sordera, fuera de juego? Tus ojos chorreaban vida, de suerte que resultaba difícil no creer en las posibilidades de la hipnosis. También tus manos llamaban la atención, sobre todo cuando se cruzaban para rezar o cuando las utilizabas para hacer ganchillo. Dedos largos y delgados, aristócratas, en fin, siendo así que habías nacido en un pueblo rural, Terradas y que tu padre, *L'avi Pere,* era un simple maestro de escuela. En mi adolescencia yo había dedicado muchas poesías a tus ojos y a tus manos y a tu manera de cocinar y de tricotar. Una mañana te sorprendí saliendo de la bañera y me llevé una fortísima impresión. Pegaste un grito, pero había tenido tiempo, en un segundo, de ver entero tu cuerpo. Cuerpo ya un poco cargado de años, ¡no faltaba más!, pero todavía esbelto, bien proporcionado, aunque caídos los pechos con los que habías amamantado a tus cinco hijos. Me sentí culpable de haber contribuido a ese desmoronamiento. Creo que estaba enamorado de ti, madre, cosa que no me pilló de nuevas, puesto que el doctor Tomeu Mestre, mi psiquiatra de Palma de Mallorca, me describió con pelos y señales lo que la ciencia entendía por complejo de Edipo.

Es un poco fuerte lo que acabo de escribir, pero desde el palco que ahora ocupas seguro que comprenderás que esas cosas pueden ocurrir. La mitificación de la madre es una realidad humana que no se debe desestimar, por ser la clave de muchas reacciones inexplicables a primera vista. Ha habido ermitaños, monjes y sacerdotes —¡y pintores!— enamorados de la Virgen de un modo casi carnal. Y abundan las monjas enamoradas físicamente de Cristo, que acarician las llagas de las imágenes sintiendo muy adentro una vibración sexual. Ni que decir tiene que Magda estaba preocupada por esa dependencia mía con respecto a tu persona. Yo me daba cuenta y sufría por ello. Si bien tal dependencia arrancaba de la niñez, nunca se me había manifestado con tanto realismo como durante tu llegada a nuestro piso barcelonés.

Nos diste muchas sorpresas, como, por ejemplo, la superación de tu rechazo por la música, que en Gerona, desde la muerte de mi padre, te entristecía, sin saber por qué. En San Elías disponíamos de un tocadiscos moderno y de un televisor. Te gustaban sobre todo las canciones melódicas procedentes del mundo latino, en tanto que los ritmos anglosajones te pillaban a trasmano. Aznavour, las tarantelas napolitanas, el *Bésame mucho* y el *Quizás, quizás, quizás*. ¡Y los tangos de Carlos Gardel!

«Anda, hijo, pónme el *Adiós, muchachos* y luego *La cumparsita.*» Una noche te llevé al Palacio de la Música a oír a Rubinstein. Te emocionaste hasta casi llorar; y lo mismo te ocurrió poco después en un recital del Orfeón Catalán. Muchas de las canciones del Orfeón nos las habías cantado en nuestra infancia, en la época de las nanas. Sentado a tu lado, me di cuenta de que conocías perfectamente las letras y que las tatareabas por lo bajines. Resumiendo, la música volvió a interesarte, como cuando mi padre se pirraba por la zarzuela y por la ópera. Algo habías logrado superar... Sí, volvías a tener ganas de vivir —¿el agua de Lourdes?— y recuperaste la curiosidad.

En Barcelona residían tus tres hermanos: el admirado tío Benjamín, muchos de cuyos trajes habían ido a parar a mi padre en temporadas de penuria extrema; Adolfo, de color y rasgos árabes al ciento por ciento y, por último, Joaquín. Todos estaban bien situados y te querían de veras. Se alegraron mucho de tu estancia en Barcelona. Te invitaban incluso al Liceo..., te colmaban de atenciones, te mimaban, en fin, en dura competencia conmigo. Los sorprendió que no quisieras ir con ellos ni al cine ni al teatro. ¡Las carteleras, con mujeres adorables y besos a todo pasto, te escandalizaban! Sólo ibas al cine de la parroquia de Santa Inés, cuyas películas, bajo la tutela de mosén Armengol, eran más que edificantes: desde *La Virgen de Fátima,* pasando por *Rey de reyes,* hasta *Los diez mandamientos.* Por cierto, que pronto hiciste muy buenas migas con el párroco, buen amigo nuestro, aunque un domingo, en la homilía de las doce, con el templo a rebosar, acorde con su lenguaje directo, a veces brutal, te escandalizó también. Calvo, pronunciada barriga, aspecto campesino y voz de profeta del Antiguo Testamento, conminó a la grey con estas palabras: «Hay quien viene a misa para ver a Dios; hay quien viene para que Dios le vea; y hay quien viene para que le vea todo Dios.» Te confesabas con él y siempre comentabas: «Me gusta, me gusta mucho. Hace muchas preguntas intencionadas e impone penitencias bastante fuertes.»

En la televisión, pese a estar todavía en pañales, descubriste un mundo nuevo, mundo a la vez religioso y patriótico. Patriótico... Ahí, madre, discrepábamos. La exaltación de Franco te parecía lo más natural. Tú le admirabas y en vano te contaba yo de él y de los suyos historias de campos de concentración, de juicios sumarísimos y de sentencias de muerte. «Tú luchaste por él, ¿no es cierto? Y él nos salvó de los "rojos". ¿Es qué ya no te acuerdas, hijo? Algún error habrá cometido, no digo que no; pero el propio Aniceto confesaba que gracias a él no tenemos ahora el comunismo en España.» Esa adhesión tuya, incondicional, me ponía muy nervioso, sobre todo cuando en el televisor daban algún discurso suyo, algún desfile y tú te morías de ganas de arrancarte a aplaudir. Nunca te vi levantar el brazo, eso no, y mi padre murió sin haberlo levantado jamás; pero gritabas: «¡Viva Franco!» y «¡Arriba España!» con entusiasmo desbordante.

De la pequeña pantalla te interesaban también los concursos culturales. Al advertir que Magda y yo adivinábamos a menudo las respuestas correctas, suspirabas hondo o te arreglabas el moño y exclamabas, un tanto acomplejada: «¡Dios mío... qué ignorante soy!» Te gustaba el pico de oro nacional, García Sanchiz; pero tu preferido era Pemán, del que recordabas *El Divino Impaciente* en el Teatro Municipal de Gerona. «Ése te da ciento y raya, hijo mío, y escribe poemas muy hermosos. ¿Quieres que te recite un par de ellos?» Y recitabas dos, tres y hasta seis dedicados precisamente a la *Madre* celeste y a las madres terrenas, tema por el que Pemán tenía verdadera obsesión.

Nos sorprendió de veras comprobar, a través de los noticiarios, que estabas mucho más al corriente de los acontecimientos del mundo de lo que tus hermanos hubieran podido sospechar. Las continuas guerras en África, especialmente la de Biafra, abofeteaban tu corazón. Aquellas matanzas de niños negros, niños de vientres hinchados y ojos legañosos, te horrorizaban y te conectaban una vez más con la labor de los misioneros, algunos de los cuales morían también bravamente víctimas de la ceguera de los combatientes de ambos lados. «Son mártires, hijos míos... Están ahí por propia voluntad, dispuestos a morir por el prójimo en nombre de Cristo.» Magda comprendía perfectamente que lo que en realidad hubieras deseado era que yo fuera obispo o, en su defecto, misionero. «¡Pues sí que estamos bien! —clamaba Magda, en son de protesta—. ¿Y qué pinto yo ahí? ¿En qué saco me mete tu madre?»

Desde el primer día habíamos establecido un programa-calendario de lugares, instituciones y monumentos que debíamos visitar. Gozaste mucho en el Tibidabo, con aquel Sagrado Corazón presidiendo el espectáculo que ofrecía la gran urbe extendida a nuestros pies. Subimos a la Gran Noria y no te mareaste en absoluto. Tu salud era excelente, salvo algunos brotes de urticaria que no me gustaron ni pizca, pero que el profesor Arturo Fernández-Cruz nos garantizó que podría atajar. También gozaste en Montjuich de la perspectiva opuesta, en una mañana de luz radiante y buena visibilidad. ¡El puerto! El puerto también a nuestros pies, con un enorme transatlántico italiano fondeado. «¿No podríamos visitarlo?» «Es difícil, madre; pero un día podremos ir con la golondrina hasta el malecón.» El mar, como siempre, te atrajo, retrotrayéndote a nuestra etapa de San Feliu de Guíxols, algunos de cuyos pescadores eran amigos de mi padre y esperantistas como él. Además, recordabas que Magda y yo habíamos ido por mar desde Tarragona hasta Ceilán, en el carguero *El Almudena* y que andábamos preparando nuestro primer crucero a través del Atlántico hasta América, puesto que yo necesitaba, por imperativos de mi profesión, pisar Estados Unidos. Como es obvio, te impresionó de un modo especial el templo de la Sagrada Familia, que por aquel entonces los japoneses no habían descubierto aún. ¡Aquellas torres tan singulares, tan desconcertantes, ideadas sin duda por un arquitecto místico! Al enterarte de que dicho arquitecto, Antonio Gaudí, murió aplastado por un tranvía, te santiguaste y exclamaste: «¡Ave María Purísima!» Pero donde te emocionaste de verdad fue en la catedral, no en razón del edificio, puesto que la catedral de Gerona, asentada sobre las escalinatas, era mucho más grandiosa, pero sí en razón del Cristo de Lepanto, del que tanto habías oído hablar. Entraste en la capilla de ese Cristo como en Lourdes te acercaste a la gruta y también como en Lourdes te agenciaste un cirio, lo encendiste y lo ofreciste al Señor. Te conmovió de veras el constante desfile de fieles besando los pies del Crucificado. Y cuando nos tocó el turno, agachaste la cabeza con la unción que te caracterizaba en estos casos, al tiempo que apretabas mi mano y susurrabas: «Por fin, gracias a vosotros, he visto cumplido uno de mis deseos.» En Gerona te habían contado que el Cristo de Lepanto era milagrero; tú no le pediste ningún milagro. «Le pedí —me contaste más tarde— que mis hijos, mis nueras y mis nietos no se aparten nunca del camino que lleva a Dios, puesto que a la hora de la muerte todo lo que no haya sido servir a Dios habrá sido una pérdida de tiempo.» En la catedral resonaba un órgano oculto quién sabe adónde: canto gregoriano, que inundaba de paz el alma. Supusiste que el compositor era algún místico como Antonio Gaudí. ¡Te emocionó más que los tangos de Carlos Gardel! Y a la salida del templo, otro impacto: inválidos, mendigos, gitanos, con la mano extendida pidiendo limosna. Vaciaste tu monedero y me acuciaste: «Anda, hijo, ¿a qué esperas?» Los niños gitanos, por repentina asociación de ideas, te recordaron la tragedia de muchos niños del Tercer Mundo y te inundó un vago sentimiento de culpa, habida cuenta de que la infancia de tus cinco hijos había transcurrido sin mayores privaciones. Ésa era otra de tus características: constantemente te referías a la desigualdad existente en la tierra. La atribuías al pecado original. Todos los seres humanos habíamos nacido con esta incómoda impronta y con nuestros egoísmos hacíamos honor a esa bíblica maldición. Las tentaciones. El poder del Diablo, sobre el que dialogué con Aniceto. Menos mal que existía el bautismo y que bajó a la tierra el Redentor. Acariciaste a uno de los niños gitanos y su mirada de inocente gratitud te hizo mucho daño. «Cómprale lotería a ese ciego...» Te obedecí y le compré lotería y el ciego hizo sonar, también en señal de gratitud, su blanco bastón. Tres autocares extranjeros se detuvieron ante la catedral. «Claro, claro, católico significa universal.»

Todas las noches, después de cenar, rezábamos el rosario. En más de una ocasión, luego yo inventaba cualquier pretexto y me iba al Paralelo, al teatro Apolo, a contemplar la escultural figura de una *vedette* francesa, Nicole Blanchéry, con la que, a través de la actriz Mary Santpere, había entablado amistad. Todavía resonaban en mis oídos las últimas letanías y ya me encontraba en el camerino de Nicole, sentado en un *puf* y sosteniendo con ella una agradable charla, no del todo superficial. La *vedette* era una persona culta, de mucha clase, que conocía París mejor aún que yo mismo. Mientras se cambiaba de traje y se ajustaba bien las mallas y la mujer a su servicio le colocaba plumas por todas partes, hablábamos del parque Monceau, muy próximo a nuestro domicilio de la avenue de Villiers —parque presidido por una pequeña cascada, un pequeño lago y un *naïf* monumento a Chopin—, pues se daba la circunstancia de que allí había conocido a su marido, Pedro Orcouz, un ruso blanco heredero de la mejor colección de iconos existentes fuera de su país. A Nicole le interesaba en grado sumo la religión ortodoxa, centrada en el misterio de la Resurrección; yo deseaba de veras que la *vedette* resucitara con el mismo cuerpo que exhibía por aquel entonces y que hacía las delicias —y también la tortura— de los *voyeurs*. Sus sentimientos religiosos eran profundos. ¿Cómo conciliarlos con su profesión? Teatro Apolo, del Paralelo. En la fachada, en letras luminosas, el nombre de Nicole Blanchéry. Una Nicole semidesnuda —la censura prohibía el desnudo integral—, insinuantes los pechos y bien torneados los muslos. Las letras luminosas parpadeaban como los ojos de los *voyeurs*. Te confieso todo ello, madre, porque sé que ahora no sufrirás y porque aprendí mucho de aquella hechizante mujer semidesnuda. Tenía una lista de prioridades muy francesa: negaba que los pecados de la carne fueran auténticos pecados, excepción hecha de las aberraciones, y en cambio hubiera enviado al infierno a los hipócritas, a los egoístas, a los avaros y a los embusteros. Para no mencionar a los políticos que regían el mundo y que, según ella, eran culpables de situaciones como las de Etiopía y de Angola. Era generosa, repartía entradas gratis y me consta que pagaba los estudios de tres niños barceloneses, los cuales, sin aquella ayuda, se hubieran pasado la vida pidiendo limosna en la entrada de la catedral. Nicole Blanchéry era mi válvula de escape, mi correa de transmisión con un mundo muy particular, que no tenía nada que ver con las homilías de mosén Jaime Armengol ni con tu devoción por la Eucaristía. Guardo de ella un recuerdo imborrable.

Fuimos contigo a Montserrat. En el programa-calendario que habíamos elaborado este numerito no podía faltar. Tú ya conocías la Santa Montaña —mi padre te había llevado allí en el viaje de bodas—, pero hacía de ello tantos años que apenas si recordabas otra cosa más que la grandiosidad de la basílica y la imagen de la Moreneta.

Elegimos un domingo, día de peregrinación. ¿Cinco mil peregrinos, diez mil? Imposible contabilizarlos. Todo a rebosar, sardanas en la explanada, pendones de masas corales, alguna que otra barretina. Fue la primera vez que te vi bailar sardanas (mi padre las adoraba). Habías aprendido en la fiesta mayor de Darnius y más tarde en el paseo del Mar de San Feliu de Guíxols. No podías saltar, pero punteabas a la perfección. Magda y yo te flanqueábamos en la rueda; Magda con mucho estilo, yo con imperdonable torpeza. ¡La orquesta era la de Gerona! Amigos míos, el trombón y el contrabajo. Tocaron *Girona aimada* y *L'Empordà*. Ambas piezas te llegaron al corazón. Tú amabas Cataluña con todas tus fuerzas y no concebías vivir en otro sitio, y te sentías orgullosa de haber nacido en la provincia gerundense, en la que confluían los tres elementos constitutivos de la belleza natural: la montaña —el Pirineo—, la llanura —el Ampurdán— y el mar —la Costa Brava—. Y sabías que Montserrat era el feudo catalán por excelencia, su faro y su símbolo, el relicario donde se guardaban los tesoros de nuestra tradición. Mi padre te decía siempre que debíamos agradecer a la *Generalitat* que durante el período rojo hubiera salvado Montserrat de la quema. Porque varios desalmados habían decretado que la basílica tenía que desaparecer y que todos los monjes debían ser fusilados. Murieron veintiséis, pero se salvaron los demás. Veintiséis monjes muertos. ¿Dónde estaban enterrados? El monasterio rebosaba vida, actividad, con el canto gregoriano a la hora de las vísperas y las inigualables voces de la Escolanía.

A más de esto, madre, tú sabías, porque Magda te lo había contado, que, en plena depresión, mientras escribía *Un millón de muertos,* yo, en cumplimiento de una promesa, había peregrinado, a pie, a lo largo de cuatro jornadas, desde el altar del Cristo de Lepanto —precisamente desde ese altar— hasta el *cambril* de la Moreneta. Cuatro jornadas yo solo, carretera adelante, bajo un sol implacable, llevando conmigo un simple zurrón y un ejemplar minúsculo de los Evangelios. Caminaba cantando canciones de nuestra tierra, el himno de los *fejocistes,* el padrenuestro y el credo. Llegué exhausto al monasterio y entregué al monje que cuidaba de recoger los donativos la pluma estilográfica Montblanch con la que estaba escribiendo mi novela. ¿Qué otra cosa mejor podía ofrecer a la Virgen? Pues bien, yo sabía que esta pluma se exhibía en las vitrinas situadas en la escalera lateral-derecha que conducía al camerino, vitrinas repletas de ofrendas, trofeos deportivos y estandartes provenientes de muchos pueblos de Cataluña.

He ahí tu emoción, madre. La emoción que te embargó cuando, al mediodía, poco antes del canto de la *Salve,* subimos dicha escalera para besar a la Moreneta y al llegar a la primera vitrina te señalé, al otro lado del cristal, mi pluma Montblanch, que por ser de oro relucía como si se tratara de una joya única. «¡Hijo mío!», gritaste. Conocías la pluma, conocías *Un millón de muertos,* conocías mi peregrinación, me conocías a mí. Rompiste a llorar en silencio, que es la manera más honda y auténtica de llorar. Pasaste la mano por el cristal, como si quisieras dejar en él, para siempre, tus huellas digitales. «Hijo mío, ¿por qué no tienes ahora la fe que tenías antes?» No supe qué contestar. Callé, me callé cobardemente. Entretanto, Magda, que también se emocionó lo suyo, te empujó suavemente escalera arriba, entre otras razones porque habíamos bloqueado al resto de peregrinos. ¡Cómo besaste a la Moreneta! A la madre y al Hijo de sus entrañas, al niño Jesús sentado en sus rodillas. Contagiado de tu actitud, besé también con unción las dos imágenes, en el momento en que, inesperadamente, se apagaron todas las luces de la basílica. El desconcierto fue mayúsculo. Un apagón. A no ser por los cirios encendidos, la oscuridad hubiera sido absoluta. Me pregunté si, en la vitrina de abajo, mi pluma estilográfica reluciría o no. Se hizo un silencio total y a seguido se oyeron murmullos, murmullos de desencanto por parte de la masa de peregrinos. Por lo visto un apagón en Montserrat debía estar prohibido. A tientas bajamos por la escalera opuesta hasta alcanzar el aire libre en el espacio destinado a los exvotos, algunos de los cuales eran de un infantilismo conmovedor y, luego, otra vez la explanada, en la que la audición de sardanas había concluido, pero aparecía repleta más que nunca de peregrinos que esperaban el canto de la *Salve* a cargo de la Escolanía. Todo el mundo miraba hacia lo alto, en una misma dirección. ¿Qué ocurría? ¿También bailaba el sol?... Nada de eso. Todo era más sencillo, o más complicado, según se mire. Dos alpinistas colgados de unas cuerdas en la pared frontal de la famosa roca de Sant Bernat. Querían alcanzar la cima. Se jugaban la vida. Abriste los brazos como si quisieras protegerlos. «Pero ¿qué están haciendo?» «Nada, madre... Son deportistas. Desafían la naturaleza.» «¡Están locos!» Magda sonrió: «Nada de locos. Confían en la Moreneta.»

Todo salió a pedir de boca. La *Salve,* el frugal almuerzo en el restaurante Abad Cisneros, la posterior subida, a bordo del cremallera, a una de las cumbres del incomparable macizo montañoso, donde estaban ubicadas las pequeñas ermitas de San Jerónimo y San Juan. Al parecer, en aquellas cumbres, siguiendo una tradición que provenía de siglos atrás, vivían dos ermitaños de luengas barbas, que virtualmente no veían a nadie y que dependían del abad del monasterio. Llevaban allá cinco años —para ellos el tiempo no contaba—, dedicados a la meditación, al cuidado de sus covachuelas y a los más diversos trabajos manuales, acariciando de vez en cuando una calavera. El detalle de la calavera te impactó, y sin duda tuviste un recuerdo para lo que debía de haber ocurrido en el interior del nicho que mi padre ocupaba en el cementerio de Gerona. Magda comentó que aquello era macabro, tal vez masoquista y, desde luego, la manifestación de un tipo de ascetismo que ella no alcanzaba a comprender. Tú discrepaste. Recordaste que aquel canónigo de Gerona, mosén Compte, que había sido tu director espiritual, tenía una calavera encima de la mesa y que de vez en cuando fijaba en ella los ojos. A tu ver, eran almas privilegiadas, desprendidas de las «vanidades» de este mundo, que querían vivir ya en presencia de Dios. No temían la muerte, sino todo lo contrario. Aguardaban casi con impaciencia la hora del traspaso. Te pregunté, sonriendo, si te habría gustado que yo hubiera decidido hacerme ermitaño... Pillada a contrapié, abriste los ojos de par en par y te salió del alma un «No» rotundo. «¿En qué quedamos, madre...?» «Ay, hijo, siempre me pones en apuros. —Guardaste un silencio y debido al viento reinante te refugiaste detrás de una roca. Luego, con voz titubeante, añadiste—: Claro que si me hubieras permitido visitarte de vez en cuando...» Magda protestó, como siempre en esos casos: «Y yo ¿qué hubiera pintado ahí?» Tú, madre, te acercaste a ella y la atrajiste hacia ti. «Perdona, hija... La culpa es de tu marido, que disfruta lo suyo tendiéndome trampas.»

La muerte... Allá arriba, en la ermita de San Jerónimo, teniendo a la vista, a nuestros pies, casi la mitad de Cataluña, desafiando un viento cada vez más fuerte e incómodo, pensé una vez más en la muerte. No, yo no compartía las ansias de aquellos dos ermitaños que habían desertado del mundo y acariciaban una calavera como si fuera la propia. Yo tenía ganas de vivir. Mis intentos de suicidio en Mallorca se habían hundido en el mar y ahora cruzaba una etapa de euforia que quería aprovechar al máximo. Todo me gustaba, las sardanas y las barretinas, el hábito de los benedictinos y el poema de Josep Maria de Sagarra que habíamos adquirido en el pórtico de la basílica. Me gustaban las leyendas centenarias referidas al monasterio, me gustaba saber que en el museo contiguo a la explanada se exhibía un Greco, me gustaba la calle San Elías y me gustaba Nicole Blanchéry. La muerte era la gran incógnita, era esa otra orilla misteriosa a la que las barcas de Buda se dirigían en busca del nirvana. Comprendía perfectamente que una persona de honda fe, como debían de profesarla aquellos dos ermitaños, deseasen la llegada del traspaso y la visión directa de Dios. Teresa de Jesús, Juan de la Cruz, fra Angélico y tantos otros místicos habían experimentado en su carne tal deseo y yo mismo, durante la guerra civil, me acerqué en algún momento a esas mieles del alma. Pero aquello había pasado y ahora deseaba vivir y escribir, escribir mil novelas, un millón —tantas como el número de muertos— y, sobre todo, no separarme de Magda, a la que quería cada día más y a la que el viento de la cima sacaba de quicio. La pregunta era la siguiente, madre: en el cielo, en el más allá, ¿podríamos convivir con las personas amadas? Tú, ahora, tienes ya la respuesta. Sabes si convives con mi padre, si compartes con él la felicidad o te basta, como me enseñaron en el seminario, con la «contemplación de la esencia divina». Recuerdo que en cierta ocasión leí la pregunta-objeción de un niño holandés: «¿Toda la eternidad contemplando una *esencia*?» Un cielo sin Magda, sin mi padre, sin ti, sin mis hermanos, sin todas las personas que quiero, me interesa poco menos que nada. ¡No, no arrugues el entrecejo, si es que en tu *nirvana* actual —y perdona el vocablo— el entrecejo puede arrugarse! Posiblemente llegará un día en que cambiaré de opinión y volveré a mis raíces. Siempre vuelto a mis raíces, madre, y mis raíces eres tú.

De vuelta a Barcelona, con nuestro Gordini, hablamos de los monjes que habitaban el monasterio y que habían hecho voto de castidad. Voto de castidad... Era decir mucho. Tú estabas muy cansada, pero el tema, como es obvio, te interesaba de un modo especial. Como siempre, la influencia de *L'avi Pere* y tus viscerales repugnancias. A mí dichos votos me parecían normales e incluso lógicos siempre y cuando la persona hubiera elegido voluntariamente ese camino, se sintiera capaz de soportar semejante carga. Monjes de clausura, muy bien. Monjas de clausura, muy bien. Pero la experiencia y mis andanzas por el mundo me habían demostrado que para muchos religiosos y sacerdotes dicho camino era contranatura y que debían luchar de continuo, denodadamente, contra sus propios instintos. Entiendo, madre, que el celibato debiera ser opcional. Por aquel entonces empezaban a registrarse muchas deserciones por esta causa en el seno de la Iglesia y más adelante se producirían muchas más. En eso, madre —y perdóname otra vez—, llevaban razón los protestantes. Podían casarse, tener hijos, fundar una familia, sin dejar de ser sacerdotes (pastores). No estaba demostrado que fueran menos «santos», que cumpliesen por ello peor con la misión que Dios les había encomendado. La eximente de la castidad les dejaba las manos libres y les permitía no pecar de hipocresía. Muchos sacerdotes católicos caían en esa tentación y se daban, como en las cárceles y los manicomios, abundantes casos de homosexualidad. ¡Oh, no, no te escandalices otra vez, madre! Las razones contra el celibato obligatorio son muchas y de buen peso. La mayoría de los apóstoles y discípulos elegidos por Jesús eran hombre casados, empezando por Pedro, el capitán de la nave; y entre los primeros cristianos, hasta el siglo XIII, la tradición fue mantenida. Bien, bien, no continuaré alineando argumentos porque no quiero turbar tu paz. Por otra parte, mi postura no puede sorprenderte. En los últimos años de tu vida te había manifestado con la más absoluta nitidez mi opinión al respecto, y recuerdo que tu reacción era siempre la misma: de profundo disgusto, casi de crispación. Lamento que nuestro coloquio al regreso de Montserrat se centrara precisamente en tal tema. Pequé de inoportuno, de empecinamiento, acaso de orgullo. Aprovecho esta carta para pedirte perdón por la cantidad de veces que por culpa de mis opiniones te hice sufrir en tu sillón verde de la calle de la Rutlla. Podía haberme callado, pero callarme me parecía indigno, como me parecería indigno ocultarte, ahora, que tengo la íntima certeza de que llegará un día en que la Iglesia permitirá que las mujeres puedan acceder a la dignidad del sacerdocio. ¿Por qué no? Jesús —¿realmente está *sentado* a la diestra del Padre?— no eligió ninguna mujer, ello es cierto, para «evangelizar a las gentes», pero sí eligió el vientre de una mujer para venirse al mundo. Eligió a la

Virgen María, eligió una mujer y la llamó *madre*. ¿Una mujer pudo ser madre de Jesús y no puede ahora ser sacerdote? Hay algo en esa historia que me desconcierta, como me desconcertó el súbito apagón de luces en la basílica de Montserrat.

En los últimos tramos de nuestro viaje, de nuestro regreso a Barcelona, conseguí —seguro que lo recordarás— que la más perfecta distensión reinara en el interior del coche. Y lo conseguí gracias a un brusco cambio de tercio en nuestra conversación: te prometí, como se lo había anticipado a Aniceto, que un día me iría a Tierra Santa, a Jerusalén, con los franciscanos de la Custodia, en busca de esa Verdad con mayúscula que tanto se me resistía. Tu alegría fue enorme. «¡Hijo, hijo, eso es lo que tienes que hacer! Y vete también a Nazaret, y al monte Tabor, y reza ante el Santo Sepulcro, donde está el Calvario, y tráeme también un par de litros de agua del Jordán para que toda la familia podamos rebautizarnos...» Tuviste la certeza de que mi estancia en Israel obraría el prodigio que Lourdes no logró: que yo renunciara a golpear mi cabeza contra el muro de un flagrante y tentador agnosticismo, preñado incluso de cierto encono, que no me hacía feliz en absoluto, pero que me daba la sensación de ser un ilustre descendiente de Voltaire, de Nietzsche y de otros escritores que afirmaban que Dios había muerto.

Y el caso es que, como sabes, años más tarde convertiría en realidad ese mi propósito de visitar Irsael y de permanecer allí una larga temporada, basculando entre los franciscanos de tus amores —Francisco de Asís te tenía hechizada— y judíos de la Torá. Y que el resultado de mi aventura geográfico-espiritual iba a ser un libro titulado *El escándalo de Tierra Santa,* en el que desnudaba mi alma ante los lectores, alma más zigzagueante y dubitativa que nunca, con unas *Conclusiones* que podían hacer mucho daño, cuyo colofón era nada menos que un consejo al Papa: que abandonara el Vaticano, que abandonara Roma y sus pompas y se trasladara a un modesto piso de Jerusalén. Y lo peor de todo, madre, es que esas *Conclusiones* siguen siendo válidas para mí, olvidándome de aquellas intrigantes palabras del converso Chesterton: «Los protestantes querrían que el Papa viviera en un garaje porque de ese modo acabarían con él en un periquete, sin el menor esfuerzo.»

Montserrat... Al término de ese viaje nuestro, que pese a todo terminó felizmente, no podía yo imaginar que, pasados también unos años, sería mi lugar predilecto de estudio y meditación. En efecto, un buen día, a mi regreso de Rusia, decidido a convertir en libro mis vivencias en aquel Imperio soviético que ahora acaba de desmoronarse con más pena que gloria, y carente de determinadas informaciones y datos que me eran indispensables, supe que en la biblioteca del monasterio —300 000 volúmenes— disponían de un centenar de títulos referentes al tema y que podían colmar mi ansia de saber. Allí me fui —esta vez con algo más que un zurrón y un minúsculo ejemplar de los Evangelios— y pedí una celda de las destinadas a los peregrinos que querían permanecer unos días, incluso unas semanas, en el monasterio. El padre abad, dom Cassià Just, me recibió con suma deferencia y me asignó la celda llamada «del obispo», austera pero algo más espaciosa que las restantes y con una espléndida vista sobre la explanada. Conviviría con otros peregrinos y, en cierto modo, también con la comunidad, en tertulias, conferencias y en las comidas en el refectorio.

El bibliotecario era el padre Taxonera, hombre alto, alegre, dotado de una acomplejante vitalidad. Me dio toda suerte de facilidades y pronto me encontré en la celda «del obispo» rodeado de los libros que necesitaba y que sin duda hubieran hecho las delicias de Aniceto. No entraré en pormenores, madre, de lo que me ocurrió: un fracaso. El tema era tan vasto, tan complejo —la URSS, la sexta parte de superficie terrestre del planeta—, su historia tan apasionante, desde san Vladimiro hasta Lenin y Stalin, que entendí que me desbordaba. No podía tratarlo como un libro de viajes cualquiera. Las claves del triunfo de la revolución bolchevique —1917, el año de mi nacimiento— había que buscarlas muy lejos, en el bordón del soma eslavo, mezcla de misticismo, de fatalismo y de una inexplicable complacencia por la esclavitud. Y mi experiencia personal había sido limitada, debido a la prohibición de visitar los koljoses en el campo, Siberia, Mongolia y, naturalmente, los campos de concentración y los centros siquiátricos. Sólo había permanecido dos meses en Moscú (siempre vigilado por los guías de la Intourist), dos meses también en Leningrado (ahora, de nuevo San Petersburgo), una excursión al Montserrat ruso (el monasterio ortodoxo de Zagorsk) y otra a la residencia de Tolstói, en Yásnaia Poliana, en la provincia de Tula. ¡Y se había escrito tanto sobre la tan cacareada revolución, que en un momento dado, al término de la segunda guerra mundial, amenazó con implantarse en el mundo entero! Resumiendo, desistí, lo que hizo que me sintiera sobremanera humillado. Me pareció que aquella mi pluma estilográfica de la vitrina se echaba a llorar. Entonces polaricé todas mis energías en busca de algún estímulo compensatorio, y lo encontré en el trato con los monjes, con los peregrinos como yo, provenientes de los países más diversos y, naturalmente, con la Moreneta. Hice especial amistad con el padre Hilario Raguer —amistad que con el tiempo ha ido acrecentándose—, hombre de físico más bien enclenque pero de una impresionante fuerza interior, amante de Cataluña más aún que tú, y traductor de muchos textos del Antiguo Testamento, especialmente de los *Salmos*. El padre Hilario Raguer, con su mirada tranquila, su hablar pausado y suave, su poliglotismo y su fe a prueba de objeciones teológicas, aprovechándose de mi esponjoso y permeable estado de ánimo, me hizo sentir de nuevo honda curiosidad por la religión cristiana, que en buena medida había yo perdido en aras de un ecumenismo y de un panteísmo grotescamente superficiales. La austera vida de aquella comunidad zarandeó mi espíritu. Y la alegría que rezumaban sus rostros, y su entrega al estudio, a la meditación y a las labores más humildes, me invitaron a replantearme muchas cosas, haciendo tabla rasa de muchas afirmaciones de las que yo alardeaba, en aquellos tiempos, por doquier.

¡A cuántas cosas habían renunciado voluntariamente aquellos hombres! Vida plena, en nombre del Dios Trino y de los cuatro Evangelios. No echaban de menos nada, por lo menos en apariencia. Ni el hedonismo, ni el grito de la sangre familiar, ni la libertad de movimientos, puesto que habían hecho voto de obediencia, acaso el más duro de los votos. Algunos de ellos sólo salían del monasterio para predicar. El padre Hilario Raguer me objetaba: «No nos santifiques antes de tiempo. Tenemos muchas compensaciones. Plato garantizado en la mesa, lecho garantizado en la celda, techo y cuidados garantizados en la vejez y hasta la hora de la muerte.» Pero en aquel feudo suyo, Montserrat, hacía mucho frío. Frío en la basílica, en las propias celdas, en los claustros y en el entorno. El clima era inhóspito, a veces despiadado. Muchas mañanas, al abrir la ventana, apenas si, debido a la niebla, alcanzaba a ver la explanada y los pórticos de enfrente. La niebla era una constante que sugería toda suerte de metáforas relativas a las nieblas del alma. Los monjes, niños grandes, jugaban a ser mayores de edad. Y lo conseguían. Cada uno en su lugar, como el padre Taxonera, instalado, yo diría que día y noche, en la biblioteca. Por supuesto, debía de haber fricciones entre ellos, pero razón de más para admirar su anhelo de convivencia. La hora preferida por mí era la del desayuno, compartiendo con los demás peregrinos el té o el café con pan, queso y mermelada. Detrás de cada peregrino latía una historia humana, a menudo impresionante, como la de aquel canadiense pelirrojo que se había juramentado para visitar el mayor número de los santuarios del mundo en los que se veneraba a la Virgen. Saltaba de nación en nación, había ya recorrido gran parte de Iberoamérica y a la sazón recorría Europa, empezando por el Mediterráneo, ¡la vista fija en los santuarios eslavos! «Sí, ya lo sé, en Polonia hay otra virgen morena. Presiento que allí podré morir; no me importa. ¿Qué importancia tiene morir a los veinte o a los ochenta años? Al otro lado nos espera toda la eternidad...»

Otra de las horas preferidas era al anochecer, cuando todos los visitantes de Montserrat se habían marchado y la basílica quedaba vacía, en la semipenumbra. Me acostumbré a sentarme en la última fila, en el último banco, dedicado a un minucioso ejercicio de introspección. La paz y el silencio amueblaban el aire, las lámparas votivas, el altar mayor, con el crucifijo pendiente del techo y soñados fantasmas que huían de los confesonarios. Allá arriba, en el *cambril,* la Moreneta, inmóvil, yo diría que contemplándome. Por regla general salía malparado de la prueba de introspección. *Yo no me gustaba en absoluto.* Tenía entonces cincuenta y siete años. ¿Cuál era el balance? Vanidad... Vanidad por todos los poros, vanidad incluso cuando, con los *fejocistes,* andaba por los pueblos de la diócesis de Gerona «catequizando a las gentes». Había desperdiciado, madre, y tú lo sabes, días, semanas, meses y años pretendiendo alcanzar la cucaña del bienestar. Egoísmo feroz, el Ego freudiano, desprecio del prójimo, vanidad por mi facilidad de palabra —ahora padezco de disartria— y por el éxito de mis libros. Llamaba vida intensa al hecho de haber conocido a gentes muy diversas y a haber viajado aquí y allá, en tren, en barco, en avión, al hecho de haber pisado Bombay y Calcuta, Bonn y Estocolmo, las universidades norteamericanas de Maryland y Georgetown. ¡Vida intensa!... Para vida intensa, la del canadiense pelirrojo; y la del padre Hilario Raguer; y la tuya, madre, que habías parido cinco hijos y tenías teléfono directo con Dios. Para vida intensa, la de los jefes de Estado; y la de los científicos (Pasteur, Fleming); la de Dostoievski y la de Gorki; y la de mi maestro Giovanni Papini, quien, ciego y sordo y paralítico, le *dictó* (susurrando) a su nieta *La felicità del infelice;* y la de los exploradores espaciales, empezando por los sabios de la NASA. Vida intensa la de mi hermana Carmen, y la de Aniceto y la de la Virgen de Nazaret. Yo era un aprendiz de buhonero, un moscardón incordiante, un sofisma, un simulacro, de calva reluciente y dentadura postiza. Yo era un don Nadie, gesticulando entre la espesa niebla que rodeaba el monasterio. Sí, el balance era aterrador, aunque quizá, con la implacable autocrítica que efectuaba en la penumbra de la basílica buscara también cierto placer masoquista. Nuestro cerebro es lo más críptico y enigmático de la creación, madre, y tú debes de saberlo mejor que los neurólogos, puesto que, allá donde te encuentras, seguro que has hablado con Abraham, y con los profetas Jeremías y Job, y con Mahoma —excepcional conocedor del alma humana—, y con Alejandro Magno y los filósofos griegos y los poetas, que son los que a la postre exhuman con mayor acierto lo que está oculto y establecen las más perfectas síntesis. *Yo no me gusto en absoluto,* madre. Plañidero, hipocondriaco, envidioso de quienes conocen el rumbo de las estrellas, la vida de los pingüinos o tocan con virtuosismo el arpa. Recuerdo que, antes de casarme, cuando regentaba Estudios Arte, mandé imprimir unas tarjetas en las cuales, debajo de mi nombre, podía leerse «Víctima del pecado original». Entonces la idea me parecía el colmo de la inquisitiva sátira y del sentido del humor, comparable al que demostraba un fotógrafo ambulante de Gerona en cuyas tarjetas había puesto «Asesino», palabra que causaba el consabido espanto de las madres que acababan de hacer retratar a sus bebés.

Sin embargo, tal vez la hora preferida entre todas fuese la de *vísperas,* a las 7.45 de la noche. Todos los peregrinos aguardábamos en la primera fila, ansiosos de ver aparecer a los monjes en el hemiciclo del presbiterio, del altar mayor. Iban apareciendo uno a uno con la capucha puesta y cada cual ocupaba su lugar habitual. Las capuchas, en otras circunstancias, me hubieran hecho reír al asociarlas con el Kux-Kux-Klan; pero en aquella basílica las asociaciones tenían otro tinte. Más bien me recordaban los cuadros de Zurbarán, uno de mis artistas predilectos. El último en entrar en el presbiterio era el padre abad, que tomaba asiento en su sitial. Al momento daba la señal de partida. Y empezaba el canto de las *vísperas* en el que participaba toda la comunidad. Un escalofrío de emoción nos recorría a todos, hundiéndonos en un mundo casi irreal, en virtud de la magia del gregoriano, que tanto te gustaba, y del que tantas veces te había hablado. De vez en cuando un solista daba la nota. Y los demás le contestaban. Y se producía un diálogo fraterno, un intercambio sereno y solemne, educadas las voces, bien impostadas, sin la menor estridencia, controlada la emotividad. Hubiérase dicho que aquellos monjes, que a intervalos, según les dictara el texto, se ponían en pie o inclinaban reverencialmente la cabeza, podían seguir cantando toda la eternidad. Y los peregrinos, conmovidos. Y flameantes las lámparas votivas de los altares laterales. E iluminado el *cambril* de la Virgen y el crucifijo pendiente, colgando, del techo. Tratábase, también, de una introspección, esta vez sin atisbos de vanidad ni de complacencia cenestésica. La paz. Una gran paz. «Daos fraternalmente la paz.» Nadie pronunciaba estas palabras, pero todos sentíamos cómo y hasta qué punto nos embargaban el pecho. Por mi parte acostumbraba también, intermitentemente, a cerrar los ojos, para que el sentido auditivo se agudizara más aún. En cierta ocasión, vencido por el suave oleaje del gregoriano, me quedé profundamente dormido y al despertar todo había terminado y me encontré solo en la basílica, con los hombres de Zurbarán ya retirados, así como los demás peregrinos. Preso de un gran estupor, sentí miedo. ¿Miedo a qué, miedo a quién? No lo sabía. Regresaba de un dulce sueño, en el centro del cual te había visto a ti paseando por la plaza romana de San Pedro del brazo de Juan XXIII. Al advertir que en torno mío no había nadie, que no estabais ni Juan XXIII ni tú, que todo había sido un sueño emocional, escapé de prisa a mi celda, donde, inesperadamente, me ganó un hambre atroz. Es curioso, madre, lo que me ha ocurrido a lo largo de mi vida. En los momentos cruciales, cuando lo espiritual debía privar coherentemente sobre la carne, me ha entrado un hambre atroz, un hambre humillante, como si alguien —¿el Diablo?— quisiera recordarme que en el fondo yo no era más que un esclavo del mundo inferior, del mundo intestinal. Una vez en la celda, me zampé un bocadillo de jamón y queso —siempre guardaba provisiones en el armario—, acción totalmente estúpida, puesto que en el refectorio estaba a punto de servirse la cena. La casualidad quiso que, en aquella cena, por ser no sé qué aniversario de la vida de san Benito, se permitiese a los monjes y a los peregrinos hablar. ¡Qué alegría, qué jolgorio! Como en las escuelas a la hora del recreo. Mis vecinos de mesa eran un cura catalán-separatista y un muchacho francés, profesor de esgrima. Esquivé al cura y presté atención al esgrimista francés. Era un católico furibundo que, por las trazas, a gusto hubiera desenvainado la espada y se hubiera ido con los cruzados a Jerusalén. Había hecho una larga estancia en el monte Athos, de donde salió perfectamente escandalizado al descubrir que en aquellos monasterios, por serles prohibida la entrada a las mujeres e incluso a los animales-hembra —¿cómo detener a las hormigas?—, era corriente entre los monjes la práctica de la pederastia con los niños y los adolescentes de los pueblos vecinos. Tal revelación, que más tarde yo había de comprobar, habida cuenta de mi estado de ánimo me dañó en lo más íntimo. Por fortuna, pronto la cena terminó —de postre, como siempre, mermelada—, dom Cassià Just bendijo los alimentos que acabábamos de tomar y cada cual se retiró a su celda. No podía conciliar el sueño, al revés de lo que me había ocurrido en la basílica. Entonces conecté el transistor: música rock. Busqué otra emisora: más música rock, con la voz atiplada, feminoide, del solista de un conjunto inglés de impronunciable nombre. Entonces pensé en los monjes jóvenes de Montserrat. ¿Qué opinarían ellos del ritmo rock, de los aturdidores decibelios? Posiblemente lo mismo que yo, que aquello respondía a un vacío espiritual de buena parte de la juventud moderna, que no encontraba otro modo más serio de llenar las horas de ocio y de mover el esqueleto. Aunque, ¡quién sabe!... Era corriente en mí sacar conclusiones rápidas, drásticas, sin la cautelosa criba del sopesar el pro y el contra. El padre Hilario Raguer, con mucha sutileza, me había recriminado por este defecto y también lo habías hecho tú, madre, en las más diversas ocasiones.

Y basta ya de hablarte de mis estancias en Montserrat. Perdona que me haya entretenido sobre el particular, pero es que dichas estancias han marcado un hito en mi vida. Las recuerdo con frecuencia, sobre todo en las épocas de crisis, como la que ahora, a mis setenta y cuatro años, estoy pasando, estoy sufriendo. Aquellos monjes de la capucha, con sus largos silencios, con su entrega al estudio y a los trabajos humildes, con sus sandalias casi litúrgicas y su pronta sonrisa, me persiguen en muchas noches oscuras. Como sabes, ahora vivo —¡desde hace veinte años!— en Arenys de Munt, en una casa asquerosamente confortable, con piedra noble, jardín y piscina y un estudio forrado de madera, libros y *souvenirs* de los viajes que he hecho con Magda. ¿Por qué elegí este lugar? Porque me cansé de la ajetreada vida barcelonesa, de los compromisos sociales, del ruido y de la polución. Aquí hay pinos y viñedos en vez de semáforos, y a tres kilómetros de distancia, al término de un camino idílico, la famosa gruta de Lourdes del Maresme, *pendant*-miniatura de la gruta de Francia que visitamos contigo. Esta gruta de Arenys de Munt tú la conoces también, puesto que cada vez que venías a visitarnos te acompañábamos al devoto lugar, donde ahora puede verse, grabada en cerámica, una cuarteta que escribí y que dice: «Verge i mare, consol nostre, ensenyeu-nos el camí. Jo sóc home, sóc fill vostre, Vós l'estel, jo el pelegrí.»

También tú te cansaste de Barcelona y nos pediste que te devolviéramos a Gerona, donde te esperaban ansiosamente mis hermanas Carmen y Concepción. Te despediste de tus hermanos, del Tibidabo y Montjuich, de la catedral y Santa María del Mar, de la Sagrada Familia y del Pueblo Español —que te gustó mucho—, de mosén Jaime Armengol y del Palacio de la Música, de la Editorial Regina (misales, libros de comunión, etc., de mis tíos Benjamín y Joaquín) y de nuestro ático de San Elías, del que, según dijiste, guardarías un grato recuerdo. Para el trayecto Barcelona-Gerona en nuestro Gordini te habíamos preparado una sorpresa: una *cassette* con tangos de Carlos Gardel. Tu sonrisa fue más ancha que las de los monjes de Montserrat y simulaste aplaudir. *Adiós, muchachos...* Adiós, madre. Llegados a Gerona, a la vista de los lejanos campanarios de la catedral y San Félix, te emocionaste, y no digamos al encontrarte de nuevo en tu piso de la calle de la Rutlla. Carmen y Concepción te abrazaron como solamente las hijas saben abrazar a sus madres y pronto abriste tu equipaje para obsequiarlas con sendos regalos. Para Carmen, que seguía trabajando en la Central Nacional Sindicalista, con un sueldo mísero, un plato de cerámica adquirido en Montserrat, con la imagen de la Moreneta; para Concepción, que había terminado el magisterio, un paraguas de color azul que habías comprado en Jorba Preciados.

Nos acostamos a las dos de la madrugada, hablando, hablando... No paraste de hablar, madre, contando las mil y una anécdotas ocurridas a lo largo de los dos meses pasados en Barcelona. Magda, que quería mucho a mis hermanas, les garantizó que habías sido feliz, aunque a veces daba la impresión de que en la gran urbe te sentías desconcertada. Y era cierto. Preferías con mucho Gerona, hecha a la medida del hombre, donde tenías tus amistades y cuyos recovecos te resultaban familiares. ¡Cuántas cosas habían ocurrido también en Gerona durante tu ausencia! Inundación... Llovió a Dios dar y el Oñar, como tantas otras veces, bajó crecido, bravucón, rebasando los puentes, con el agua penetrando en las tiendas y en los portales. «Nuestro padre hubiera gozado lo suyo contemplando el espectáculo desde la terraza.» Luego, se había anunciado un concurso de belenes domésticos para la próxima Navidad, y Carmen y Concepción querían optar al primer premio. «El belén ocupará medio comedor, la cueva será de corcho, las figuras tendrán medio metro de alto y no pondremos ningún río de papel de plata por la sencilla razón de que en el belén de verdad no hay ningún río.» Finalmente, se había recibido una carta de Aniceto en la que mi primo nos daba su dirección en París —calle de l'Harpe, 22—, y nos rogaba que quemásemos cuanto antes los folios que dejó en casa. La tentación de leerlos fue unánime, pero tú te opusiste, porque así se lo habías prometido. Y aquella misma noche hicimos con ellos una hoguera, con la sensación de que inmolábamos algún importante secreto de las células comunistas españolas en el exilio.

Empezaban a ponerse en práctica las *Conclusiones* del Concilio Vaticano II, sobre algunas de las cuales yo te había prevenido. Juan XXIII, el buen papa Juan, que había sido su impulsor, murió en olor de multitud —duelo en el mundo entero, desde la Patagonia al Japón—, y su sucesor, Pablo VI, fue el encargado de firmar la trascendental sentencia: *El Concilio Vaticano II ha terminado.*

Dichas conclusiones, madre, te pillaron a contrapié y pillaron a contrapié a muchos sacerdotes y frailes de Gerona. Cambios en la liturgia, la misa cara al público, cara a los fieles, nuevas normas para la confesión, no sería necesario estar en ayunas para poder comulgar, las mujeres podrían subir al presbiterio para leer los salmos, podría comulgarse en la mano en vez de la lengua, y un largo etcétera iconoclasta que te conmocionó y que te trajo a mal traer. ¡Los judíos ya no eran deicidas! ¿Por qué, pues, a lo largo de mi infancia y de mi juventud, el día de Viernes Santo nos dedicábamos, por orden eclesiástica superior, a matar judíos en la iglesia —en Gerona, en la catedral—, pegando mazazos en el suelo? «Cada mazazo era un judío muerto.» Al propio tiempo, los protestantes en cualquiera de sus ramas, así como todas las iglesias cristianas orientales, ya no eran enemigos, ya no eran infieles, sino «hermanos separados». Tal expresión, que a mí se me antojó absurda —si los hermanos están separados ya no son tales hermanos—, también te desconcertó. ¿No eran los protestantes agentes predilectos del mismísimo Lucifer? ¿No actuaban contra el Papa de Roma? ¿No era la reina de Inglaterra la cabeza visible de los anglicanos, lo que siempre te había escandalizado, hasta el punto de parecerte un sacrilegio? Ahora resultaba que debías amarlos con todo tu corazón, sin el consuelo siquiera de rezar por su conversión, pues en realidad, aunque a su modo, estaban también en el camino correcto. ¡Y acababa de permitirse a los sacerdotes vestirse de *clergyman*! Fuera la sotana, un simple alzacuellos como distintivo, con una crucecita en la solapa. Aquello partió en dos la diócesis de Gerona: los sacerdotes que por nada del mundo quisieron renunciar a su sotana y los que osaron pasearse por las calles vestidos de *clergyman*. Una revolución en toda regla. Tú no permitirías jamás que depositaran la Sagrada Hostia en tu mano. Tú ofrecerías siempre, hasta la muerte, tu lengua, pues no podías olvidar que fue precisamente en tu lengua donde se produjo el milagro de la curación de aquel tumor maligno del tamaño de una lenteja.

Y otra cosa más. Pablo VI, pese a ser un hombre triste, aparentemente dubitativo —sufría fuertes depresiones—, abrió la mano para que los sacerdotes que quisieran secularizarse pudieran hacerlo, mediante la apertura de un expediente personal y previo el cumplimiento de determinados requisitos. El resultado saltó a la vista —recordarás, madre, mis peroratas en favor del celibato opcional—, pues empezó la deserción de cientos de sacerdotes y religiosos en todo el orbe católico. Cada sacerdote que desertaba era un puñetazo que recibías en el plexo solar.

Recordarás también el caso del vicario de la parroquia del Mercadal, gran amigo de la familia, con el que mi padre estuvo en estrecho contacto en la última etapa de su vida. Se llamaba Isidro Cabarrocas, tenía treinta años y era alto y delgado como un ofidio puesto en pie. Predicaba que daba gusto oírle, a semejanza de mosén Jaime Armengol y se había hecho muy popular porque visitaba con frecuencia insistente los barrios pobres de la ciudad. Jamás hubieras podido prever que mosén Isidro se secularizara, que «huyera de la Iglesia», según tu expresión. Y, no obstante, así fue. Él mismo se presentó en la calle de la Rutlla para comunicarte su decisión. «Llevaba cinco años luchando en mi interior, doña Rosa. Estaba enamorado y sentía la necesidad de casarme y fundar una familia, una familia como la que su marido y usted fundaron un buen día, por la gracia de Dios. Quería tener hijos, muchos hijos y educarlos ya desde el claustro materno en nuestra religión. Ahora, gracias al concilio y a las imprevisibles reacciones de Pablo VI, se me ha presentado la ocasión y la aprovecharé. Mi expediente está en manos del señor obispo y confío en que la burocracia vaticana no lo eternizará. Pero tengo una queja, doña Rosa, y se la voy a explicar. Aceptarán mi decisión, estoy seguro, pero ello supondrá que ya no podré decir misa, es decir, no podré convertir el pan en el cuerpo de Cristo ni el vino en su sangre. Tampoco podré absolver a los pecadores ni, en definitiva, administrar ningún sacramento. Tal discriminación me parece injusta. Somos muchos, muchísimos, los "desertores", como usted los llama, que pensamos así, que querríamos casarnos pero continuar gozando de los privilegios espirituales y carismáticos de los sacerdotes. En esto los protestantes y los ortodoxos nos llevan una gran ventaja. En el fondo, se trata de una contradicción. Un hombre casado, y vuelvo a pensar en el confesonario y en los sermones, tiene forzosamente más experiencia que un célibe. La mujer con la que voy a casarme es una bendita del Señor. Me hubiera ayudado enormemente, como me estaba ayudando ya, en la parroquia del Mercadal. Es enfermera y comadrona. Los dos unidos hubiéramos entrado en los hogares con una eficacia mucho mayor, pues a mí, por el hecho de ser soltero, muchas intimidades me han estado vedadas. Compréndame, doña Rosa. En realidad, no sólo he venido a comunicarle mi decisión, sino a pedirle que me perdone, pues en cierto modo a partir de ahora le seré de menor utilidad. Y también tendrá que perdonarme que esté contento, que experimente una alegría comparable a la que sentí cuando me ordenaron. Una liberación. Se habrá terminado para siempre esa lucha conmigo mismo y con mis instintos naturales. ¡Una última cosa! Tiene que darme permiso para que, una vez casado, venga a esta casa a presentarle a mi mujer, que se llama Sara, tiene mucho temperamento y es oriunda, como usted y como lo era su marido, del Ampurdán. Hubo una época en que pensó tener vocación para profesar. Le tentaban las escolapias, porque siempre ha sentido el tirón de la enseñanza, algo así, doña Rosa, como su hija Concepción. Sara le gustará, estoy seguro. ¡Le he hablado tanto de ustedes, de toda la familia!... En los suburbios que yo he frecuentado recuerdan a su marido como a un santo varón. En fin, confío en que no habré de arrepentirme del camino que he elegido. Lo que lamento es el disgusto que le doy a mi madre. Mi padre me comprende y se ha puesto de mi parte; pero mi madre, que lleva cincuenta años sin dejar un solo día de comulgar, se pasa las noches gimoteando. A no ser por mi padre, creo que me llamaría traidor. ¡Dios mío, ésta será una carga que llevaré encima, la cuota que tendré que pagar! En cambio, los padres de Sara están satisfechos y me han recibido con los brazos abiertos.»

¿Verdad, madre, que éstas fueron, más o menos literalmente, las palabras de mosén Isidro, al que yo, desde que conocí la noticia —él mismo me la dio por teléfono— empecé a llamar *ex*? Ex cura, ex sacerdote, ex capaz de realizar el milagro de la transubstanciación. Muchas veces he pensado que si yo hubiera continuado en el seminario y llegado a ser sacerdote, me habría ocurrido lo mismo que al ex mosén Isidro. ¡Me hubiera enamorado de Magda! Y te hubiera planteado el mismo problema que mosén Isidro. Así que mi «deserción» a tiempo fue una bendición de Dios.

No supiste qué contestar o replicar a mosén Isidro, al que habías invitado a una taza de chocolate. Conciliar el matrimonio con el sacerdocio no cabía en tu mente, pese al ejemplo al que apeló el vicario y al que yo me había referido en múltiples ocasiones hablando contigo: san Pedro y otros muchos apóstoles y discípulos de Jesús estaban casados y ello no les impidió obrar milagros y bendecir a las gentes en nombre del Señor. Y en la propia historia de la Iglesia hubo papas que tuvieron mujeres e hijos, e incluso, en el siglo XI, fue proclamado papa un mozo de veinticinco años, para el que tomaron el nombre de Benedicto IX. ¡Ah, sí, la historia de la Iglesia era tan complicada como nuestro cerebro y mejor para ti y para mi hermana Carmen que eligierais leer casi exclusivamente hagiografías y *Las florecillas de Francisco de Asís*!... Por desgracia, si cabe decirlo así, mis lecturas han sido diferentes, como lo habían sido las de mosén Isidro. Y en esto yo veo un peligro: cuando se levante la veda, cuando se celebre —alguien habla ya de ello, alguien lo ha sugerido— el Concilio Vaticano III, se le dará al pueblo una versión mucho más enraizada de lo que sea la fe. Lo cual no ha de significar forzosamente un ataque a Dios ni a la sublime figura de Jesucristo; simplemente, nadie comulgará con ruedas de molino —curiosa expresión— y se producirá una ósmosis entre la fe y la razón que no podrá sino dar provechosos resultados.

Sin embargo, por el momento tu estupor fue absoluto, según me contaste más tarde. No supiste qué contestar a mosén Isidro, partidario, como aconsejaba el concilio, de que las misas se dijeran en lengua vernácula y no en latín. También eso te disgustó. No entendías el latín, pero te sonaba a música celeste, a algo que no sólo tenía que ver con la disciplina mental, sino con la elevación del espíritu. Mosén Isidro te objetó que articular palabras sin conocer su significado era ilógico y conducía a la rutina, pero tú preferías *Ego te absolvo* a *Yo te absuelvo* y *Ora pro nobis* a *Ruega por nosotros*. Aunque el disgusto mayor te lo llevaste a raíz de la ola iconoclasta que se extendió con insólita rapidez sobre buena parte de las iglesias y templos de Gerona. En efecto, siguiendo también las directrices o consejos del concilio, que pretendía evitar la idolatría y la perniciosa influencia de sus parientes próximos, desaparecieron de los altares la mayor parte de las imágenes, respetándose casi exclusivamente la de Cristo, la de la Virgen y la del patrón o la patrona de turno. En la mismísima iglesia que tú frecuentabas a diario, que era *la tuya*, la de los claretianos vecinos de la calle de la Rutlla, donde Carmen se dedicaba a la catequesis, de pronto todo se fue al garete. Una banda de destructores, capitaneados por un arquitecto con fama de ateo, hizo tabla rasa de la iconografía a la que tú estabas acostumbrada, arrambló con los altares laterales, con los confesonarios, con el antiguo rosetón de mil colores, respetó lo mínimo e iluminó el conjunto con unos focos más aptos para una sala de fiestas que para una sede del Señor. En vano mosén Isidro te argumentó que aquello era más sobrio, más esencial, que lo que se perseguía era que la atención no se dispersara y un volver a la desnudez del Crucificado y a la humildad de la iglesia primitiva, catacumbal. ¡Te habían quitado la imagen de san José, tu santo predilecto, esposo de la Virgen por más señas! «Eso no lo perdono yo, y que me perdone Dios. Eso ya lo hicieron los "rojos". Los claretianos me han decepcionado mucho y me temo que de ahora en adelante oiré misa en la iglesia del Sagrado Corazón, que me han dicho que ha quedado intacta.»

Mosén Isidro acudió a mí para que te convenciera de que aquello había sido un acierto del concilio, como lo habían sido todas sus *Conclusiones,* incluidos la misa y los rezos en lengua vernácula, que a la larga le hablarían mucho más directamente al pueblo. Pero yo no pude convencerte de nada. Me replicaste que a ti la pluralidad de la imaginería no te distraía en absoluto, sino todo lo contrario. En las iglesias «antiguas», como las llamaste desde aquel momento, te sentías acompañada de toda la corte celestial. Lo que hablaba directamente al pueblo era la liturgia de siempre, el sagrario reluciente, el incienso, los ángeles en la bóveda y en los altares, los confesonarios diseñados para el recogimiento y el secreto. Toda aquella revolución, porque se trataba de una revolución como la que tuvo lugar en Rusia, provenía, no del Anticristo, como pretendía uno de los padres claretianos, pero sí de esos que el concilio llamaba *hermanos separados*. Los protestantes, que negaban la autoridad e infalibilidad del Papa y la virginidad de María, empezaban a infiltrarse, a ganar la partida. Y se infiltraban también a través del turismo, que amenazaba con desmantelar nuestras más entrañables tradiciones. Mi hermano Juan, que residía en San Feliu de Guíxols, te había contado lo que estaba sucediendo en las playas de la Costa Brava. Las muchachas jóvenes, procedentes, en su mayoría, ¡qué casualidad!, de los países de Lutero, se exhibían en bikini, lo que atacaba de frente el loable pudor de las mujeres españolas. «Y allá donde las mujeres chaquetean, todo puede darse por perdido.» Excitar a los hombres no era bueno. ¿Y a santo de qué tú tenías que quitarte el moño y dejar suelta la cabellera? ¿Parecerías diez años más joven? ¿Desde cuándo debía aparentarse lo que no se es? «Mis cuatro hermanas llevan todas un moño igual al mío, y a mucha honra.» «Los curas sin sotana, las mujeres en la iglesia sin velo y sin medias, guitarras durante la santa misa, ¡llegará un momento, hijo mío, en que se cumplirán tus deseos y veremos a las mujeres acceder al sacerdocio! Entonces estarás contento, ¿no? Y los ermitaños que se pudran en las montañas de Montserrat. Y el diablo frotándose las manos. ¡Pobre mosén Isidro! Me da pena, te lo juro. Ha caído en la trampa. Me gustará conocer a esa mujer, Sara, que ha de ser su esposa. Dijo que era muy temperamental. ¿Qué significa eso? No creo que sea un elogio.»

El concilio y el turismo, madre. Dos cruces que tuviste que soportar. Y por entonces no podías imaginar siquiera a dónde nos llevarían los desnudos y bellísimos cuerpos de esas muchachas venidas de los países nórdicos, la mayoría de ellas indiferentes en materia religiosa. Ahora, madre —y supongo que tú, allá en el cielo, estarás al corriente de lo que sucede en España y en el mundo entero—, la libertad sexual es absoluta, se legalizan el aborto y el divorcio, las drogas campan por sus respetos y los homosexuales se casan. Aunque, ¿de verdad la culpa de tal situación la tienen las jóvenes suecas, y la nueva y sobria arquitectura de las iglesias y las guitarras que suenan durante la misa? Tengo para mí que los tiros van en otra dirección. Pero de ello te hablaré más adelante. Ahora volveré a nuestra historia. Ahora nos iremos a Vietnam.

El año 1967 Magda y yo sentimos otra vez el tirón de Asia. Nos propusimos realizar el más largo viaje de nuestra vida: ocho países, desde Tailandia hasta Filipinas, incluyendo Vietnam, que estaba en guerra. Tú lo sabías, madre, tú sabías que Vietnam estaba en guerra, que estaban en guerra los vietnamitas del Norte, comunistas, y los vietnamitas del Sur, que eran, mitad y mitad, budistas y católicos. ¡La guerra! Recordaste nuestra guerra civil... ¿Cómo era posible que quisiéramos arriesgar nuestra vida? «Pero, hijo, ¿por qué, por qué?» Te dije, madre, que, según informes, si evitábamos desplazarnos al frente, si nos limitábamos a visitar la capital del Sur, Saigón, donde los norteamericanos habían plantado su cuartel general, nuestra vida no corría el menor peligro. Que aquello era la retaguardia, bien protegida por la aviación. Además, yo no podía echar en saco roto mi profesión. Cada profesión, incluida la de taponero, tenía sus riesgos: los mineros, los químicos, que manipulaban sustancias tóxicas, los obreros de los talleres de pirotecnia, etc. «He de ser fiel a mi vocación —te dije—. He de ver mundo, he de ver cosas, he de informarme. Sabes que no sólo escribo novelas, que escribo también libros de viaje, género deficitario en España. Creo que se me presenta la ocasión de dar el do de pecho y no la voy a desaprovechar.» Además, intentando convencerte o apaciguar tu ánimo, añadí que ese enfrentamiento en Vietnam, comunistas en el Norte, budistas y católicos en el Sur, era apasionante. «Seguro que en Saigón encontraremos, como encontramos en la India y yo encontré en Japón, algún misionero que nos servirá de guía y nos protegerá. Deja de lloriquear, por favor. Sabes de sobra que soy el mayor cobarde de la Europa occidental. Si al llegar vemos que aquello es realmente peligroso, levantaremos el vuelo y nos iremos a Hong Kong.»

Conseguí mi propósito sólo a medias. ¡La guerra! Estremecedora palabra, para ti y para todos mis hermanos. Fue precisamente mosén Isidro, el ex, quien te informó de que el mismísimo Pablo VI había pedido y reclamado una tregua en Vietnam, que había pedido y reclamado la paz. «Me estás dorando la píldora, hijo. Pero vete, vete en nombre de Dios, si éste es tu deseo o entiendes que es tu obligación. Pero marchaos cuanto antes a Hong Kong y mandadnos noticias lo más frecuentemente posible. Mientras tanto nosotras nos quedaremos aquí rezando. Es lo único que podemos hacer.»

Recordarás que nos diste una estampita de la Moreneta —sagrado salvoconducto—, que había de hacer las veces de aquellos *Deténte bala* que llevaban en el pecho los requetés durante nuestra guerra civil. Cargamos con nuestro equipaje, lo más ligero posible, y nos llevamos mi cámara de filmar, aquella Nikkon super-8 que nos había acompañado desde el viaje a bordo de *El Almudena*. En algo te obedecí: antes de dirigirnos al aeródromo del Prat —nuestro primer destino, con las consabidas escalas, era Bangkok—, fuimos a la catedral a depositar un cirio al Cristo de Lepanto y le imploramos su protección.

En esta carta te ahorraré detalles, pues tuviste ocasión de leerlos en mi libro *En Asia se muere bajo las estrellas*. Poder escribir este libro significaba que nuestra estancia en Vietnam había llegado a buen fin. ¿Corrimos cierto peligro? Tal vez, porque hicimos una visita al frente, a la zona de Go-Kong, donde ejercitaba una muy loable y humanitaria labor un equipo sanitario español. Viaje en un helicóptero norteamericano, con un piloto que al vernos asustados se reía a carcajadas y bajaba el aparato casi a ras de los árboles y de los campos de arroz. ¡Ah, Vietnam, la guerra de Vietnam! Inolvidable experiencia, tal y como era de esperar. En efecto, los guerrilleros del Norte, el Vietcong, eran comunistas, aupados por su líder Ho Chi Minh y por el chino Mao Tsé-tung y perseguían y mataban a los católicos, de suerte que un millón y medio de ellos se habían refugiado en el Sur. En el Sur habitaban otros tantos católicos que luchaban junto a los norteamericanos para preservar su propia fe. Te hubiera emocionado ver con tus propios ojos la entereza, el ardor y la elegancia con que tales creyentes defendían sus creencias. Muchos de ellos dieron su vida, otros muchos quedaron mutilados para siempre. Pero a mí me emocionó también mucho, y me planteó serios interrogantes, la entereza, el ardor y la elegancia con que los guerrilleros del Vietcong daban también su vida, o quedaban mutilados, en defensa de su ideal comunista. Daban su vida en plena selva, le plantaban cara, con una astucia sin límites, a un ejército, el norteamericano, infinitamente superior en medios, que los bombardeaba sin cesar, empleando incluso el inhumano napalm. Tuve ocasión de asistir al interrogatorio de seis de esos guerrilleros capturados por el ejército del Sur. Quemaduras de primer grado. La piel les saltaba a jirones, eran como un carbón todavía encendido a consecuencia de las llagas sanguinolentas. Sin pelo, ojos desorbitados, tres de ellos conservando la facultad de hablar. Fueron condenados a muerte y fusilados en el acto; y murieron alabando a sus líderes Ho Chi Minh y Mao Tsé-tung, y sus cadáveres fueron arrojados a una fosa común, fosa que día tras día iba ensanchándose por las afueras de la capital. ¿Qué diferencia había entre el heroísmo de los del Sur y el heroísmo de los del Norte? Ninguno, salvo el destinatario. Unos morían por el cristianismo y por el budismo, otros morían en defensa de la que consideraban su patria invadida por fuerzas extranjeras, y por la revolución mundial del proletariado. Por lo visto el hombre es así, madre; el ser humano es así: está siempre dispuesto a dar la vida por Dios o por algún sucedáneo suyo en la tierra, que puede ser el dictador de turno, la democracia o la defensa de sus líneas fronterizas, de su territorio tribal. Ello plantea, como te dije antes, serios problemas y relativiza el significado de la palabra *mártir.* La Iglesia católica venera a centenares de *mártires;* hay incluso calendarios martirológicos. Esos tales tienen nombre y apellidos, se conocen detalles de su vida y las circunstancias y el lugar en que cayeron; otros conocieron el martirio anónimo y a ésos dedicaría yo mi mejor plegaria. Pues bien, ¿cómo no venerar también, de algún modo, a los *mártires* del Vietcong y a los millones de «camaradas» suyos que en la Unión Soviética y en el mundo entero cayeron igualmente defendiendo el comunismo? ¿Estaban equivocados?... Para lo que intento decirte, ello no importa. Tenían también un ideal, tenían una fe. Cualquier fanatismo, del signo que sea, elevado o rastrero, trascendente o a ras de suelo, genera seguidores dispuestos a dar la vida. En nuestra época, bien lo sabes, proliferan las sectas fundadas por líderes tan carismáticos que sus seguidores se entregan gustosamente, con un goce casi sensual, a la muerte para defender su causa, a veces diabólica; y en estos momentos tengo un especial recuerdo para las novecientas personas de la secta del líder Jones que hace unos años se suicidaron por él —hombres, mujeres, niños— en Guayana. El fanatismo. En el propio Saigón yo mismo pisé el sitio exacto, delante de una gasolinera, donde se inmoló el primer bonzo. Otros bonzos siguieron su ejemplo y se quemaron vivos, sin una mueca de dolor. Alguien pretende que habían sido drogados... Yo no lo creo. Eran fanáticos, nada más. Por eso estoy en contra de cualquier fanatismo. Mi pecado actual, mi gran pecado, junto con otros de menor entidad, es la relativización de todas las doctrinas y de todas las cosas. Conozco los pros, pero conozco también los contras. Deseo que me entiendas, madre. En el cielo, donde ahora estás, ¿ves solamente mártires religiosos, mártires de la religión cristiana que tú entendiste como única verdadera, o te ves también rodeada de judíos —me acuerdo de que ahora ya no son deicidas—, musulmanes, hindúes, budistas, sintoístas, animistas de toda suerte, adoradores del Sol, de la Luna, del aparato genital masculino o femenino, del León, del Águila, del Toro, de algún pez —el símbolo de la Eucaristía es un pez—, de la madre Tierra, de tal lago o río sagrado, etc. ¿Verdad que *de todo hay en el paraíso del Señor*? Bien sabes que no creo en el Infierno, porque imaginar toda una eternidad de tormento se me antoja desproporcionado, excesivo. Incluso Zaratustra, cuya tesis tanto respeto —existe un Dios del Bien, pero existe también un Dios del Mal—, en último término afirma que vencerá, al final de los tiempos, el Dios del Bien. Yo también lo creo así, madre. Al final de los tiempos todos los seres creados, incluso los animales —que tienen, según algunos teólogos, una chispita divina—, nos encontraremos en el inimaginable paraíso que es ahora tu *habitat* natural, paraíso que Mahoma pretendió haber visitado.

Repito que la experiencia vietnamita fue para nosotros inolvidable. No tuvimos la suerte o la oportunidad de encontrar a ningún misionero, pero sí que se convirtió en nuestro guía, mentor y amigo, un periodista nativo, a las órdenes del semanario norteamericano *Neewseek,* que se llamaba Dang Manh Chuan, católico por convicción, casado y con siete hijos e hijas de nombres poéticos como Luna de Jade, Fuerza Interior, Varón de Dios. Dang Manh Chuan no se separó apenas de nosotros. Pequeño de talla, abundante cabello negro, ojos soñolientos, tez oscura, piernicorto y dedos crujientes, lo primero que hizo fue llevarnos, el primer domingo de nuestra estancia en la capital, a la catedral francesa de Nôtre-Dame, presidida por una gigantesca imagen de la Virgen, cuya inscripción era precisamente *Regina Pacis* ¡Reina de la Paz en Saigón, en Vietnam! Hay paradojas, madre, que le dejan a uno turulato. Pero lo que quería decirte es que te hubiera emocionado mucho ver la basílica abarrotada de fieles, de fieles de ojos oblicuos, que asistían a la ceremonia con un fervor que bien hubieran querido para sus oyentes mosén Jaime Armengol y también el ex Isidro Cabarrocas. En el momento de la elevación, momento supremo donde los haya, todos a la una inclinaron reverencialmente la cabeza como sólo los asiáticos saben hacerlo. Y al regreso del comulgatorio, guardando un orden perfecto y no armando la tremolina como suele suceder en las iglesias españolas, caminaban, cerrados los ojos, las manos cruzadas sobre el pecho, con una unción parecida a la tuya, madre. Dignidad, ésa es la palabra. Dignidad y elegancia. Las muchachas vietnamitas visten un traje precioso, blanco y ligero, el *ao-dai,* al que sólo pueden compararse algunos *saaris* indios y algunos quimonos japoneses. Pues bien, viniendo de comulgar, esos *ao-dai* parecían alas de ángel, como lo parecían los niños. Quien más, quien menos, todos aquellos asistentes a la ceremonia, según nos contaba Dang Manh Chuan, tenían algún muerto —algún mártir— en la guerra. Pese a ello, repito, ninguna señal luctuosa. No vi ninguna lágrima resbalar por sus mejillas. Sin duda pensaban, como más tarde tuve ocasión de comprobar en Irán, feudo de los chiitas, que haber muerto por aquella causa —un Vietnam unido, libre y religioso— valía la pena. ¿Fatalismo asiático? Se ha abusado mucho de este tópico, siendo así que en Asia es donde se encuentran a menudo ejemplos de una exquisita sensibilidad. A Dang Manh Chuan le horrorizaba la palabra «fatalismo». Había leído en sus respectivos idiomas a Confucio, Lao Tsé y Buda. En una de sus espléndidas síntesis nos decía que, a su ver, la religión cristiana era la religión del amor, que la religión musulmana era la religión de la fe y que la religión budista era la religión del «bloqueo de las concupiscencias». «Yo, mi familia, hemos elegido el Amor.» Nunca pudimos prever, madre, que al cabo de unos años nuestro amigo se presentaría en España, en nuestra casa, exhausto, estremecedoramente envejecido, para informarnos de que los guerrilleros del Vietcong, al invadir Vietnam del Sur debido al chaqueteo incomprensible del «todopoderoso» ejército norteamericano, fusilarían sin más a su esposa y a sus siete hijos, dejándole en el mundo completamente solo, sin decidirse por el suicidio en razón precisamente de su creencia religiosa.

Dang Manh Chuan nos había advertido, en Saigón, de que esto podía ocurrir. «El mundo entero se ha puesto en contra de la intervención norteamericana en Vietnam. Pues bien, si los norteamericanos, cediendo a tal presión, se retiran, no sólo Vietcong ocupará todo el Sur del país matando, matando sin tregua, sino que, por el efecto dominó, invadirá todos los países vecinos, es decir, Camboya, Laos y Tailandia. El tiempo le ha dado la razón a Dang Manh Chuan, excepto en lo que se refiere a Tailandia, que, acaso para hacer honor al significado de su nombre —País Libre—, se ha salvado de la quema. El comunismo se ha implantado en toda aquella zona —¡ah, los kmer rojos!—, con todos los horrores inherentes a su doctrina: ejecuciones en masa, torturas sin cuento, miseria, desolación. Ésa es otra de las grandes paradojas, madre, y otra vez he de hacer hincapié en el fanatismo. La exquisita sensibilidad asiática a que antes hice mención, en el momento en que anda de por medio un fanatismo de carácter diabólico, se convierte en campo abonado para la más abyecta crueldad. Vietnam ha sido siempre emporio de excelsos poetas y la frescura y colorido de sus fiestas tradicionales —así como la belleza de sus pagodas— apenas si tienen parangón; el Vietcong hizo tabla rasa de todo ello y en nombre de su ciega revolución ha cubierto de cadáveres toda el área a su alcance. El desencanto ha sido total, de suerte que todavía hoy andan por esos mares embarcaciones repletas de fugitivos vietnamitas buscando un puerto que esté dispuesto a acogerlos. Si no lo encuentran, tales fugitivos se hunden en el mar, con sus sampanes y sus nombres quedan borrados por las olas, por el agua azul.

Volviendo al equipo sanitario español de retén en Go-Kong —ahora me apetece cambiar de tercio—, quiero recordarte algo que en su día te contamos de viva voz: muchos heridos, incluso del Vietcong, acudían a sus tiendas de campaña para ser curados. En ocasiones los bombardeos de uno y otro bando eran tan demoledores que abundaban los niños que en cuestión de unos pocos segundos se quedaban huérfanos. Pues bien, durante nuestra estancia en su puesto de vanguardia, al visitar el modesto hospital que se habían construido, nos propusieron a Magda y a mí que adoptáramos una niña, un bebé, que estaba allí, en una camita blanca, inmóvil, los ojos oblicuos abiertos de par en par, niña que habían encontrado ilesa junto a un campo de minas próximo. «Fijaos en este pobre angelito. Lo hemos rescatado de la muerte y no tiene a nadie en el mundo. Vosotros no tenéis hijos. ¿Por qué no lo adoptáis? ¿Por qué no os lo lleváis con el helicóptero que vendrá a recogeros y os lo lleváis a Saigón y luego a España? Sería una buena obra, ¿no? Una obra digna de una pareja cristiana.»

Contemplamos a la niña. Debía de tener un año a lo sumo. Tez blanca, sus oblicuos ojos de pronto se pusieron a parpadear como si quisieran llamar nuestra atención. Pies y manos diminutos, graciosos y llenos de encanto. ¿Qué sería de aquel bebé? La reacción de Magda fue fulgurante: «Nos la llevamos.» Pero mi reacción fue igualmente fulgurante: «No nos la llevamos.» Fue un acto de cobardía, de egoísmo, muy propio del ser cobarde y egoísta que yo era y que, por desgracia, continúo siendo. Me comporté de un modo casi brutal, ante la mirada atónita de Magda. Negué con la cabeza una y otra vez. Me sentí abrumado por una responsabilidad superior a mis fuerzas. ¡Una niña vietnamita en nuestro confortable ático de San Elías! Exigiría mil cuidados, aparecerían reflejos atávicos, genéticos, iría creciendo, tal vez al cabo de un tiempo su subconsciente reclamara la vuelta a sus orígenes, sintiera nostalgia del Asia de sus amores. En vano el capitán-médico del equipo me informó de que muchos periodistas y soldados norteamericanos habían adoptado niños huérfanos, que vivían ya en Estados Unidos. Yo quería escribir... Ahí está, madre, la clave de mi incalificable reacción. Necesitaba libertad, toda la libertad del mundo, para escribir. Mi vocación era total, tan total que se llevaba por delante cuanto pudiera entorpecer mi labor. ¡Cuántas cosas sacrifiqué, y continúo sacrificando, para preservar esa libertad! La vida me ha brindado muchas oportunidades para ayudar al prójimo sin apenas esfuerzo y no las he aprovechado. ¡Señor, Señor, cuántas veces me he arrepentido de aquel acto mío en un modesto hospital de Go-Kong! Ahora soy viejo, mis hermanos tienen hijos y nietos, y yo sólo tengo a Magda, quien de vez en vez, cuando lee algo referente a Vietnam, me dirige una mirada entre acusadora y melancólica. Aquella niña, a la que hubiéramos podido bautizar con el nombre de Luna de Jade, u otro parecido, podría haberse convertido en la nota musical, jubilosa, de nuestra vida. A lo mejor aquel angelito habría obrado el milagro de «bloquear mis concupiscencias». A lo mejor habría estudiado Medicina y habría podido aliviar mis achaques, que no me han abandonado desde que caí en aquella depresión. Y a lo mejor, madre, hubiera sido tu «nieta» preferida, precisamente por haber llegado a tu lado por vía de misterio. Imagino vuestros diálogos en la calle de la Rutlla. Imagino las poesías que habrías dedicado a su *ao-dai* —porque hubiéramos adquirido para ella un *ao-dai*—, y a su manera de mirar. Sin duda ella te hubiera querido mucho, entrañablemente y te hubiera dedicado aquellas inimitables reverencias tan ligadas a la psique oriental. «Abuela, abuela.» ¿Cómo se llama *abuela* en el idioma de Dang Manh Chuan? Ella hubiera aprendido catalán, español... y vietnamita. Los reflejos atávicos de que te hablé. Hubiera enriquecido nuestras vidas, regalo del cielo, regalo a tres bandas de la guerra de Vietnam. ¡Oh, sí —lo repito—, cuántas veces me he arrepentido de mi acto de cobardía! En estos momentos en que te escribo, madre, en mi estudio de Arenys de Munt, daría lo que fuese por saber lo que ha sido de aquel angelito, de aquella frustrada Luna de Jade, sobre todo porque, en nuestro último viaje al otro lado del charco, concretamente en California, el azar quiso que conociéramos a uno de los «bebés» que en su día fue adoptado por un piloto norteamericano. El bebé era ahora un muchacho atlético, físico de profesión, que trabajaba en la NASA y que aspiraba a ser astronauta. ¡Quería hender los espacios siderales! Al saber que habíamos pisado el suelo de su patria se emocionó como debió de emocionarse Armstrong al pisar la Luna. De religión luterana, dialogamos interminablemente en su hogar —tampoco había tenido hijos— y jugamos al ajedrez, que, como sabes, es mi segunda pasión. Hicimos tres tablas consecutivas y nos echamos a reír. Magda afirmó que se parecía a Dang Manh Chuan. «Es su viva estampa.» Su mujer era exiliada cubana y nos habló pestes de Fidel, para quien pronosticó un final catastrófico. Nuestro flamante amigo, Powell de nombre, apellido prestado, me acomplejó. Sabía todo lo que se puede saber acerca de las estrellas, en vivo contraste conmigo, que sólo acierto a distinguir Venus. Afirmaba que Estados Unidos descubriría un día que existían otras vidas en el cosmos. Creía en la vida extraterrestre, creía en los ovnis. Sus compañeros de estudio y de trabajo le habían asegurado que los ovnis eran una realidad, aunque el Pentágono la ocultaba al mundo por Dios sabe qué causas. Madre, ahora yo te pregunto: ¿tiene razón el amigo Powell? ¿Existe la vida extraterrestre? ¿Qué te han contado sobre el particular la Virgen y mi padre? Resulta auténticamente absurdo suponer que sólo la Tierra está habitada. El universo es inmenso. ¿Todo él al servicio del hombre? Cuando me contestes esta carta no olvides facilitarme al respecto la debida información, y dime también si Jesús, hijo del Padre, tuvo que ir también a redimir a los seres de otros planetas. Sería una carambola mágica, colosal. La figura de Cristo se magnificaría todavía más. ¡Eh, se me olvidaba!: el amigo Powell era un enamorado del arco iris y de las auroras boreales.

Nuestro periplo por tierras y mares asiáticos duró varios meses. Visitamos, además de Vietnam y Tailandia, otros seis países: Camboya, Formosa (Taiwán), Hong Kong, Macao y Filipinas. Mi cámara Nikkon filmó diez horas de película. Asia es el imperio del color. Las pagodas son de una belleza única —¿hay pagodas en el cielo?—, abundando el rojo y el color butano. Sorpresa constante. Al regresar de Asia, Occidente parece gris, monótono, a uno le da la impresión de saber de antemano lo que se encontrará al doblar la esquina; en los países asiáticos, no. Puede ser un bonzo de cráneo afeitado, o un leproso, o un marajá, los palmerales y volcanes de Filipinas son únicos, los sampanes de Hong Kong lo son también, la más hermosa pagoda la vimos en Formosa y fue construida por la viuda de Chang Kai-shek. Te ahorraré también detalles, porque a nuestro regreso —Navidad había ya muerto y Carmen y Concepción, con su belén de corcho en el comedor, ganaron efectivamente el primer premio—, te pasamos, con las consabidas pausas, nuestro kilometraje de película, yo al cuidado de los oportunos comentarios. A más de esto, los monólogos. Monólogos sin fin, contándote las mil y una anécdotas, centradas de un modo especial en la ayuda que por todas partes recibimos de los diplomáticos españoles. De cualquier forma, me diste una gran alegría al comprobar que no habías perdido un ápice de tu innata curiosidad. Preguntas y más preguntas, grititos de asombro, interjecciones una y otra vez. «¡Virgen Santísima!», «¡Válgame Dios!» Hago hincapié en el intacto mantenimiento de tu curiosidad porque el signo más palpable de envejecimiento es precisamente su pérdida. Llega un momento en la vida, cuando ya todo el pelo es blanco, falla la memoria, duelen los huesos y se convierte uno en trípode —dos piernas y un bastón—, en que a uno le parece que ya lo ha visto todo o que le basta y le sobra con lo que ha visto. Tú no, madre. A nuestro regreso nos demostraste que tenías aún hambre de vivencias nuevas, que eras capaz de admirar, de llorar y de reír. Otras personas de nuestro entorno me escuchaban como quien oye llover. ¿Un tercer ojos en la frente? ¡Qué dislate! ¿Un órgano de bambú? ¡A otro con este cuento! ¿Un gurú anciano que lleva seis años viviendo en lo alto de una garita? ¡Apaga y vámonos! Y así hasta no parar. Aquello me sulfuró, pese a que no era la primera vez que cosechaba ese tipo de fracaso. A mi vuelta de Japón, viaje que realicé con el maestro guitarrista Narciso Yepes, me ocurrió lo mismo, pese a que pude hablar con conocimiento de causa —sendas visitas a Hiroshima y Nagasaki— del ilimitado horror que supusieron las bombas atómicas y de las secuelas que dejaron entre la población. La palabra *exótico* se emplea habitualmente en Occidente con matiz peyorativo; y debería ser todo lo contrario. Nada enriquece tanto como lo que está en «otra orilla», debido a la posibilidad de movilizar los mecanismos comparativos y de buscar, encontrándola o no, da lo mismo, la armonía de los contrarios. Exótico no es aquello «inferior» a nosotros sino aquello que nos resulta ajeno, que nos pilla a trasmano, que nos demuestra que la verdad tiene mil caras y que nuestra cara no es, ni más ni menos, que una cara más. No se puede cantar la belleza de las puestas de sol sin haber visto las puestas de sol de la bahía de Manila. No se puede hablar de cementerios sin haber hecho el trayecto de las catacumbas de París (seis millones de cráneos). No se puede hablar de mariposas sin haber visto volar la infinidad de especies que motean el cielo de Formosa. No se puede hablar de cocina sin haber probado las serpientes de Camboya, ni de hacinamiento humano sin conocer Hong Kong, con sus fétidos sampanes de Aberdeen, ni se puede hablar de autodominio sin haber visto a los lamas del Tibet permitir que se les arranquen, sin anestesia, las deterioradas muelas. De ahí, madre, que a estas alturas de mi vida en ocasiones me rebele contra el hecho de que lo verdaderamente exótico para los seres humanos sea precisamente la posmuerte, el famoso más allá. ¿No sería mejor que conociéramos de antemano lo que se oculta detrás de la muerte? La incógnita es tantálica. En plena juventud —cuando yo tenía un fusil en la mano en la compañía de esquiadores— no pensaba siquiera, pese al fusil, en esa posmuerte. Pero ahora sí. No he perdido, gracias a Dios, la curiosidad, aunque sí, caso de tener que andar largo trecho, uso bastón. Tampoco he perdido, a Dios gracias, las ganas de vivir. Todo lo contrario. Me gustaría disponer del tiempo suficiente —¿mil años, dos mil?— para conocer todo el planeta Tierra, al que apenas, y pese a las apariencias, y a las películas de mi Nikkon super-8, he hincado el diente. No conozco el África negra: pecado mortal. No he volado sobre las cumbres andinas ni he pisado la pampa argentina. No conozco el océano Ártico ni la Patagonia. Conozco el Caribe, pero no Nueva Zelanda. Envidio a Admunsen y al comandante Costeau, al primero porque conoció la fantástica soledad de los icebergs y al segundo porque lleva cincuenta años nutriéndose de algas submarinas. También te envidio a ti, madre, porque sabes ya en qué consiste la posmuerte. Ayer cayó un rayo sobre nuestra casa de Arenys de Munt. Tengo para mí que, sin el pararrayos, hubiéramos muerto. En este caso, tal vez en esta hora crepuscular en que te escribo —ha llegado el otoño y las hojas se caen con sus nervios en forma de cruz—, hubiera podido ya abrazarte si la palabra *abrazo* existe en los cielos, hubiera podido abrazar a mi padre e incluso a *L'avi Pere.* Antes de conocer a Magda tuve una novia, y no me refiero a la madrina donostiarra Elisenda, que se llamaba Ana y era del pueblo ampurdanés de La Bisbal. Un rayo la fulminó entre unos cañaverales, la calcinó, la convirtió en Nada. ¿Por qué, madre, el Creador se las compuso para que la naturaleza fuera tan maravillosa pero al tiempo tan cruel? ¿Para qué sirven los volcanes, la lava de fuego y barro, para qué sirven las trombas marinas, los huracanes, los maremotos, los agujeros negros? Sí, claro, como Powell dijo, fueron también creados el arco iris y las auroras boreales, pero ahora el hombre parece empeñado en hacer que nuestro cielo y nuestro mar salten por los aires. Los yoguis que he conocido exageran al afirmar que todo en Occidente es corrupción y que la humanidad se está autodestruyendo y que desaparecerá de la tierra. Los yoguis suelen tener razón, incluso cuando nos acusan de no saber siquiera respirar como es debido.

Año 1968. Por instigación de un amigo me dedico a elaborar un libro-encuesta, un libro-test, que se publica en 1969 y se titula *100 españoles y Dios*. Este libro te asustó. Que fuera yo precisamente quien se decidiera a vulnerar la intimidad de «100 españoles conocidos, populares», suponía una grave responsabilidad, puesto que, si bien habría, a buen seguro, respuestas afirmativas, declaraciones de una fe católica rotunda, a machamartillo —y por tanto, respuestas ejemplares—, sin duda habría otras respuestas negativas o vacilantes que podían dañar total o parcialmente determinadas conciencias. A ti los argumentos esgrimidos por los ateos o dubitativos no podían afectarte en modo alguno, por cuanto tu fe era inconmovible; pero en España existían almas permeables, vulnerables, a las que un filósofo, con su autoridad profesional, un teólogo avanzado, con su particular interpretación de lo sobrenatural, un gran artista, un gran cantante e incluso un gran torero, podían afectar negativamente. ¿A qué remover las aguas, que empezaban a bajar turbias (o eso te parecía a ti)? Mi responsabilidad era grave —como lo es hoy el escribirte esta carta y darla a conocer al público— y debía pensármelo cien veces antes de sacar adelante mi proyecto.

Tres tardes consecutivas me tuviste atado de pies y manos en nuestro comedor de la calle de la Rutlla, tú sentada en tu sillón verde, ora haciendo ganchillo, ora mirándome fijamente a los ojos, intentando hacerme desistir. «Y si no te basta con lo que te dice tu madre, pídeles su opinión a tus amigos los monjes de Montserrat, e incluso, si es necesario, al señor obispo. Si así lo haces me darás una gran alegría, hijo, y al mismo tiempo descargarás tu conciencia.»

Te mentí, madre. Te di mi palabra de que seguiría tu consejo —prefería el señor obispo— y la verdad es que me lancé a la aventura sin consultarlo con nadie y sin plantearme si el resultado podía ser beneficioso o lo contrario. La idea se me antojaba original, capaz de producir un fuerte impacto en la sociedad española de aquel momento, narcotizada por el nacional-catolicismo propiciado por Franco y sus validos. Es posible, ¿a qué negarlo?, que en mi decisión influyera, como siempre, la vanidad, la posibilidad de sorprender a la opinión pública con otro libro insólito, acaso sin precedentes en nuestra historia literaria. Como fuere, redacté el cuestionario pertinente y me dirigí por carta a 200 españoles de pro, representativos, calculando, como así sucedió, que la mitad lo menos se negarían a contestarme o se inhibirían. No era fácil, por supuesto, hacer públicamente semejante *streap-tease* espiritual. España era por entonces una isla mental. Todo estaba prohibido, especialmente las ideas foráneas, disparadas en todas direcciones desde el término de la segunda guerra mundial. La censura era férrea, torquemadiana. Amordazados el arte, la literatura e inclusive, en cierto modo, la investigación científica. Ello, no obstante, la fortuna se alió conmigo. En efecto, muchos de mis destinatarios renunciaron a desempolvar su intimidad; pero, al término de la dura batalla que supone siempre la tenacidad, conseguí las cien respuestas. Y el resultado fue espectacular y ello volvió a alarmarte, madre. Leíste el libro de punta a cabo, empezando por mi prólogo, sincero y neutro y terminando por la respuesta del último de los encuestados, que fue precisamente mi amigo Narciso Yepes (opté por alinearlos por orden alfabético). Te alarmaste porque las contestaciones de los ateos y de los escépticos eran, en su mayoría, inteligentes, sostenidas por sólidas muletas dialécticas, al amparo, por supuesto, de la fría razón. Pese a todo, los ateos te dieron pena. Te parecieron seres alicortos, indefensos como la niña vietnamita que me negué a adoptar; los escépticos te produjeron escalofrío, porque su honestidad era evidente, porque sufrían, porque se estrellaban contra el muro del misterio y porque tú sabías que, en cierto modo, yo formaba parte de esa patrulla o de ese batallón. En cuanto a los creyentes, que constituían la mayoría, ¡qué gozada! Sus respuestas eran también inteligentes, sus muletas dialécticas eran también sólidas y, dado que no se conformaban con un sí escueto, con apoyarse en la simple fe del carbonero, te abrieron horizontes mentales que te enriquecieron sobremanera. Por ejemplo, te hizo mucho tilín una frase entresacada del *Diario íntimo* de Dostoievski: «Amigos míos, Dios me es necesario porque es el único ser que puede amar eternamente.»

¿Podía el libro, considerado en su conjunto, hecho el correspondiente balance, sembrar la confusión? Ése era, en definitiva, tu temor. Yo me negué firmemente a creerlo así. Las posturas radicales sirven de bien poco en un mundo el de hoy, tan vasto, tan complejo, que recibe a diario alfilerazos informativos de toda suerte. Resulta mucho más eficaz darles a los hombres la posibilidad de comparar, de contrastar sus propios criterios con los criterios ajenos. Un *Índice* de libros prohibidos al fin y a la postre se convierte en un *boomerang:* despierta la curiosidad, que no tiene por qué tratarse de una curiosidad malsana. Si Dios dispuso que el hombre tuviera un cerebro, es obvio dar por sentado que lo que pretendió fue que lo utilizáramos. Si creó en nosotros, dentro de nosotros, en una parcela inlocalizable, una conciencia, es también lícito pensar que lo hizo para que su voz nos despertara como un tam-tam en la selva de las grandes Dudas. De modo que, de confusión, nada. Quienes están confundidos son aquellos que rechazan toda hipótesis de trabajo que se contraponga a sus creencias de origen genético o geográfico. Porque, te lo repito, madre: fuiste como fuiste porque tus padres eran como eran y porque naciste en la órbita occidental cristiana; de haber nacido en Vietnam del Norte, de padres marxistas-leninistas, tu tam-tam particular hubiera resonado dentro de ti de muy distinta manera.

Y ahora vamos a lo práctico, porque imagino que en el cielo no circula un solo ejemplar de *100 españoles y Dios,* y que, por tanto, no puedes echarle una ojeada, no puedes consultarlo. Recordarás que el cuestionario era largo, que consistía en siete preguntas. Prestemos atención, para no extendernos demasiado, a las que considero sustanciales: ¿Cree usted en Dios? ¿Cree usted que hay algo en nosotros que sobrevive a la muerte corporal? ¿Cree usted que Cristo era Dios?

He ahí algunas de las respuestas que se me antojan dignas de mención. Respuestas afirmativas: «Creo en Dios. Desde antes de nacer.» «Creo en Dios y casi no creo más que en Dios.» «Sí. La respuesta es rotunda, porque aquí es difícil mantener las medias tintas.» «He sufrido y además he observado que con mucha frecuencia quien mucho sufre es alegre. Se trata de una hermosa y profunda paradoja, que quizá vale más que el mejor tratado de apologética.» «Siento que Dios hace de mí lo que quiere, pero lo que quiere es mi libertad.» «Creo, apasionadamente, con alegría, en un Dios próximo y entrañable, nunca fulminador ni vengativo, que comprende mucho y castiga poco, que ilumina mi propia conciencia, mi albedrío y mi libertad y es, a la vez, el origen de toda la Armonía», etcétera.

Respuestas negativas: «No. Desde niña me molestó aceptar a un Dios capaz de crear el ser más perfecto, Luzbel, para luego destruirlo.» «Creo en un Dios —o en unos dioses— hechos a imagen y semejanza del Hombre. Es el hombre quien crea a su dios particular, y no lo contrario. Dios ha sido durante siglos una respuesta a los innúmeros interrogantes que se planteaba el Hombre. Su puesto irá siendo paulatinamente reemplazado por el Conocimiento.» «No creo en el Dios de ningún dogma. No creo en el Ser Supremo ni en la Diosa Razón, ni, de consuno, en ninguna tiranía ideológica que pretenda imponernos Ésta o Aquél. Robespierre, que rindió idolatría a entrambas divinidades, me habría guillotinado dos veces por idéntica causa y opuestos delitos.» «No. Dios es una creación del hombre al que le falta un asidero para trascender. Si creyera en Dios, ese mismo Dios no me perdonaría esa creencia.» «No, no creo en Dios. El tema, en definitiva, no merece siquiera tanta meditación como le echo yo ahora. Explicar por qué no se cree es una necedad. Quien necesita páginas y páginas es aquel que pretende probar su creencia en Dios», etcétera.

Respuestas vacilantes, con un fondo de irritación: «No, no puedo pensar que no se crea en Dios. Debe de ser terrible no creer en Él. La verdadera duda es la que se levanta sobre la *inocencia de Dios*.» «Un Dios casi corpóreo estaba ahí; y ahora no parece estar. Queda un hueco; nadie sustituye su presencia. De su voz se oyen, lejanos, los ecos. Y queda algo importante: normas que en el plano humano rigen la conducta, algo así como la marca o huella de Dios, muy precisa.» «El dolor me escandaliza, me sobrecoge. No consigo aceptarlo, en una palabra.» «Una persona es completamente distinta a otra. Por tanto, hay tres mil millones de maneras de ver a Dios, tres mil millones de religiones distintas y que pueden ser todas verdaderas.» «A mí, personalmente, ha llegado a fatigarme el deseo del encuentro con Dios, tan escondido. Murieron definitivamente en nuestro mundo occidental los dioses místicos. El Dios discriminatorio de Israel, que elegía pueblos y ordenaba sangrientas represalias, se complicó con una Trinidad que dificultaba el problema. San Agustín se perdió en el Misterio y salvó su angustia por la fe.» «Creo en un Dios creador. Necesito creer en Él. Ahora bien, no puedo creer que ese Dios sea *personal,* que se preocupe por conocer uno por uno los problemas de los millones de seres que han existido y existen en nuestro planeta y en otros planetas probablemente habitados.» «No estoy seguro de que todo necesite un principio.» «No entiendo un mundo con Dios. Lo que ocurre es que tampoco lo entiendo sin Él. Ninguna teoría me convence. No soy católico, ni protestante, ni budista, ni mahometano. Soy un hombre lleno de dudas que se arma líos en penosa e inútil batalla con su inteligencia. No creo que haya Algo más allá de la muerte. Acepto a regañadientes la grandeza de la miserabilidad del hombre. Pienso que vivir es absurdo y me aguanto. Soy pura, triste y desgraciada materia. ¡Mala suerte! Tengo la impresión de que estoy lejos del *estado de gracia.* ¡Qué le vamos a hacer!»

Llegado aquí, advierto que estoy dudando de la posibilidad de que donde ahora te encuentras disfrutes de ese gran don humano que es la memoria (supongo que los ángeles carece de ella, que para ellos todo es *presente*). Por tanto, voy a sintetizar todavía más, a transcribir literalmente en esta carta las respuestas que pretenden que todo en nosotros es pura materia, que no sobrevive en nosotros nada tras la muerte corporal, y las respuestas que creen fáusticamente que todos y cada uno somos portadores de un alma que *no morirá jamás,* que penetrará, ya para siempre, en esa línea horizontal y difícilmente imaginable que entendemos por eternidad. (La eternidad es un instante que se ha quedado inmóvil.) Asimismo haré un escueto balance de la opinión que Cristo les merece a los encuestados...

Recuerdo que los convencidos de que la posmuerte de que antes te hablé consiste simplemente en la definitiva extinción, polvo, ceniza, apetitoso manjar para los gusanos, te produjeron tanto escalofrío como me lo produjeron a mí. Esos tales, a medida que se acerca su *hora nona,* caen en la desesperanza. No tienen el menor motivo para contemplar el mundo y para contemparse a sí mismos con un brillo de alegría en los ojos. Todo se les antoja absurdo e inútil y entienden que el hecho de haber nacido es una broma pesada. «Soy sólo carne, carne y huesos y nada más.» Entre ellos los hay que aceleran el proceso de su destrucción y optan, como han hecho tantos escritores, por el suicidio. Lo que avalaría la declaración de Camus: «Si Sartre —el nihilismo— tiene razón —¿estará Sartre por ahí, madre?—, el único problema serio de la filosofía es el suicidio.» No quiero ahora radiografiar esta palabra, terrible palabra, porque hacerlo sería retroceder en el tiempo, retrotraerme a aquella época de Mallorca en que estuve a punto de tirarme al mar, del que ni siquiera el comandante Costeau hubiera podido rescatarme. «¿Dónde estaba yo, dónde estaba mi ser, antes de instalarme en este mundo, antes de nacer? ¿En la Nada? La Nada es inimaginable y, consiguientemente, es también inimaginable que existe la Nada para los muertos.» Claro, claro, madre, no se puede creer en el Vacío, en el Hueco total. Tal vez por ello Buda postulaba que la existencia era una realidad en constante renovación, hasta alcanzar aquel *nirvana* de que tanto te hablé. La rotación, la noria que no se detiene, la reencarnación. También la teología cristiana —y tú sabes ahora de ello más que todos los teólogos— admite la resurrección de la carne al final de los tiempos. ¡Resurrección! Cristo resucitó a Lázaro. ¿Es eso verdad? ¿Lo has comprobado, madre? El Padre resucitó a Cristo, o Cristo se resucitó a sí mismo... ¿Fue esto así, madre? La cuadratura del círculo.

Hablemos ahora de los encuestados que tienen la fortuna de creer en la vida eterna, de creer que hay en nosotros algo que sobrevive a la muerte corporal. Esos tales viven ya, anticipadamente, en la gloria, en el seno del Dios gratificante. Si la naturaleza les diagnostica cáncer irreversible piensan: pronto veré a Dios, pronto verá a

Dios mi alma. ¿Es que el alma tiene ojos? ¿Son necesarios los ojos para *ver* a Dios? Debe de haber, en el cielo, infinitas formas de visión. No creo que los ángeles lleven gafas. ¿Santo Tomás lleva gafas? Ver, en el cielo, debe de convertirse en palpar, o, mejor aún, en *sentir*. El alma debe de disponer de un componente capaz de *sentir*. Cuando en castellano decimos: «el alma se me cayó a los pies», incurrimos en una perogrullada. Se trata de una ilustre metáfora, que sólo los españoles podemos entender. Queremos significar que todo se hunde en torno nuestro, alrededor nuestro y en nuestro interior. En nuestra época existen personas que afirman haber traspasado el umbral, haber muerto por espacio de unos instantes y regresado a la vida. Tales personas —visionarias o no, quién lo sabe— coinciden en afirmar que se *vieron* a sí mismas, pero desde cierta distancia, que vieron su cuerpo tendido a sus pies. También afirman que *vieron* una explosión de luz a la salida de un túnel negro. Por cierto, ¿hay colores en el cielo? ¿Existen el rojo y el butano, como en las pagodas, el azul y el verde, como en el mar, el blanco como símbolo de inocencia?... Los astronautas afirman que, desde el espacio, nuestro planeta Tierra es azul. También es azul la banda de seda que lleva la Virgen de Lourdes. Y creo recordar que los tres apóstoles que vivieron en el monte Tabor la Transfiguración vieron un resplandor *blanco*, blanco que no debía de simbolizar la inocencia sino todo lo contrario, el conocimiento exhaustivo de la realidad sobrenatural. En sueños yo he visto a Dios, madre. Y lo vi en Mallorca al emerger mi conciencia de la dormición producida por uno de los siete electrochoques. Dios no tenía nada que ver con la iconografía al uso. No tenía color, no tenía forma. Era simplemente luz, una explosión de luz, es decir, el calco perfecto de aquellos que afirman haber franqueado la barrera del túnel negro. Mahoma, en el *Corán*, pretende que en su viaje celeste a lomos de la yegua *Al-Borak* se acercó tanto a Dios que oyó el rasgueo de su pluma. Si ello fuera así, Dios escribiría, y no sólo los diez mandamientos en las Tablas de la Ley. ¡Dios sería escritor! Tal posibilidad me consuela, me enorgullece. Ruégale, pues, a Dios, madre, que sea Él mismo quien me conteste esta carta. Acaso mi padre no me ha contestado aún por este motivo, porque espera que Dios lo haga. En cualquier caso, *chapeau* por aquellos de los encuestados que creen en el alma inmortal. Por cierto, ¿quieres saber, madre, el número exacto de los encuestados en mi libro que han muerto ya, que han descifrado ya el enigma? Treinta y cinco. Han pasado sólo veintidós años y han muerto ya treinta y cinco. Constante goteo en las esquelas de los periódicos y en mi corazón. El primero en morir fue precisamente Xavier de Echarri, notable periodista. Era creyente. «Te felicito, amigo Xavier. Recordarás que fui yo quien te afeitó, en la clínica Platón, después de muerto. Fue un trance menos amargo de lo que cabía esperar, puesto que tu piel era más fría que el hielo —o tal vez se trataba de un frío distinto—, pero de tu rostro indefenso emanaba una gran paz, la misma paz que expresó el rostro de mi madre instantes después de morir. ¿Has conocido a mi madre, creyente Xavier? Búscala en tu entorno. La reconocerás. Al morir tenía noventa y nueve años, el pelo reluciente, mediana estatura, moño apretado, venillas azules en las manos, hinchadas las piernas y los pies. Debe de estar al lado de mi padre, calvo, con gafas de montura barata, corazón débil, tórax ancho como buen ampurdanés. Salúdalos en mi nombre, Xavier. Diles, en el caso de que en el cielo esté permitido hablar, que pronto me reuniré con ellos. Lo presiento, lo noto dentro de mí. Periódicas opresiones en el pecho, el cuerpo me pesa una tonelada, el alma está a punto de caérseme a los pies. Adiós, amigo Xavier. El periódico que tú dirigiste, *La Vanguardia*, está en pleno auge. Sus rotativas encabezan la tecnología del país. *La Vanguardia* sigue publicando de vez en cuando algún artículo mío. Tú me estimulabas a que te los mandara con frecuencia. ¿Recuerdas aquellos reportajes que te mandé desde Egipto? Te gustaron. Así me lo dijiste y no eras hombre que supiera mentir. Saluda también a los treinta y cuatro encuestados restantes que deben de estar a tu vera. Saluda de forma especial a Manolo del Arco, al ingeniero Carlos Buigas, a José María Pemán. ¿Sigue Del Arco, que era ateo, haciendo entrevistas? ¿Ha entrevistado a Dios? ¿Y don Carlos Buigas? ¿Ha embellecido más aún el cielo con fuentes luminosas como las de Montjuich? ¿Y José María Pemán? ¿Le ha dado un abrazo al

Divino Impaciente? Pemán escribió muchos versos dedicados a la madre. Mi madre le admiraba mucho. Ahora habrá tenido ocasión de pedirle un autógrafo. ¿Por qué no escribes, Xavier, para el que fue tu periódico un reportaje sobre el cielo? Sería sensacional, lo traducirían a todos los idiomas y ganaría todos los premios. Saluda también a Giovanni Papini, quien escribió nada menos que una obra titánica titulada *El Juicio Universal*.

Me conmovió también de mi libro-test el respeto que inspiraba a todos los encuestados la figura de Jesús de Nazaret. Incluso quienes niegan su divinidad hablan de Él con pasmo admirativo. Una de las respuestas podría resumir semejante apreciación: «Si no fuera Dios, merecería serlo.» Muy pocos ponen en duda su existencia histórica, o admiten la posibilidad de que con su revolucionaria doctrina no pretendiera mejorar, salvar, mediante el amor, al género humano. Un par de personajes sugieren que acaso fuese un «nacionalista», un zelote; pero imaginar a Jesús conspirando o manejando una espada no es fácil. Su gran conspiración fue caminar sobre las aguas del lago Tiberíades y su espada fue el Sermón de la Montaña. Por cierto, me hubiera gustado incluir entre mis destinatarios algún sacerdote, algún obispo, al propio Sumo Pontífice. Los excluí porque forman parte de un estamento que no podía ser neutro, de un estamento, digámoslo, «profesional». Por aquel entonces prevalecía entre el elemento eclesiástico la Voz de su Amo; desde entonces las cosas han cambiado, madre, y ya en vida tuviste ocasión de enterarte de ello, de comprobarlo. De modo que si elaborara el libro ahora, en 1991, tal vez enviara el cuestionario a un par de representantes de la «teología de la liberación», que en ciertos momentos son tratados por la cúpula vaticana como si se merecieran la excomunión. Y yo creo todo lo contrario. No dimiten de ninguna verdad fundamental. Creen en Dios, creen en Cristo, creen en el alma inmortal. Lo que no respetan sin reservas son ciertos dogmas de clara inspiración humana y luchan en contra del poder temporal de la Iglesia, que sigue ahí, acartonada en sus prebendas y constituida en Estado. Al fin y al cabo el dogma de la infalibilidad tiene apenas un siglo y algo semejante cabe decir del dogma de la Asunción. Poco tiempo es. Los teólogos de la liberación, que gravitan y actúan y claman especialmente desde Iberoamérica —estoy pensando en el brasileño Helder Cámara—, entienden que el cristianismo tiene que volver a sus orígenes, preocuparse más de los pobres y menos de la liturgia y no querer hipnotizar a las masas de fieles mediante la pompa y el boato.Yo estoy de su parte, madre, bien lo sabes. No se trata de regresar a la Iglesia primitiva, catacumbal, válida para una época en que apenas si existía la tradición, cuya importancia no debe desestimarse y en que la tierra estaba escasamente habitada. Ahora la población humana ha rebasado los cinco mil millones de habitantes y existe la intercomunicación, la interrelación. Extendiendo el mapamundi aparecen con claridad fallos humanos que es preciso enmendar, como, por ejemplo, la flagrante riqueza en el Norte y la miseria en el Sur. A los habitantes del Sur no tiene sentido intentar a golpe de palabra «bautizarlos» y «catequizarlos» en nombre de un dios trinitario cuya potestad jamás llegarían a comprender. Ellos tienen ya su religión, o sus religiones, y de entrada lo que necesitan, como me dijeron los jesuitas de Bombay —entre ellos, el gerundense padre Molinet—, son alimentos, saber aprovechar el agua de los ríos o perforar pozos, aprender el alfabeto, desarrollar su intelecto y enterarse de que varios científicos norteamericanos de un hospital de Washintgon han dado el primer paso: el descubrimiento de un gen para que las células humanas puedan renovarse, al final de cuyo hallazgo podría lograrse el sueño tantálico de la eterna juventud. ¿Vanas especulaciones? Quién sabe, madre. Sospecho que Pablo de Tarso se alegraría de semejantes descubrimientos. Vivimos la época del Conocimiento, de la hibernación y se ha fundado en Turquía un centro investigador que recoge los cerebros todavía «calientes» de los hombres y mujeres superdotados para estudiar la maravillosa estructura de su complejidad. ¿Por qué me estoy poniendo tan serio y trascendente escribiéndote esta carta? No lo sé. Es uno de mis defectos. En realidad, en principio debía tratarse simplemente de una carta de amor y de gratitud por el hecho de haberme tú dado la vida, no sin cierto desgarramiento. Pero el enigma de Dios y del Más Allá me puede una y otra vez, y me adhiero a cualquier intento humano de despejar tal incógnita, para lo cual en ocasiones juzgo más eficaz —y no te escandalices, madre— la Ciencia que la Mística, si bien en otras ocasiones opino al revés. Dime una cosa, madre. Ahí en el cielo, ¿quién *entiende* mejor a Dios? ¿Fray Luis de León o Galileo? ¿Ramón Llull o Einstein? ¿El Giotto y el Greco o Picasso? No puedo olvidar que ciertos miembros de la secta Zen llaman a Dios «el Asimétrico». En la hipótesis de que tal apelativo fuera correcto, los cubistas tendrían razón y cabría poner en entredicho lo que normalmente se ha entendido por Armonía. Uno de los encuestados se refiere a la definición de Dios que dan los Vedas y que yo oí en el antiguo Ceilán: «Dios no es esto, no es lo otro, no es lo de más allá. Dios es *lo que no es*.» Definición por la negativa, muy propia de los asiáticos. No puedo ocultar, madre, que tan agresivo intento me complace y en cierto modo me subyuga. La inmensidad de Dios es tal que nada de lo que podamos concebir o colegir los terrestres con respecto a Él puede ser válido. Lo cual, y permíteme que sea contigo sincero una vez más, me parece injusto. ¿Por qué nuestro Dios ha de ser tan difícil? Sufrimos por esta causa. Vivimos cabriolando, dando bandazos. ¿Por qué el Padre le exigió un tan grande sacrificio a Abraham? ¿Por qué se mueren los niños y hay perros tristes? ¿No estaba en manos de ese Dios que tú ahora contemplas —que no tiene principio— evitar la locura, no crear el invierno, hacer innecesaria la prostitución? En una larga conversación que tuve con uno de los encuestados ateos me confesó que, en el caso de estar él equivocado y que Dios efectivamente existiera, le responsabilizaría de la leucemia, de los campos de concentración y de lo ocurrido en Hiroshima y Nagasaki. Yo le dije, aunque con voz titubeante, que los hechos eran duales y que en el propio Nagasaki empezaron a brotar, poco después de la radiactividad, espigas ubérrimas. Él insitió en que aun los árboles más bellos y esplendorosos eran profecías de ataúd. Y aludió al Apocalipsis.

No terminaré este apartado de mi carta sin repetirte que el libro *100 españoles y Dios*, cuya gestación tanto te asustó, ha venido en convertirse en testimonio válido. Tus temores se han evidenciado infundados. Jugué limpio. Es un libro de consulta en muchos hogares, en muchos conventos e incluso en la biblioteca vaticana. Gracias a él se ha confirmado —una prueba más— que España, en 1969, era realmente una isla mental, tosca y desinformada. En efecto, apenas si media docena de los encuestados hace referencia a las confesiones no católicas. Insana miopía, a mi entender, que ahora estamos pagando a un precio muy alto. Aquel nacionalcatolicismo propiciado por Franco, del que ya te hablé, convirtió el sentimiento religioso del país en una caja cerrada a cal y canto, dentro de la cual no circulaba el aire, se escondía una impresionante momia. La consecuencia ha sido inevitable, lógica. Ahora que los gobernantes son otros, ateos o agnósticos en su mayoría, que el Estado ha dejado de ser confesional y que la permisividad alcanza cotas difícilmente aceptables, se ha producido una caída vertical en el interés de la población por el Credo e incluso por los Evangelios. En estos días autumnales en que te escribo, madre, el Papa *reinante* —adjetivo desafortunado— acaba de proclamar que un neopaganismo letal se está imponiendo en España. El Papa, venido del Este y, en consecuencia, contradictorio, ha acertado en esta ocasión. Tú te escandalizabas por el uso del bikini en nuestras playas adorables y porque sonaban guitarras en nuestros altares. Ahora la degradación de las costumbres, el hedonismo elevado a categoría, la mitificación del marqués de Sade y «el cuerpo es mío y hago de él lo que me place» están influyendo sobre nuestra juventud como si una ráfaga de viento fétido hubiera penetrado en su arteria yugular. En los teatros, madre —y puedes informar de ello a los actores Enrique Diosdado y Amelia de la Torre—, es corriente mofarse de Dios, ridiculizar la figura del Nazareno y la figura de María, disfrazarse con hábitos sagrados, lo cual ya hicieron los «rojos», y «bendecir» a los espectadores con un pintoresco hisopo, absolviéndolos con ello de sus imaginarios pecados. Ataques al concepto de familia, al «creced y multiplicaos», libros de texto que rozan el sacrilegio por la distorsión que en ellos se hace de la historia y el pitorreo con que se aborda cualquier atisbo de trascendencia. La palabra «amor», como la entendíais tú y mi padre, y como la entiende Teresa de Calcuta, ha sido desterrada. El Dios actual es el papel moneda, sus monaguillos son los gays y las lesbianas, su incienso es la droga, los oficiantes de la ceremonia son los «camellos» y su símbolo es la jeringuilla. Paraísos artificiales presididos por el alcohol y que alcanza incluso a los menores. Corrupción hasta el extremo de que algunas de nuestras zonas turísticas —cuyo castigo es el SIDA— son calificadas de «cloacas» de Europa, comparables a las que existen en la hipócrita Gran Bretaña y en la ciudad de San Francisco. Me siento incómodo, madre. Los dictadores son inaceptables, pero su oponente, la democracia, entraña peligros evidentes. Las blasfemias han regresado de su exilio y el argot que emplea la juventud —quinientas palabras les bastan para comunicarse— pone la carne de gallina. A los viejos como yo —¿cómo te llamarían a ti, madre?— se nos llama carrozas, retablos, por qué no te mueres ya, buen hombre. Hay huelgas de basureros y de sepultureros y magia negra en los cementerios. Todo el mundo es cabrón, maricón, hijo de puta. ¡Hijo de puta, madre del alma! Un alud de inmigrantes del Magreb, del África del poeta Senghor y de Hispanoamérica invade nuestra tierra y se dedican exprofeso a la delincuencia porque en la cárcel tendrá garantizados el rancho y un techo. La televisión dispara sin cesar ráfagas de sexo y violencia, incluso en los dibujos animados destinados a la infancia. En mi oficio, el oficio de escribir, la mayoría de autores eligen el camino fácil: una cama, un cadáver. Los grandes *best-sellers* suelen basarse en el incesto o en transgresiones similares. El ruido, contra el cual tanto lucharon los ermitaños de antaño, como Antonio y Pacomio o como los que perviven en las anfractuosidades de Montserrat, se ha hecho dueño y señor de nuestro entorno. Toda una generación de sordos —exceso de decibelios— crece entre nuestra población. Aislamiento. Un receptor en el interior del casco y a escuchar música rock, que desnorta el espíritu, excita la vida instintiva y llena los estadios y las plazas de toros. También ahí pecan de silencio y olvido mis encuestados: apenas si una alusión al mundo animal. Antes te pregunté por qué Dios permitía la tristeza de los perros; en España la persecución y mofa de los animales está alcanzando su cenit. Los números culminantes de muchas fiestas populares suelen ser la tortura y sacrificio de un animal, rito atávico, con un trasfondo totémico que no admite discusión.

Podría seguir, madre, alineando observaciones. Prefiero detenerme aquí, no vaya a ser que alguien me declare reo de topicazo y atribuya el panorama expuesto a la crisis natural, cíclica e inevitable de todos los fines de siglo. A más de esto, a fuer de sincero, he de hacer mención de la otra cara de la medalla. En la actualidad coexisten en el mundo, y no cabe exceptuar España, una minoría ejemplar, compuesta por hombres de toda edad, prevaleciendo los jóvenes, que estudia, que vive pegada al microscopio, que avanza al galope al objeto de arrancarle a la naturaleza sus más recónditos secretos. Esos tales se apartan de las «cloacas», usan guantes de amianto y obtienen éxitos asombrosos. Pregúntaselo a uno de mis encuestados, el neurocirujano Adolfo Ley, creyente sin apenas reservas y que en cierta ocasión —año 1971, caída mía, fulminante, en el Turó Park— me salvó la vida. Él fue quien me predijo que la ciencia avanzaría hasta límites insospechados, y así ha sido, así es. El hombre está consiguiendo que la vida se prolongue un poco más cada día. A no ser por la ciencia, ni tú, madre, hubieras alcanzado los noventa y nueve años ni yo continuaría aún entre los seres vivos. Magda adora a los científicos tanto como yo. Estima que les somos deudores de gratitud «eterna». La vida no se paraliza, sigue adelante. Por un lado ciencia-ficción, el futuro, por otro lado el regreso al pasado, arqueología. Se descubren nuevas estrellas —me acuerdo del astronauta Powell— y al propio tiempo fósiles cuya remota edad es de imposible fijación. Estamos a las puertas de un mundo fascinante, en trance de perforar mucha arcanidad. Los niños que nacen ahora verán maravillas que nuestra imaginación no puede prever, de tal suerte que a veces los envidio; otras veces me siento cansado y, debido a ello, tiro la toalla y deseo ser enterrado en un plazo razonable. Tengo ya redactado mi testamento: mi entierro habrá de ser humilde, con sólo una corona de flores y la asistencia de los seres que me hayan querido de veras. El sitio elegido, el cementerio de Gerona, lo más cerca posible del nicho que tú y mi padre ocupáis al alimón. Prohibidos los panteones; sólo deseo, también muy cerca, algún ciprés.

El epitafio muy escueto: mi nombre y, debajo de él, una sola palabra: escritor. Por supuesto, con una cruz presidiendo la lápida. En vez de música-réquiem, un simple padrenuestro murmurado en voz muy baja por los asistentes. Día no festivo y la hora, precisamente la «hora nona», el atardecer, cuando agoniza el sol y se muere el mundo. La elección del lugar idóneo, que terminó por ser Gerona, no resultó fácil. Me tentaba también Darnius, mi pueblo natal y, más aún, Jerusalén. Ser enterrado en Jerusalén debe de ser una gozada y permíteme, madre, el empleo de semejante metáfora. Jesús el Cristo fue enterrado allí, aromatizado allí y, según tus creencias, resucitó allí, ante el pasmo de las «mujeres» que acudieron al lugar. «No está aquí, ha resucitado.» Pero al fin me incliné por Gerona, por la ciudad de mis amores, a cuyo paisaje monumental y entresijos humanos he dedicado miles de páginas, encabezadas por aquella familia que me inventé, la familia Alvear, con aquel mi *alter ego* llamado Ignacio y con aquel místico César que me fue inspirado por la peculiar idiosincrasia de mi hermana Carmen. Y ahora permíteme que te haga una declaración: pese a mis dudas y vacilaciones, a mis esfuerzos por enmendarle la plana a Dios, si ahora mismo me advirtieran de que tengo que morir, sé, me consta, tengo la absoluta seguridad de que inclinaría la cabeza y pediría, como tú la pediste, la ayuda espiritual de un sacerdote *católico*, con el que me confesaría y al que pediría la comunión. ¿De qué me confesaría? De un modo especial, creo que de haber sembrado, a través de mis treinta libros publicados, esas dudas y vacilaciones que acabo de mencionar. Tú me lo habías dicho y repetido una y otra vez: «A la hora de la muerte, hijo, ya sabes: aquel que escandalizare...» Ignoro si he escandalizado a nadie. Quiero creer que no. Uno de los encuestados, el psiquiatra mallorquín Bartolomé Mestre, aquel que ante mi estado precatatónico me aplicó los siete electrochoques, en largas conversaciones sostenidas en su clínica de Palma, me ha asegurado reiteradamente que el conjunto de mi obra es bienhechor. Que la duda no es mala de por sí. Que lo malo de por sí es la fe por herencia, por tradición, por rutina, sin que el cupo de razón de que estamos dotados se formule la mínima pregunta. «Es más religioso el hombre que duda sufriendo, angustiándose, que aquel que pasa por la vida llevando consigo el traje de la primera comunión.» Ahí están las incertidumbres y tentaciones de un san Agustín, del cardenal Newmann, del propio san Pedro. Pedro temió hundirse —la duda— en el mar de Galilea. No sabía nada de apologética, ni de metafísica, ni de unión hipostática; era tosco y posiblemente malhablado, negó por tres veces al Maestro; y, sin embargo, ¿ha existido alguien más *religioso* que él? Pedro y Pablo —pese a no comprender que este último detestara a las mujeres— son los ídolos de Magda, quien, por cierto, también figura en mi libro-test, también desnudó públicamente su espíritu, basculando entre lo aprendido en Gerona, en el colegio del Corazón de María y lo aprendido en lecturas varias, en los más varios viajes y en la legítima aplicación de su temperamento pragmático, ordenado, amante de la lógica y de la coherencia entre lo que se siente y lo que se ve.

1975. Año trascendental. Muere Franco y yo planto mi tienda en Tierra Santa, en Israel, donde permaneceré por espacio de cinco meses. Me acompañarían Magda y unos amigos, quienes regresarían muy pronto dejándome solo, solo ante el Santo Sepulcro, solo ante el huerto de Getsemaní.

La muerte de Franco te conmovió, madre. «Yo no entiendo de política, pero este hombre nos salvó de los "rojos" y del comunismo y, aunque pasamos muchas dificultades e incluso hambre, hemos vivido en paz todos estos años.» En vano yo, y otros muchos como yo, te habíamos hablado de la paz de los cementerios, del amordazamiento de las ideas, la peor lacra para un intelectual. En vano te habíamos hablado de la falta de libertad, el único oxígeno válido para un pueblo. Tú podías hacer lo que quisieras, ir a donde te apeteciera y el nivel de vida de los españoles había subido como la espuma. Carmen, que seguía trabajando en Sindicatos, entendía que éstos, con un planteamiento original —patrono-técnico-obrero— entresacado del código de Falange, habían conseguido para los «productores» más ventajas que las conseguidas en la época de la UGT y de la CNT, y ahí estaban las declaraciones afirmativas que al respecto había hecho nuestro primo Aniceto. Lamentabas por mí las humillaciones que por culpa de la censura había tenido que sufrir en mi carne; pero, a tu ver, no todos los escritores eran honestos como lo era yo. Muchos de ellos destilaban veneno. Así lo creía mi padre, que se había leído a Baroja y a Blasco Ibáñez, que se zampaba tres periódicos diarios y asistía a todos los mítines fuera cual fuera su color. Sentada en tu sillón verde del comedor, me diste a entender, con tu lenguaje simple pero sorprendentemente lúcido y preciso, que la libertad *total* que yo reclamaba podía ser deseable y beneficiosa para determinados países más cultos que España, como, por ejemplo, los de centroeuropa; pero que para España sería fatal. Antes de la guerra tal libertad total existía y nos acercábamos a la gran catástrofe. «Bien lo sabes tú, hijo, que en tu época de *fejocista*, que tanto echo de menos, estuviste a punto de perder la vida cuando recorrías nuestros pueblos cercanos hablando en nombre de Dios.» Mi padre te había contado que de haber ganado la guera civil los «rojos», Hitler no se hubiera contentado con invadir Francia, sino que habría franqueado los Pirineos y llegado con sus tanques a Gibraltar. De modo que Franco había contribuido notablemente a la victoria de las democracias sobre el Führer, y además, con su proverbial astucia, nos había salvado, en Hendaya, de entrar en la segunda guerra mundial. En vano me había pasado yo años y años contándote los horrores de nuestra posguerra, las ejecuciones sin previo juicio ni derecho a defenderse, la fuga de cerebros españoles hacia París, México, Argentina, etc., la saña, en fin, con que se había decapitado a los vencidos. «Pero pudimos reabrir las iglesias, llenar los seminarios y adorar de nuevo en público a Nuestro Señor... ¿Es que no te acuerdas, hijo? ¡Querían incendiar la catedral y destrozaron y prendieron fuego al interior de San Félix, incluido el altar en el que tú y Magda os casasteis!» Precisamente en ese terreno había querido pillarte, madre, sin el menor éxito. Yo culpaba a la Iglesia de haberse maridado con los vencedores —la famosa Iglesia triunfante de siempre—, en lugar de dedicar todos sus esfuerzos en pro de los vencidos, fueran o no culpables. «La misión de Franco debió ser el perdón, perdonar. Nada hubiera podido resultarle más fácil. Su victoria fue rotunda, sin paliativos. El papel de la Iglesia fue nefasto, madre. Los obispos proclamaron a Franco *enviado de la Providencia*, le proclamaron *Caudillo de España por la gracia de Dios*, como rezaban las monedas, entraba en los templos bajo palio, permitieron la erección del Valle de los Caídos, precursor faraónico de su mausoleo particular y bendijeron incluso la propuesta que formularon varios dignatarios del régimen para que el Papa le nombrara cardenal. Cardenal un hombre como él, que se cansó —que no se cansó— de firmar sentencias de muerte mientras se tomaba, no el desayuno, como se ha dicho, sino la merienda, a base de chocolate con bizcochos.» Nada que hacer. Una sola concesión me hiciste: los médicos que le atendieron en el tramo final de su vida no debieron prolongarle ésta indefinidamente, convirtiendo su «cadáver viviente» en un amasijo de tubos, gota a gota y respiración artificial. Hubieron debido dejarle morir en paz, de una manera digna. «¡Tenían tanto miedo!... —te comenté—. ¡Les iba tanto en ello!» Pero tú, a lo tuyo, imperturbable. Habías visto por televisión el desfile multitudinario de los madrileños y de hombres y mujeres, llegados de toda España para la ocasión, por delante del cadáver de Franco instalado en el Palacio de Oriente. Aquello no había sido organizado por nadie, por ninguna institución y mucho menos por la jerarquía eclesiástica. Fue un acto espontáneo, voluntario, la manifestación de gratitud de todo un pueblo al que consideraban su salvador. «Lavado de cerebro, madre. Casi cuarenta años de lavado de cerebro semejante al que estaba sufriendo el pueblo ruso. Y el carisma que suele rodear a los dictadores, llámense Hitler, Stalin o Mussolini. El pueblo se acostumbra a no pensar por cuenta propia, a que se lo den todo hecho y pastado y le teme al vacío que puede llegar.» Por toda respuesta, me pediste que te diera un beso y luego me confesaste que habías encargado ya tres misas por el alma de Franco. «Y si vuelves a invitarme a Barcelona, a tu ático de San Elías, iré a ofrecer un cirio al Cristo de Lepanto.»

No me enfadé contigo. Yo no podía enfadarme contigo

jamás. Pero tuve para mí que España entraba en una era nueva en la que primaría la confusión, y acerté. Salvado el periodo inicial, el de la transición, bajo la égida del joven rey que el propio Franco creyó haber educado a su imagen y semejanza, llegó el bandazo. Y se aprobó la Constitución en la que resultó ardua tarea introducir la palabra «Dios». El Estado se proclamó aconfesional y aquello también te asustó. Los socialistas, con el puño y la rosa, alcanzaron el poder. Y el rey, Juan Carlos I, acató el veredicto del pueblo. Y empezaron a circular las ideas a lo largo y a lo ancho del país. Pese a todo, yo me sentí libre. Por primera vez podía escribir cuanto se me antojaba sin el peligro del lápiz rojo y del juzgado de guardia. Y fue entonces cuando tuve la tentación de elaborar otro libro-test, titulado *100 españoles y Franco*, al objeto de saber a ciencia cierta lo que pensaban de la labor llevada a cabo por aquel personaje gallego, bajito, barrigudo y de voz aflautada, pero que al decir de testimonios no sospechosos, ya en África, en cuanto montaba a caballo, su figura se agigantaba como por arte de magia, dando una sensación de poderío sin equivalente en el ejército español. Tal libro apareció, como sabes, en 1979. Se me hizo muy raro preguntar a los encuestados, no lo que opinaban de Dios, sino lo que opinaban de Franco. En algunos momentos no sabía si había subido o había bajado el listón. Mi sorpresa fue grande al comprobar que casi nadie se atrevía a defender al general. Incluso chaqueteaban personajes ex ministros suyos, que lo habían adulado como se aduló a Napoleón. «Prefiero no contestar.» «Por favor, prefiero guardar silencio.» ¿Te acuerdas, madre, de hasta qué punto me irritó tal chaqueteo? Me desahogaba con Magda y me desahogaba contigo. Al final, y a fuerza de buscar nuevos destinatarios, conseguí nivelar la encuesta, aunque no del todo. La mayoría de los encuestados que aparecen en el libro hablan pestes del general y se declaran víctimas del férreo control en sus correspondientes profesiones. Aquello constituyó para mí una experiencia que no puedo olvidar, que tengo muy presente cuando te escribo esta carta, porque tú me habías hablado largo y tendido sobre las debilidades humanas.

Tuvimos que aplazar mi previsto viaje a Tierra Santa. De repente nos diste un susto tremendo: hemorragia interna. Tu salud era excelente y nadie hubiera adivinado que habías cumplido los ochenta y cuatro años. Aparentabas muchos menos. Cabeza erguida, cabello plateado, arrugas poco significativas en el rostro, ojos vivos despidiendo chispas, sorprendente memoria. No sólo te valías por ti misma, sino que continuabas atendiendo sin mayor esfuerzo a las faenas del hogar. Te gustaba la cocina, que habías convertido en arte. Te gustaba planchar, guardar la ropa en los armarios, coser y bordar. Tu columna vertebral se mantenía enhiesta. Eras la reina del piso, eras doña Rosa, respetada y querida en el barrio y en la ciudad. Carácter alegre, juvenil, extrovertido, canturreabas por lo bajines nanas de nuestra infancia. Recibías muchas visitas, las cuales no se iban nunca sin haber catado alguna receta de la casa, como mermelada, coca, buñuelos o cualquier propuesta suculenta. Tu cuerpo era robusto, todavía ágil, ¡al diablo los bastones!, vocalizabas a la perfección y conservabas toda la curiosidad del mundo. El transistor te prestaba gran ayuda. Noticias, música, canto —continuabas con el *Bésame mucho* y con Carlos Gardel—, y de vez en cuando la voz de mi hermano Pedro, director de Radio Nacional en San Sebastián o mi propia voz con motivo de alguna entrevista o charla. A las doce, mediodía, el ángelus. Mutis todo el mundo: «Dios te salve, María...» La vida quedaba paralizada hasta que, un minuto después, recobraba su ritmo. Cuidabas de las flores de la terraza con la sabiduría y el mimo con que lo hacían en sus terrazas y jardines las mujeres inglesas. «¿Cómo? ¿Las mujeres inglesas? ¡Que vengan aquí y les enseñaré todo el vocabulario que utilizan los geranios!» Y es que las flores te hablaban. Y tú les correspondías. Ello nos recordaba, a Magda y a mí, los diálogos que los finlandeses sostenían con el mundo vegetal. Los escandinavos están convencidos de que piropeando a las plantas éstas crecen con vigor. Tú eras una planta que, en el Ampurdán, habías crecido con vigor. Y de repente —ochenta y cuatro años— hemorragia interna. Y cansancio, un cansancio infinito. Ambulancia y la clínica Muñoz, a dos manzanas de la calle de la Rutlla. ¿Cómo averiguar por dónde se producía la fuga de sangre? Análisis, radiografías. Una de éstas detectó, además, que tenías en el esófago un divertículo de tamaño más que regular. No podías tragar nada sólido, devolvías, únicamente algo líquido y con visible esfuerzo. Los médicos que te atendían eran precisamente hijos de aquel doctor Muñoz que te extirpó la matriz. La saga de los Muñoz parecía destinada a cuidar de ti en los momentos de crisis aguda. El mal era preocupante, grave y ninguna bata blanca se atrevía a formular el ansiado pronóstico. Las exploraciones se hacían eternas, descartándose el quirófano habida cuenta de tu edad avanzada.

Con poco tiempo de diferencia habían fallecido tu hermana Lourdes, tu hermana Alejandra y tío Adolfo. ¿Es que la Parca, la Gran Guillotina, estaba decidida a ensañarse con la familia? A tu alrededor —tus hijos, tus nueras y una larga lista de seres queridos— nos mirábamos unos a otros sin osar pronunciar una sílaba. Nunca olvidaré el semblante de mi hermano Juan, tu primogénito. Se había pegado a la pared del pasillo sollozando. No sé por qué, siempre me ha impresionado ver llorar a un hombre —mi padre tenía el llanto fácil— y Juan lloraba. Como era de esperar, la más serena era Carmen. Yo me sentía como un sonámbulo, sin aceptar del todo que aquello fuese real. De repente, palabras inhabituales en nuestro léxico cobran un relieve extraordinario; esas palabras eran, en la ocasión, «fuga de sangre», «divertículo» y «cansancio infinito». ¡Si no te cansabas nunca!... ¡Si tu sangre era nuestra sangre! ¿Cómo iba a fugarse, hacia dónde quería fugarse y por qué? Te faltaban glóbulos rojos, gló-bu-los rojos... ¿Es que no se sentían a gusto en tus venas, en tus arterias?

Tres días de espera. No cabía en nuestras mentes que pudieras morir, que podías dejarnos huérfanos. Sólo un resquicio de esperanza: una y otra vez balbuceabas: «Tranquilizaos, no voy a morir... Siento que todavía no ha llegado mi hora. Cuando llegue mi hora lo notaré y os lo haré saber.»

Y acertaste, acertaste una vez más. Se atajó la hemorragia y los médicos respiraron con alivio. Sin embargo, ahí tenías, clavado en el pecho, el divertículo, que en adelante iba a darte mucho la lata. Pero el peligro había pasado. Tu robusta naturaleza cumplió fielmente con su misión. Vivirías. Acaso vivirías aún muchos años. Fueron momentos de felicidad, nos abrazamos unos a otros festejando la buena nueva. Y la habitación se llenó de flores. En tu periodo de recuperación las flores ocuparon un puesto de honor. Te llegaban de todas partes, con las correspondientes tarjetas. Un coronel de la guardia civil, íntimo de la familia, el señor obispo, las vendedoras del Mercado, etc. ¡Y las visitas! «¿Podemos pasar, doña Rosa? La molestaremos sólo un momento.» La puerta de la habitación permanecía abierta, puesto que los médicos, en vista de tu favorable y espectacular evolución, habían concedido el necesario permiso. Recuerdo la emotiva visita de un padre claretiano, el padre Ventura, con el que te habías confesado. Te estrechó ambas manos y te dijo no sé qué cosas en nombre de Dios. Recuerdo también la visita de una familia gitana, a la que mi padre, en tiempos, había protegido. Cargados de churumbeles, pareja de tez cetrina, él con un tatuaje en el antebrazo, ella gorda, gordísima, a punto de parir otra vez. Te incorporaste para besar a los churumbeles —¿cuántos eran?— y ellos, con mucha timidez, te ofrecieron sus mejillas. El más pequeño te obsequió con un espejo... Los gitanos de la calle de la Barca ofrecían o vendían espejos y abanicos: «¡Jesús, si estoy hecha una vieja!» Todos sonreímos. El jefe de la tribu tenía ganas de fumar, pero no se atrevió. Y las visitas continuaron a lo largo de los quince días que permaneciste aún en la clínica. Querías salir por tu propio pie, pero los médicos te pusieron el veto. Las monjas y las enfermeras te echarían de menos. «Doña Rosa, le convendrá un periodo de convalecencia. Un lugar ideal sería San Hilario Sacalm...» Obedeciste y te fuiste a San Hilario en compañía de tus hermanas Sara y María. Se rumoreaba que el párroco pertenecía al Opus Dei. ¡Qué importaba! El piso que alquilasteis estaba situado en la plaza Mayor, donde paraban los autocares. En la planta baja, un taller de reparación y alquiler de bicicletas. «¡A que no te atreves a ir en bicicleta!» Pero te atrevías, ahora con la ayuda de un bastón, a ir andando hasta las fuentes termales, las cuales, según la tradición, obraban prodigios. Y al anochecer jugabas al parchís y, sobre todo, a las cartas —la brisca— con tía Sara y tía María; y, puesto que casi siempre les pegabas la gran paliza, ellas empezaron a sospechar, y yo también, que hacías trampa.

Terminado el forzoso compás de espera, llegó el momento de partir para Tierra Santa. Tal viaje, con una estancia prevista de medio año, me tenía sobre ascuas. Decisiva prueba para mi espíritu. ¿Qué ocurriría? Allí toparía de frente, sin paliativos, con el Misterio. Imposible prever cuál sería mi reacción. Los monjes de Montserrat tenían, cerca de Belén, una avanzadilla, un centro de estudios denominado Tantur. El padre Hilario Raguer, el traductor de los salmos y amigo mío del alma, me aconsejó que los visitara. «El padre Franquesa, responsable del centro, te recibirá con los brazos abiertos y te invitará a una copita de licor aromas de Montserrat.» ¡Tantur, cerca de Belén! Esta vez no se trataba del belén navideño que mis hermanas Carmen y Concepción montaban en el comedor; esta vez el Belén sería el auténtico, Beit-le-jem, Casa del Pan. Mi intención era conectar cuanto antes con los franciscanos del convento de San Salvador, en Jerusalén, puesto que ellos custodiaban los Santos Lugares desde hacía setecientos años. ¡Siete siglos! Guías perfectos, era de suponer. Pero acaso me conviniera también contrastar sus relatos con los relatos de los guías judíos. Esta palabra, «judíos», era para mí un instrumento de percusión. Extrañas y contradictorias resonancias. Recordarás, madre —y ya te hablé de ello una vez en esta carta—, que, durante los años de mi adolescencia y juventud, cada Viernes Santo yo había matado, con una maza, simbólicamente, golpeando el suelo de la catedral, millares de judíos, hasta el extremo de que me resultaría chocante encontrar vivo a uno de ellos. Por otra parte, ya sabes: a raíz del concilio ya no eran deicidas.

Pero tú continuabas con tus reticencias y yo también, sin saber exactamente por qué. Pueblo *elegido*. Elegido, en efecto, por Jehová, el Dios del Antiguo Testamento, repleto de sabiduría pero amenazador a ultranza. Algunos de los libros de la Biblia encogían el corazón. ¡Hosanna por los *Proverbios* y por el *Cantar de los cantares*!; pero la mayoría de los profetas inspiraban temor, cuando no terror, y si era hermosa la leyenda de Jonás y la ballena, menos estimulantes eran los libros de Jeremías, de Isaías, de Job, de Baruc. Por cierto, que durante siglos la Iglesia nos había prohibido a los católicos leer el Antiguo Testamento; de ahí que en muchos aspectos los protestantes nos llevaran una gran ventaja.

Ya en Israel, cuando Magda y mis amigos regresaron a España y, como antes dije, me quedé solo ante el Santo Sepulcro, ante el huerto de Getsemaní, empezó para mí un vapuleo emocional de tal calibre que tan pronto me sentía Juan de la Cruz como Barrabás. No voy a narrarte, madre, todas y cada una de mis andanzas, porque tuviste ocasión de leerlos pormenorizados en *El escándalo de Tierra Santa*. El resumen podía ser el de siempre, repetido hasta la náusea: mi viaje te inspiró mucho miedo —tal vez se tratase de la última y decisiva prueba para mi fe—, si bien en el fondo confiabas en que la figura de Jesús se me haría tan patente en aquel lugar en que *todo aconteció*, que en el momento de la despedida rebosabas más bien de alegría. Por lo demás, Magda a su regreso fue a verte y te dijo: «Le he dejado hecho trizas. Está muy emocionado. Tendrías que verle andar por aquellos caminos, desde Nazaret hasta el mar Muerto, como si estuviera a punto de encontrar la piedra filosofal.»

La piedra filosofal... No la encontré, madre, ya lo sabes. Por supuesto, di un paso adelante. En las *Conclusiones* de mi libro hablo de ello: volví de Tierra Santa convencido de que existía —de que existe— un Dios-Creador, que además era un Dios-Padre —no resolví la extraña ecuación de la trinidad—, y que este Dios era incapaz, dada su misericordia, de condenar al hipotético infierno a ninguna de sus criaturas. Asimismo llegué convencido de que «algo de nosotros sobrevive a la muerte corporal», y acepté la palabra «alma» para definir el hecho. Y además me confesé tan incapaz de afirmar la divinidad de Cristo como de negarla. Cuando el 19 de marzo, día de san José, llamé por teléfono a Magda desde el monte Tabor, con toda la llanura de Galilea a mis pies, día radiante, azul intenso, una ventolera que se llevaba por delante todos los demonios, me encerré en mi celda y de rodillas ante el crucifijo, tiritando de frío, balbuceé para mis adentros que, en efecto, nadie que no fuera Dios podía haber partido en dos, como Jesús lo hizo, la historia de la humanidad. Lo que era *antes* de Él, fue distinto *después* de Él. En cambio, en las estaciones del Vía Crucis, algunas de ellas inventadas como es el caso de la Verónica, en varias ocasiones me asaltó la dolorosa idea de que Aquel crucificado fue, quizá, el más grande de los hombres salidos de vientre de mujer, pero de ningún modo Dios. La semántica, los juegos de palabras que a tanta confusión conducen... Dios-Padre, Dios-Hijo, Dios-Espíritu Santo. El Dios-Hijo que baja a la tierra hace sólo dos mil años, dejando a la intemperie, por así decirlo, a los millones de seres que habitaron la tierra antes que Él. Redimirnos... ¿Redimirnos de qué? Del pecado original. Del pecado de un hombre llamado Adán, el más excelso de los poetas, puesto que fue poniéndoles nombres a las cosas, bautizándolas en un idioma ignoto, fuera del alcance de los filólogos. Yo digo *fuego*. ¿Dijo *fuego* el padre Adán? Yo digo *estrella*. ¿Dijo *estrella* el padre Adán? Yo digo *silencio*, yo digo *arado*, yo digo *pez*, yo digo *saltimbanqui* y nadie sabe el término exacto con que Adán nombró estas cosas. La figura de Adán es la más esotérica de las criaturas no sólo porque fue el primero, sino porque ignoraba que existiese la muerte —jamás vio un cadáver—, como, al parecer, les ocurre a los animales. ¿Descubrió la existencia de la muerte luego de cometer su gran pecado? ¡Cuánta leyenda, madre! Los hijos e hijas de Adán y Eva, para procrear, para que se pusiera a rodar la noria sin fin de la especie humana, tuvieron que cometer incesto. ¡Cuánta leyenda, madre! Tal vez con razón durante siglos, como antes dije, se nos prohibió leer el Génesis, o, en el mejor de los casos, interpretarlo. ¡Prosa maravillosa, qué duda cabe! Cincuenta años de oficio, de luchar con los verbos, los adjetivos, la sintaxis, me permiten efectuar tal afirmación. El libro del Génesis podría ser —cedo la palabra a los exegetas— la cumbre de la literatura universal.

Han pasado muchos años, madre, desde que pisé los Santos Lugares. Pero conservo vivos en la memoria los recuerdos de aquel acontecer. Recuerdo el viejo convento de San Salvador (Casa Nova), feudo de los franciscanos de la Custodia, inserto en la Jerusalén intramuros. Recuerdo al padre Emilio Bárcena, santanderino, que fue mi guía y mentor en lo que atañía a la Iglesia católica y que en un momento dado, sin que me fuera posible adivinar la causa, se distanció de mí y me atacó con intrigante entusiasmo. Recuerdo al profesor Edery, sefardita, catedrático de la Universidad de Jerusalén, que me introdujo fraternalmente en círculos judíos a trasmano de los turistas, como, por ejemplo, una ceremonia de circuncisión en el hospital Hadassa o la celebración del *sabbat* en una sinagoga de Mea Shearim (los judíos ortodoxos de los tirabuzones, que siguen sin reconocer como válido el actual Estado de Israel). Recuerdo al amigo Rafael Stern, askenazi, quien, por razones de seguridad, figura en mi libro con el falso nombre de Jacob. Ahora puedo revelar su identidad. Judío converso, sus compatriotas le perseguían. Me invitó a su casa, sita en Arad, en pleno desierto del Néguev, y me cantó, con su pintoresco pero rico castellano, la riqueza espiritual que emana de los desiertos. ¡Ah, claro, todas las grandes religiones —y todos los grandes profetas— han nacido en el desierto! Resulta inimaginable que Jesús naciera en la malsana Corinto, en la esplendorosa Atenas, en Roma, en Marsella o en Río de Janeiro. Y lo mismo cabe decir de Mahoma, y de Zoroastro —desiertos de Irán—, y de Lao Tsé. Madre, te acordarás seguro de mi amigo Rafael Stern, puesto que le conociste. A punto de ordenarse sacerdote católico —su conversión era sincera— se vino a España en varias ocasiones y le acompañé a Gerona para que pudiera sentarse frente a tu sillón verde, charlar contigo y probar media docena de tus suculentos buñuelos. Te impresionó mucho. Askenazi, cabeza poderosa, pelirrojo, te dijo que en su modesta casa del Néguev yo me comporté como un niño con zapatos nuevos, y que me abrió sus brazos porque vio en mí un alma *sensible*. ¡Sensible! Habría mucho que hablar... Aprovecho estas líneas para manifestarle a Rafael Stern mi gratitud. En un momento determinado regresó a Arad, donde continúa ejerciendo su peligrosa labor de proselitismo. Mantenemos asidua correspondencia, de la que se deduce que no ve claro el porvenir de Israel. Teme mucho a Saddam Hussein, a la posibilidad de que el tirano iraquí posea en breve la bomba atómica y la suelte sobre Tel Aviv —que significa Colina de la Primavera— y quién sabe si sobre la mismísima Jerusalén. Recordarás que acompañé a mi amigo al antiguo barrio judío de Gerona, *Isaac el Cec*, que antaño fuera importante centro de estudios de la Cábala europea. Ante aquellos vestigios que actualmente están siendo rescatados y puestos a flote, incluida la primitiva sinagoga, se emocionó y profetizó que con el tiempo Gerona sería, debido a ello, lugar de peregrinación de los judíos de todo el mundo, como así está sucediendo.

Rafael Stern detectó en ti, madre, rasgos árabes... Creo que tenía razón. Seguro que corría por tus venas sangre árabe, lo cual se reflejaba en el clima imperante en la casa de Darnius en que nací, y en los enseres que utilizabais en ella, desde el sistema de pesas y medidas, pasando por las sillas de enea, el sistema de alumbrado y muchas recetas de cocina. Nuestro amigo te dijo: «Sufro mucho, doña Rosa, con ese interminable conflicto entre mi pueblo y los pueblos árabes. No le veo el fin. La característica de los árabes, el secreto de su fuerza, es la paciencia. No tienen prisa. Los judíos andamos siempre pendientes del reloj; ellos no cuentan por horas, ni siquiera por días, ni siquiera por años. Están convencidos de que al final se llevarán el gato al agua, que vencerán. Yo tengo mis dudas. Participé en la guerra de los Seis Días, en la que se pusieron de manifiesto sus defectos, su laxitud, su falta de preparación. Ahora mismo, con el maná que el petróleo supone podrían dar un salto gigantesco; sospecho que sólo una ínfima minoría prepotente se beneficiará de ello, minoría compuesta por unas cuantas familias que dilapidan sus fortunas en Occidente, en los casinos de juego, en fiestas orgiásticas y en la compra de palacios ingleses.»

Lo que a ti te interesaba, madre, no era esto precisamente, sino el porqué de la conversión de mi amigo. Éste no tuvo pelos en la lengua. Se enamoró, como tantos millones de seres humanos, de la figura de Jesús, hasta el punto de que periódicamente recorría a pie las rutas que Él recorrió. Por otra parte, Jesús era judío, judío de pies a cabeza, lo eran todos los poros de su piel. Se educó en las sinagogas, predicó en ellas e increpó a su pueblo precisamente porque lo amaba. «Para que se cumplan las Sagradas Escrituras.» Lo que no te contó Rafael Stern, madre, para no herir tus fidelidades, es que tenía la convicción de que la Iglesia que este Jesús fundó no había sido fiel a sus mandatos. Conmigo, a solas, había empleado incluso la palabra *cisma*. Consideraba el engranaje vaticanista una suerte de cisma, que nada tenía que ver con aquel hombre-Dios que vestía una sencilla túnica, calzaba sandalias y no sabía nunca dónde por la noche reclinaría la cabeza. «Mi reino no es de este mundo.» La patrística demostraba que la Iglesia, durante largos periodos de tiempo, había obrado de espaldas a este mandato evangélico. En honor a la verdad he de confesarte que, por regla general, mi amigo se mostraba muy cauto sobre el particular. Aceptaba el cristianismo en toda su amplitud y prefería hablar de su amor a hablar de sus traiciones. Sin embargo, los hechos negativos estaban ahí y tú sabes, madre, hasta qué extremo me afectaron. Descubrí que en Tierra Santa-Israel, la primitiva y única Iglesia, se había dividido en treinta y dos facciones: católicos romanos, ortodoxos de rito latino, ortodoxos de rito oriental, apostólicos armenios, etiopes, asirios, luteranos, baptistas, evangelistas, etc. Facciones que mi amigo había analizado minuciosamente y que a lo largo de la historia habían luchado entre ellos, a veces de forma cruenta, disputándose un altar, una lámpara, un pedazo de alfombra. Ésta fue mi decepción al penetrar por primera vez en el Santo Sepulcro. La basílica dividida en compartimientos estancos, sin posibilidad de conciliación. Cada cual defendiendo su parcela como si de un territorio explotable se tratara, como si la hubieran heredado merced a un acta notarial. Los franciscanos poseían, ¡cómo no!, su parcela, pero que no era la parcela principal. La tajada más importante correspondía, lo mismo que en la iglesia de la Natividad, a los griegos ortodoxos, de riquísima, deslumbrante liturgia y cánticos —voces de barítono— que sobrecogían el alma y que recordaban las voces de los popes del monte Athos. ¡Cuántas horas permanecí —y Rafael Stern lo sabía y te lo recordó con astuta oportunidad—, solo, en un banco de piedra frente al altar ortodoxo donde presuntamente estuvo situado el Calvario! Contemplaba aquel Jesús crucificado, flanqueado a la derecha por una imagen de la Dolorosa, pidiendo, reclamando, rugiendo por dentro, fe, más fe, más y más, hasta acercarme a la tuya, a la que a ti te poseía sin la menor fisura. Y acontecía que tan pronto notaba como si germinara en mis adentros la tan deseada Gran Semilla —oleadas de piedad que me retrotraían a la adolescencia—, como me ganaba una extraña sensación de Malestar, de incomodidad interna, que solía ir acompañada de accesos de tos o trastornos digestivos. Nunca me atreví, madre, a confesarte que en el Calvario sufrí fuertes trastornos digestivos. Me parecía una blasfemia, una agresión. Y, sin embargo, ésa es la cuota que nuestro cuerpo ha de pagar precisamente por su condición de perecedero. Humillante. Pero consta en las hagiografías que a muchos místicos y ermitaños les ocurría lo propio.

¡Ah la dispersión, la división en facciones! Los protestantes, coincidiendo con mi estancia en los Santos Lugares, se habían sacado de la manga «otro» Calvario, un pináculo situado frente por frente de la puerta de Damasco, la más popular que cruzaba la muralla de Jerusalén. ¿Cómo contradecirles? Se presumían batallas dialécticas, cada cual con su enclave particular. También habían localizado «otro» campo de Pastores en la llanura que conducía a la aldea de Belén.

Razón de más, madre, para admirar la postura ecléctica pero entusiasta del pelirrojo Rafael Stern, para quien hubiera resultado mucho más fácil detenerse en la lectura de la Torá y presentarse como diputado en el gobierno de aquella mujer bíblicamente fuerte que se llamó Golda Meir. Eligió el camino áspero, difícil, del cambio de religión, cambio que escapa a mis entendederas. Unamuno dijo: «No se puede asesinar un idioma.» Papini dijo: «No se puede asesinar una religión.» El judaísmo es y será, aunque en su nombre se hayan cometido monstruosas barbaridades. ¿Cuántos judíos, madre, pasean la *menorá* por los cielos? Innumerables. ¿Los trata Jesús con un amor especial, diferente? Supongo que no, está claro que no. En los cielos no debe de haber tratos de favor. Las expresiones «más arriba», «más abajo», ya en el universo físico carecen de sentido. Rafael Stern estaba convencido de algo singular: decía que después de la resurrección de la carne todos allí tendríamos la misma talla, que todos los cuerpos serían idénticos, sin exceptuar los ojos, las manos, los pies, el cerebro. La tesis tiene su aquél, habida cuenta de que resulta imposible imaginar que habrá bienaventurados hermosos, otros feos, unos altos, otros bajitos. «Es probable —decía— que exista una infinita unanimidad.» Yo bromeaba patentizándole que billones de criaturas perfectamente iguales corrían el peligro de caer en la más insulsa de las monotonías.

Otro recuerdo que me traje de Tierra Santa fue la ceremonia sabática de la sinagoga de Mea Shearim, a la que el profesor sefardita Efery me invitó a participar. Era un local modesto, huérfano de cualquier boato. Más bien lo que se buscaba, a primera vista por lo menos, era crear un ambiente familiar, con el Arca alzada en el *presbiterio*, un estrado en medio, al que subían los encargados de las *Lecturas*, y al fondo unas rejas, tras las cuales se colocaban las mujeres.

Había unas treinta personas, sentadas en las correspondientes sillas y en los bancos. El profesor Efery pasó a ocupar el sitio que tenía reservado a la derecha del Arca, y yo, que era su amigo, me convertí en el huésped de honor, lo que me permitió sentarme a su lado. Naturalmente, me entragaron la *kipá*, que por fortuna se ajustó muy bien a mi cabeza; observé que la mayoría sostenía la suya con una horquilla.

La ceremonia se inició sin tardanza y, por las trazas, iba a resaltar también por su modestia. Ni el menor parentesco con aquellos oficios solemnes que establecen una barrera, que rompen la intimidad. Pronto me sentí a gusto precisamente porque no ocurría nada de particular. El primero en leer la Torá fue el *cohen*, el sacerdote, título que simplemente se heredaba. Era un hombre ya mayor, más bien enclenque, lo que contrastaba con su voz tronitronante. Todo el mundo le escuchó con respeto. Luego le tocó el turno al diácono, al *leví*. Al revés que su predecesor, su timbre era monocorde. Sin embargo leía con convicción, rígido el cuello y sin pestañear apenas. Los asistentes tampoco se movían, muchos de ellos con el librito en las rodillas o la vista fija en el Arca. En un momento determinado —había transcurrido un buen cuarto de hora— se produjo un cambio, como una relajación. Vi que el *cohen* y el *leví* habían cedido su sitio a los fieles, los cuales iban a ser los encargados del resto de las *Lecturas*. Por turnos iban subiendo al estrado, y dichas *Lecturas* debían de ser menos importantes, ya que, con toda evidencia, la atención que se les prestaba era mucho menor.

Tales relevos, que se efectuaban entre cordiales saludos, tenían una finalidad muy concreta: la participación. Todo el mundo había de ser «oficiante», la pasividad iba a quedar excluida. Era frecuente que al bajar del estrado el lector que ya había concluido se acercara a los bancos y a las sillas y fuera estrechándoles uno por uno la mano a los asistentes. En alguna ocasión, en lugar de estrechársela se la besaba, lo que indicaba que existía entre ambos relación de sangre: padre, hermano, tío, abuelo... Cuando ello ocurría, los niños, que a decir verdad no se estaban demasiado quietos, se intercambiaban miradas sonrientes, de divertida complicidad.

Y con ello, madre, entramos en la parte de la ceremonia que me interesó sobre todo, y sobre la cual el profesor Edery me advirtió de antemano. Los textos sagrados dejaron paso a la expansión personal. Quienquiera que tuviera algo que comunicar a la comunidad subía al estrado y hacía uso de su derecho. Por lo común, se trataba de las novedades que se habían producido en el seno de la familia a lo largo de la semana: una boda, un bautizo, una defunción. Según la índole del suceso, la reacción colectiva era de júbilo, o lo contrario. Por fortuna, aquella semana no se había producido ningún fallecimiento, «nadie había cerrado los ojos para siempre». En cambio, un muchacho joven, ancho de tórax, había sido padre por tercera vez. Revuelto el pelo y con expresión de cómica felicidad abrió los brazos para decir: «Os comunico que ha nacido en mi casa un hijo varón.» La noticia fue acogida con murmullos equivalentes a un fuerte aplauso. «Bien venido, bien venido sea el bebé». A renglón seguido, tomó la palabra un hombre de aspecto lastimero, que durante un buen rato se había dedicado a dar las gracias, mirando de vez en cuando en dirección al Arca, por haber salido con bien de una grave adversidad que amenazaba a los suyos. Su relato fue escuchado con recogimiento y al final todo el mundo asintió con la cabeza, indicándole que quedaban impuestos del caso y que se congratulaban de que se hubiera resuelto favorablemente.

Y llegó la hora de las promesas y de la petición de bendiciones. Varios fieles, en concepto de «aportación simbólica para las necesidades del niño varón recién nacido», prometieron efectuar, en cuanto finalizara el *shabat*, un donativo económico con destino al tesoro de la sinagoga. Acto seguido, y del modo más inesperado, uno de dichos fieles se dirigió a mí y pronunció unas palabras. Todo el mundo me miró, y el hombre continuó hablando. Por fin el profesor Edery me informó de que estaba pidiendo una bendición especial para el «huésped» que se había dignado compartir con todos el rito comunitario.

No se me ocurrió nada con que corresponder a tan emotivo detalle. Me limité a ruborizarme y a lamentar en mi fuero interno no conocer el idioma hebreo, en cuyo caso hubiera podido levantarme y expresarles con toda honestidad lo que sentía: que todo aquello me parecía muy bien, que así entendía yo que debía de ser la *ecclesia*, la asamblea religiosa: un intercambio de plegarias y de noticias, trascendentes unas, cotidianas otras, fraternales todas, en un clima de la más estricta sencillez.

El acto concluyó con una nueva intervención del *cohen*, el cual tomó el Arca, dio con ella una vuelta al local y la devolvió al sitio que le estaba asignado en el «altar»; luego la cerró con sumo cuidado.

Terminada la ceremonia, varios de los asistentes se acercaron a saludarme. No sabían quién era, ni cuál era el credo que yo profesaba, pero querían agradecerme mi asistencia. «Que sea bien venido el amigo del hermano

Edery, que sea bien venido.» Un hombre enérgico sentado en un sillón de ruedas se abrió paso y por su mímica entendí que lo que quería era darme un abrazo y los consabidos besos en ambas mejillas. Me acerqué a él y le correspondí con mi mejor voluntad.

Jamás pude sospechar, madre, que me sentiría de tal modo incorporado a ese núcleo humano. Supuse que la barrera del idioma bastaría para desconectarme. No fue así, y el profesor Edery, que asumió el papel de intérprete, al advertirlo no pudo disimular su satisfacción. La horquilla que le sujetaba la *kipá* era de oro, y señalando al leví, que había sido el primero en salir a mi encuentro, me dijo bromeando: «Se la gané en una apuesta. Aseguraba que era imposible no equivocarse alguna vez en las *Lecturas*. Pues bien, a lo largo de seis meses no pudo corregirme nada, ni una sílaba, y la horquilla pasó de su cabeza a la mía.»

Todo el mundo se rió, especialmente los chiquillos, para los cuales yo constituía una atracción. Luego, poco a poco, la sinagoga fue despejándose. Las mujeres desaparecieron en seguida, como por arte de magia. Ése fue el único dato que me desagradó de la reunión. Se lo dije al profesor. «*Hélas!* Vengo clamando por ese asunto desde hace veinticinco años...»

A última hora se acercó a saludarme un muchacho joven que hablaba un castellano más que aceptable. Era estudiante de letras. Llevaba un esparadrapo en la nariz y me pidió excusas por ello. No supe por qué. Apenas si conocía nada de la literatura española, a excepción de trozos del Quijote, que le aburrían mucho. Charlamos amigablemente. Había estado observándome y le había sorprendido la atención con que seguí todos los rezos del *shabat*. Lamentaba que los cristianos no conociéramos más a fondo las fórmulas sinagogales. Era como si ignoráramos el pensamiento y la manera de hacer de nuestros abuelos...

Te cuento todo esto, madre —parte de lo cual figura en mi libro—, porque en tu fuero interno y en el fuero interno de la mayoría de cristianos la palabra «sinagoga» provoca un vivo sentimiento de rechazo. Lo cual es rotundamente inmerecido y no hace más que corroborar mi tesis sobre la ignorancia del mundo occidental con respecto a todo aquello que se aleja de su inmediatez, de su cotidianeidad. No sólo por lo que antes mencioné —que Jesús aprendió «su» religión en las sinagogas y predicó en ellas hasta pocos días antes de su muerte—, sino porque, incluso en la actualidad, las ceremonias que en ellas se celebran forman parte, como antes dije, de mi personal concepción de la *ecclesia*. Así debió de ser el rito de las iglesias primitivas incluso mucho después de haber salido de las catacumbas. Mosén Jaime Armengol, en la parroquia de Santa Inés, se esforzaba en aproximarse a este ideal, al igual que el ex Isidro en su parroquia gerundense y que los franciscanos de la Custodia en su convento de la Jerusalén intramuros. La ópera, en los escenarios concebidos para tal fin; las misas, en lugar de recogimiento. El Calvario fue un montículo agreste, solitario, presidido por la piedra, no por la ubérrima vegetación. De ahí que yo discrepe de ti en lo referente a la acción iconoclasta que ha irrumpido en las actuales iglesias, mal llamadas vanguardistas; al fin y a la postre, no se ha hecho más que regresar al origen, que tener presente «el pensamiento y la manera de hacer de nuestros abuelos...». Jesús anunció que del Templo no quedaría piedra sobre piedra y así ocurrió. Las catedrales imponen por su grandeza y el templo de la Sagrada Familia constituye en nuestros días una obra arquitectónica impar; pero muchas almas humildes prefieren, para su diálogo con Dios, una ermita en lo alto de una colina. Ya sabes que las ermitas gozan de mi predilección. Y aquellas *creus de terme* que señalizaban los caminos y que los «rojos» tuvieron buen cuidado de derribar. Siempre me arrepentí, madre, de no haberme casado en una ermita. Precisamente hoy he leído en la prensa que una pareja canadiense se ha casado debajo del agua, en una playa del Pacífico, con la bendición de un sacerdote-progre enfundado en la correspondiente escafandra. También sé de una pareja de alpinistas que contrajo matrimonio en la cima del monte Aneto. Lo que no debe hacerse, aunque lo hagan los reyes, es casarse en la más lujosa catedral y compartir luego un ágape con quinientos invitados. Las bodas de Caná fueron más modestas. Por todo ello soy partidario del nuevo estilo que a ti te escandalizó: un grupo musical mixto, cumpliendo su misión en el presbiterio, antaño prohibido a las mujeres. Los misioneros, ¡otra vez recurro a ellos!, tiempo ha que han aprendido la lección: respetan al folklore de los catecúmenos, que reciben de sus labios la buenanueva del Evangelio. En los países fríos, gorros de astracán; en el trópico, mangas de camisa. Precisamente en estos días en que te escribo, madre, hemos enterrado los restos de uno de tus yernos, Jordi Jordà Prat, marido de tu hija Concepción. Mi hermana se casó con él en Montserrat —y tú asististe a la boda—, pero en la más estricta intimidad. Pues bien, los funerales, acorde con el espíritu de ese *grupo* eclesial que empieza a denominarse de «renovación carismática», han sido un ejemplo de simplicidad que ha noqueado santamente a los asistentes. Cuatro voces en el presbiterio, voces mixtas, pantalones tejanos. «Daos fraternalmente la paz.» Me ha recordado la sinagoga de Mea Shearim y he lamentado que el profesor Edery no estuviera presente. ¿Qué hubieras opinado tú de semejante ceremonia? Se ha comulgado con las dos especies y en la plática el sacerdote, huyendo de toda posible elocuencia, se ha dirigido a todos los presentes y ha glosado con sencillez la personalidad de Jordi Jordà, que era orfebre, amante de Cataluña y que poseía una memoria prodigiosa. El teatro lo puso por su cuenta la naturaleza, como ocurrió en la muerte de Jesús. Una tormenta inesperada, que repiqueteaba en los cristales. En el cementerio el agua seguía cayendo a Dios dar, tal un grito de protesta. Porque una vez más me he preguntado el porqué de la muerte. Para que lo sepas, madre. Tu hija Concepción, maestra de oficio e impulsiva por temperamento, ha dado toda una lección de saber estar. Llevaba una blusa negra con un lacito blanco en el cuello. Lloraba por dentro, pero por fuera irradiaba paz. Ahora te pregunto, madre, si nuestro cuñado Jordi te ha visitado ya en el cielo. Tu fe le había impresionado al máximo, así como tu ejemplo. Puso sus tres últimos años al servicio de los demás. Y llevó toda la enfermedad, cáncer de hígado, con la sonrisa en los labios, simulando que ignoraba que su hora estaba próxima. Se necesita un caudal inagotable de fuerza interior para fingir que uno no sabe que se le acerca la muerte. Jordi tuvo esta fuerza. Era un enamorado de la artesanía. Era un enamorado de su mujer. Era, también, un enamorado de las ermitas.

Uno de los recuerdos más sorprendentes de mi estancia en Israel, como recordarás, madre, lo constituye mi visita al frente de guerra, en los Altos del Golán, al norte de Galilea, visita que más tarde había de traerme inesperadas consecuencias. ¡Altos del Golán! Tal como nos dijera oportunamente Rafael Stern, la guerra judío-árabe no había terminado, ni llevaba trazas de terminar. La guerra de los Seis Días, con fulminante victoria judía, no había sido más que un parche. Los árabes continuaban al acecho, desde el Líbano, pasando por Siria y Jordania, hasta Egipto, dibujando el frente, y ya es curioso, una media luna..., señalada casi toda ella por sólidas alambradas. En los Altos del Golán, en la mismísima frontera con Siria —a pocos kilómetros de Damasco—, un destacamento peruano enviado por la ONU, cascos azules, montaba la guardia al objeto de recibir informes de lo que fuera aconteciendo y de preservar en lo posible la neutralidad. Tal destacamento era, en su mayor parte, profesional, pero se habían alistado en él, voluntariamente, una docena de indios quechuas, que apenas si hablaban unas palabras de castellano. El jefe de la unidad, según informes del padre Emilio Bárcena, quien, como tantas veces, iba a ser mi mentor, era el capitán Bustamante, oriundo de Lima. «Exhibe un bigotazo que parece árabe. El mimetismo no deja de ser curioso. A lo mejor cuando regrese a su tierra se agenciará, con el *Corán* en la mano, cuatro esposas...»

Pasando por Ramallah, que significa Colina de Dios, y por Nablus, montados en el coche todo-terreno del padre Emilio, el viaje hacia los Altos del Golán resultó menos tranquilo de lo que cabía esperar. Continuamente nos deteníamos para recoger a algún soldado judío —*sabra*, sin la menor duda— que, haciendo autostop, regresaba a su puesto en el frente. Eran muchachos jóvenes cuyo semblante reflejaba, en la mayor parte de los casos, una extrema crispación. ¡Algunos llevaban tres y hasta cuatro años movilizados, lejos de la familia! Uno de ellos, con una barba pajiza que parecía hecha de fuegos artificiales, fue la excepción. «No es que me guste la guerra, pero sí la camaradería que existe en el frente. Charlar junto al fuego, al aire libre, hacer deporte... Y las noches. Las noches de guardia, con millones de estrellas, no se olvidan. En casa me aburro y mi madre no cesa de llorar y de darme la lata.» Ahí estaba el busilis de la cuestión, madre. Las madres de estos soldados lloraban «y daban la lata». Porque no podían prever cuándo sus hijos podrían regresar definitivamente a su hogar. «Las madres, las madres de los *sabras* —me había dicho el profesor Edery—, son las que más sufren en Israel. Días y días esperando al mensajero que les dé la noticia de que su hijo ha muerto o ha quedado malherido. Las únicas que se salvan, en la medida de lo posible, son aquellas que están embarazadas y que en un momento determinado se preguntan: ¿por qué el Mesías que estamos esperando no ha de ser ese hijo que llevo en el vientre?»

Hasta cinco soldados recogimos antes de llegar al campamento peruano enviado por la ONU. Uno de ellos chillaba, chillaba como si estuviera endemoniado. «¡Estoy harto, harto! ¡Ni siquiera me acuerdo del lugar exacto donde se encuentra mi batallón! ¡Soltadme, tiradme a este barranco a ver si me muero de una vez!» Otro se rascaba continuamente todo el cuerpo como si le hubieran invadido los piojos. Y así hasta no parar. Sentí pena, madre, una pena honda y me acordé de nuestra guerra y de la guerra del Vietnam. Menos mal que acudieron prestos a recibirnos el capitán Bustamante, el teniente Quinteros y el capellán castrense, Edmundo Terrazas, viejo amigo del padre Emilio. El destacamento peruano se extendía por los cerros en múltiples barracones. Allá arriba —a lo lejos se divisaba el monte Hermón, «el viejo cargado de días»— hacía frío, mucho frío y yo empecé a tiritar hasta que llegamos al barracón del puesto de mando donde nos reconfortaron con un té caliente bañado en miel.

La experiencia fue singular, madre. A lo largo de nuestra estancia en el Golán pudimos comprobar que los soldados peruanos, oficialmente neutros, se inclinaban por los árabes. Sabían que, desde el punto de vista técnico-militar, un soldado judío «valía por diez soldados árabes»; pero desde el punto de vista emocional, los árabes les ganaban la partida... «Los judíos son inteligentes, tenaces, pero fríos... y mentirosos. Carecen de calor humano, especialmente los *sabras*. Los árabes son ingenuos, extrovertidos, hospitalarios, cordiales. ¡Lo cual no significa que deseemos que ganen ellos la guerra! Cuidado... Pero los árabes ¡son tan débiles!... Su única esperanza o fuerza motriz es la demografía, que sus mujeres tengan muchos hijos. Por lo demás, como si los judíos quisieran vengarse del holocausto que les infligieron los nazis, ahora devuelven la pelota y persiguen y matan a los palestinos. El día que no matan a un palestino se les antoja, y que Dios nos perdone, un día perdido. ¡Vaya, vaya usted a los asentamientos de Gaza y Cisjordania! Y ya me contará. Trescientos mil palestinos acorralados, hacinados, sin identidad propia, malviviendo en un tercer mundo injustificable. Trescientos mil, sólo armados con piedras. La Knesset, el Parlamento israelí, se ha inventado la expresión "territorios ocupados". En realidad se trata de un inmenso campo de concentración.»

Pero hoy quiero hablarte, madre, del verdadero motivo de nuestro viaje: el bautismo, en Banias, en el origen del Jordán, de los quechuas incorporados al batallón peruano, Batallón Bolívar. Los habían reclutado en plena selva. Eran diez en total, diez «indios», canijos, mirar rasgado, cuyos cráneos, posturas, hieratismo, eran, con toda evidencia, precolombinos. Los bautizaríamos al día siguiente, y cada uno de ellos andaba buscando un padrino. El benjamín de los diez se acercó a mí. Ser humano desfibrado, pómulos salientes, grandes orejas, falto de un diente. El casco azul le sentaba fatal. Se llamaba Raúl Palomino y me había elegido por consejo del capitán. Su voz era trémula. Me contó que su madre se colgó de un árbol en plena selva, cerca de la cabaña, que tenía cinco hermanos menores que él y que gracias a su alistamiento en el batallón Bolívar estuvo en la ciudad, en Lima, viajó en avión cruzando el mar, tenía un par de amigos, había aprendido algo de castellano, incluso a leer y a escribir, aunque muy poco y esperaba que yo aceptase ser su padrino, lo cual le ilusionaba en grado sumo porque yo era extranjero, rico y español. Intenté convencerle de que le convendría más un padrino peruano. De ningún modo. No quería regresar a Perú... «¿Mi padre y mis hermanos? Estarán contentos sabiendo que yo estoy contento y que tengo un padrino rico y español. Porque el capitán me ha dicho que, una vez terminada la guerra, usted, padrino, me ayudará.»

¡Santo Dios! Di por sentado que no podía negarme, pero no pude prever que, andando el tiempo, como recordarás, madre, se personaría en mi casona de Arenys de Munt y que yo le acompañaría a Gerona a visitarte y que tú le tomarías tanto cariño. ¡Raúl Palomino! Cráneo rapado, mirar rasgado, falto de un diente... ¿Dónde estás ahora, cholo? Yo te dejé —hice honor a mi promesa— de enfermero en el Hospital Clínico barcelonés, pero un día desapareciste y nunca más he sabido de ti.

El bautizo en Banias, donde, gracias a la confluencia de tres arroyuelos, tiene su origen el Jordán, acaso el más sagrado de los ríos, y que me perdonen el Nilo y el Ganges, fue emotivo de veras. Desde lo alto del Golán bajamos en caravana, montados todo el batallón en vehículos varios, jeeps y camiones, por en medio de una espesa niebla que se densificaba más y más a medida que descendíamos por la vaguada. Por fin llegamos a una explanada ya junto al río, teniendo al otro lado un acantilado con grutas prehistóricas, la mayor de las cuales debía de ser, según opinión del teniente Quinteros, la del dios Pan. El capitán descubrió, oculto tras una mezquita semiderruida, un niño de corta edad, agazapado, curioseando. Podía ser el hijo de un pastor árabe, podía ser un niño judío. También podía ser la onceava y humilde encarnación drusa de Dios.

¡El Jordán! Una pequeña cascada arrancaba cabrilleos del agua y su rumor hubiera sido bucólico por definición si los uniformes militares de los cascos azules no evocasen la muerte. Resultaba difícil situarse. ¿En qué sitio exacto convergían los tres afluentes, uno de ellos, procedente del Hermón? ¡Bah, no importaba! Ningún accidente geográfico podría impedirme hacer lo que me salió del alma: acercarme, con emoción muy viva, a la orilla del río, agacharme, mojar mis dedos en él y persignarme luego, acordándome de que los habitantes del lugar llamaban al Jordán «el gran abrevadero», recoger con la mano un cuenco del agua que bajaba rápida de la cascada y beberla de un sorbo, con deleitosa lentitud.

Ceremonia breve, mal organizada, deprimente. ¿Por qué le pedía tanto a la vida? ¿Por qué aguardaba, una y otra vez, que tal o cual cosa fuera transmutante? Participaban también en la ceremonia, llegados exprofeso, tres carmelitas españoles procedentes del convento de Haifa, capitaneados por el famoso fray Delfín, aquel héroe nacional judío, héroe de la segunda guerra mundial, que se convirtió al cristianismo, con lo que planteó un serio problema al Gran Rabinato y al Parlamento de Israel.

Me pregunté, madre, si la climatología, la niebla y la humedad no habrían influido en que la vibración de ese bautizo con el que soñé entusiásticamente fuera mínima. Los siete quechuas, los siete catecúmenos, que eran de hecho los protagonistas del acto, desde el primer momento se mostraron como asustados, pendientes de las órdenes de Edmundo, del padre Emilio, del capitán... Les ordenaron alinearse de espaldas al río, cara a la explanada, y así lo hicieron, firmes como si fueran a ser fusilados; y detrás de cada uno de ellos, el padrino correspondiente. Como era de rigor, yo me situé detrás de Raúl, le saludé, él me correspondió con voz apenas audible. En ese momento alguien depositó en mi mano una vela, o un pequeño cirio, encendido.

Todos los padrinos sufrimos idéntica prueba, después de la cual Edmundo, Emilio y los demás iniciaron la ceremonia litúrgica. Rezaron textos miríficos —«me rociarás, Señor, con el hisopo y quedaré purificado»—; se acercaron a los quechuas; trazaron cruces en su frente; los marcaron con sal; volvieron a pasar. Un aire de magia flotaba en el ambiente. Frailes y sacerdotes trazaron luego cruces en el espacio —a nuestra espalda se oía el paso rumoroso del agua del río—, y poco después llegó el instante clave: el de acercarse de nuevo a los quechuas y preguntarles si renunciaban a Satanás... La renuncia era individual, pero idéntica para todos; mas no fue idéntico el tono de voz de cada respuesta. Hubo renuncias rotundas, las hubo dubitativas, o leves; la de Raúl brotó casi con cierta dulzura, lo que hizo vacilar de nuevo la llama de mi cirio. No obstante, el cómputo fue unánime, nadie quiso pactar con Satanás, lo que arrancó de los «oficiantes» otro canto algo más vibrante que los anteriores, momento en que me pregunté qué entenderían por Satanás aquellos catecúmenos llegados de la selva.

El bautizo propiamente dicho tuvo lugar en el río. Ahijados y padrinos, uno tras otro, hubimos de acercanos a él, donde nos aguardaba el sacerdote de turno, el cual se agachó, llenó de agua el cazo que llevaba preparado e, incorporándose, la echó sobre la cabeza del catecúmeno. Entretanto, el padrino debía posar la mano sobre el hombro de su ahijado. Así lo hice yo con Raúl, y me pareció comprender el rezo del Génesis: «El espíritu de Dios estaba incubando sobre la superficie de las aguas.»

Dos quechuas más, después de Raúl, y el rito terminó. En vano esperé la eclosión, el remate digno que nos redimiera del desangelamiento que había presidido toda la ceremonia. No hubo tal. Vi que los celebrantes se despojaban ya de algunos de los ornamentos que llevaban, mientras el capitán parloteaba con fray Delfín y el Mayor se disponía a ordenar a sus súbditos, a los miembros del «rebaño Bolívar» que habían asistido al acto, que se dirigieran a los jeeps o camiones que les pertocasen.

Ése fue el momento, como me ocurre siempre, de la diversidad. El *puzzle* perpetuo, que no deja de tener sus ventajas. Mientras yo pensaba en que el bautismo de Jesús tuvo lugar más al Sur, allá por Judea y en que el Bautista —«yo os bautizo en agua, pero llegando está otro más fuerte que yo, a quien yo no soy digno de soltarle la correa de las sandalias»— fueron acercándoseme, a tenor del revuelo que se había organizado en la explanada, varios de los participantes en el acto. Raúl, con sus ojos negrísimos y su tartamudeo, me dijo, antes de salir corriendo hacia el camión que le esperaba: «Gracias, padrino. Muchas gracias, padrino...» Y, viendo que su actitud reclamaba un abrazo, se lo di con efusión. El teniente Quinteros pasó a mi lado farfullando: «Les convendría morirse ahora mismo, ya que están limpios de corazón.» Uno de los carmelitos españoles de Haifa, bajito y satisfecho, que se hubiera merecido ser canónigo en la mezquita de Córdoba, se acercó y comentó, retórico: «Magnífico, ¿verdad? Siete miembros más en el Cuerpo Místico...»

Regresamos al campamento. Me dijeron que faltaba casi una hora para la misa-confirmación, que tendría lugar en la capilla, que yo no conocía aún. Sentí la necesidad de estar solo. Fui al bar, me tomé un café caliente y, rehuyendo a unos y otros, me dirigí a la modesta «casa del Señor» a la que estaban dando los últimos toques. Era un barracón más chico que los demás, y un sargento al que llamaban Cholo, simplemente Cholo, muy devoto, al parecer, había querido pintar para la ocasión, al fondo, detrás del altar, a Jesús y a la Virgen. Mi impresión fue fuerte al comprobar que el rostro de Jesús era el vivo calco involuntario, sin duda, del rostro de Tupac Amaru que presidía el bar. Cholo se me acercó y me preguntó quién era, y al oírme hablar castellano sonrió de oreja a oreja y me contó que llevaba ya mucho tiempo pintando vírgenes por todas partes, desde que se formó el batallón. «¡Llenaré toda la Tierra Santa de pinturas de la Virgen, hasta que no haya guerra!» Intuyó que había ido para estar a solas conmigo mismo y volvió a su trabajo, alejándose sin añadir palabra. Pero la presencia de Cholo bastó para multiplicarme. El *puzzle* otra vez, aunque ahora en mi propio cerebro. ¡Si alguien hubiera filmado mi bautismo, en Darnius!... Según me dijiste, madre, lloré mucho... Sobre todo por la sal, *que ahuyenta la cólera divina y los deseos de venganza e insufla sabiduría.* ¿Satanás había salido echando chispas de los cuerpos de los quechuas? ¡Ah!, era una lástima que los expertos en el tema del Mal, del Maligno, de lo Negativo, de lo que ellos llaman *la impotencia de Dios*, no hubieran estado presentes en Banias. Recordé haber leído que Juan Bautista era esenio, y que Jesús, discípulo suyo, había aprendido muchos secretos de su doctrina, hasta el punto de elegir sus apóstoles entre los que tenían condiciones de médium... Bien, una cosa estaba clara: debí tirarme de cabeza al río Jordán.

Raúl Palomino, al saber que me iba, envejeció de repente. Procuré consolarle. Le di una tarjeta con mis señas y le pedí las suyas. «Yo no tengo, padrino... Vivo en la selva.» Luego me dijo que estaba casi decidido a no regresar a América. «Seguramente iré a verte a España, padrino... Para que me ayudes.» En el último instante me prometió formalmente reponerse el diente que le faltaba. Abrazos cortos, prietos, sinceros. «Anda, Rául... Te deseo la mejor suerte del mundo.» «Adiós, padrino... Y muchas gracias...» Raúl fue el único que salió del barracón para darme el último adiós. Su figura diminuta —saludó agitando su boina azul— fue la que se me quedó grabada con más fuerza.

Raúl Palomino... Te acordarás de él, madre. Sabes que, en determinado momento, se personó en nuestro domicilio de Arenys de Munt. Regresó a Perú, a Lima, «para no molestarme», aprendió bien el idioma castellano, ejerció de enfermero en un hospital, pero el recuerdo del «padrino español» no le abandonó. Y, guiándose por la tarjeta que le di en Banias, tomó el avión y me localizó sin dificultad. Había cambiado mucho. Su aspecto era todavía precolombino, pero exhibía una gran cabellera negra e iba vestido con un traje azul marino que le sentaba muy bien. «Aquí estoy, padrino... Me dijiste que me ayudarías.» La perplejidad de Magda y mía fue morrocotuda. Sobre todo al enterarnos de que, coincidiendo con la lectura de algunos libros sudamericanos, se había vuelto ateo. «Sí, padrino... Aquel bautizo en Banias no me sirvió de nada. ¡He visto tantas cosas!... ¡He aprendido tanto!... Seis años son seis años, ¿no es cierto? Ya no soy aquel cholo al que intimidaba la presencia de cualquier cura. Mi América es pobre, terriblemente pobre, y en el hospital de Lima he visto morir de inanición a mucha gente, a muchos niños. Regresé a la selva para ver a mi padre y a mis hermanos y resultó que un ciclón se había llevado la cabaña y no quedaba ni rastro de ellos. Sufrí mucho. ¿Por qué tenemos que sufrir tanto? ¿Verdad que ayudarás a este cholo, a Raúl? No quiero ningún sermón... Sólo quiero quedarme en España y que tú me ayudes. Ya te dije que soy enfermero. Búscame un hospital aquí, en Barcelona. Que pueda ganarme la vida. Si luego quieres verme, me lo dices, si no quieres, mutis y en paz. ¿Quieres saber lo que me hizo daño en Banias? Que dijerais que mi cuerpo era inmundo porque lo habitaba Satanás. Mi cuerpo no era inmundo, padrino. En cambio, hay cuerpos de muchos curas que sí lo son.»

Nuestro asombro no tenía límites. Raúl no empleó la palabra ateo, cuyo significado a buen seguro desconocía, pero sus palabras no ofrecían la menor duda. Ya no tartamudeaba al hablar y, en efecto, se había repuesto el diente. Al ver tantos libros en mi casa se desconcertó. ¡Pidió whisky con soda! Y encendió un pitillo. En mi estudio se sentía bien, cómodo, pese a que sus cortas piernas apenas si llegaban al suelo. Me pidió prestados un par de libros míos: «Quiero saber lo que piensas.» «Yo pienso que Dios existe, Raúl, y que el hecho de que un ciclón se llevara vuestra cabaña con toda tu familia dentro no tiene nada que ver con Dios. Tampoco tienen nada que ver con Él los dramas que hayas podido ver y vivir en el hospital de Lima, ni la miseria de tu América. La muerte existe, es inevitable, pero, tal y como te dije en Banias, tenemos la esperanza de una eternidad feliz.»

Hice cuanto pude, madre, mintiendo y fingiendo como un bellaco, puesto que no andaba yo aquella temporada muy fino en cuestiones de fe. Pero topé con un muro. Su ignorancia continuaba siendo, en el fondo, desmoralizante. Cualquier abstracción le aturdía. Era preciso hablarle un lenguaje que no excediese de las cosas que se pueden palpar. Sabía lo que era una mesa, una silla, un quirófano, un libro, un vaso de whisky y una boina azul; pero no sabía lo que era «temperamento», o «idiosincrasia», o «reflejo atávico» o «trascendencia» o «Cuerpo místico». Sabía lo que era el Jordán, pero ignoraba lo que era el río de la vida; el río de la muerte, sí, ¡por supuesto! De ahí que no entendiera el significado de la palabra Dios y menos aún la expresión «Dios bondadoso». Resultó que en Lima se había drogado. Conoció una muchacha colombiana que le indujo a «probar», y le gustó. Pasó una larga temporada masticando coca. Vivió algunos momentos de euforia que le produjeron adicción, pero comprobó que luego le ganaba una desesperante flojedad y se curó. Se curó por consejo de los médicos del hospital, que por lo visto le querían mucho. La muchacha colombiana empezó a acostarse con un ex cura —en América ello era corriente— y le dejó plantado, sin darle la menor explicación. ¡Le dañaron tantas cosas!... A veces añoraba el campamento Bolívar, llegó a añorar incluso la selva. Pero no. «Compréndeme, padrino... Si tuviera una mujer como la tuya... Estoy seguro de que ella no te traiciona. ¡Je, cuánto libro! Me prestarás alguno tuyo, ¿verdad? Claro que a lo mejor no entiendo nada. ¿Crees que podrás ayudarme, padrino? Soy buen enfermero. Es mi afición. ¡Si pudiera alimentar mi cerebro y llegar a ser médico!; pero qué va... No sirvo para los estudios. Edmundo, en el Golán, me dijo que el bautismo en Banias iba a cambiar mi vida. También tú me lo dijiste, no de una manera clara, pero lo diste a entender. Y total, nada. Hay noches en que lo veo todo negro, feo. Y es que me falta una mujer... ¡No, no, no te preocupes! Sé que eso corre de mi cuenta. Tú cuélame en algún hospital de aquí y ya me las apañaré. ¿Cómo has dicho que se llamaba tu mujer? ¿Magda?... Nunca había oído ese nombre. ¡Oh, por favor! Servidme otro whisky, que es la bebida que más le gustaba al capitán Bustamante...» Etcétera.

El resto ya lo conoces, madre. Le encontré una plaza en el Hospital Clínico, donde trabajaban ya varios sudamericanos, aunque ningún quechua. Y le acompañé a Gerona para que te conociera. No quería abandonarlo a su suerte, no quería que volviera a las andadas masticando coca o esnifando algo peor. ¡Daba, el pobre Raúl, tanta lástima!... Gracias, madre, por la manera como le recibiste. Yo te había puesto en antecedentes. Cuando le invitaste a mermelada y bizcochos conocías ya la vida de Raúl. Su aspecto indio, pese a su cabellera y a su traje azul, te impresionó mucho. Tú querías que él prestara atención a la imagen del Sagrado Corazón que presidía el comedor, pero no había manera. A Raúl, las imágenes, incluso las de Tupac Amaru, le dejaban por completo indiferente. Tu voz, al hablarle, adquirió una dulzura especial, la dulzura con que solías dirigirte a las personas desvalidas. Cada vez que pronunciabas su nombre, Raúl, era como si, desbordando la semántica, le abrazaras. Se te presentaba la ocasión de ejercer tu apostolado de siempre y lo mismo cabía decir de mi hermana Carmen. Al enterarte de que su madre se colgó de un árbol, exclamaste: «¡Qué horror!»; y te santiguaste. Y te acordaste seguro de tía Nieves, la madre de Aniceto, que, estando en Toulouse, también se ahorcó. ¿Qué estaba ocurriendo? ¿Es que, a medida que el famoso siglo veinte avanzaba, en medio de tantos adelantos técnicos —llevabas ya un aparatito para tu incipiente sordera—, las madres se ahorcaban, se colgaban de un árbol o de una cuerda? «Le ayudarás, hijo, ¿verdad? Prométeme que ayudarás a Raúl. No basta con que trabaje en el Clínico. No le dejes solo... Tienes que ser su amigo. Barcelona es muy grande y es muy fácil perderse por ahí. Llévale al Cristo de Lepanto, a Montserrat y preséntale a mosén Jaime Armengol. Mosén Armengol es un santo. También él le ayudará.» Te comprendí, madre. Querías a toda costa que el bautizo en Banias diera sus frutos, aunque fuera con retraso. ¿De qué le serviría a Raúl ganarse la vida si sufría de soledad o topaba con malas compañías? Le mirabas con fijeza. Sus rasgos indios te desconcertaban. En catalán, para que Raúl no me entendiera, te dije que no podías imaginarte lo que significaba haber nacido y haberse criado en la selva, que para ti era como una misteriosa explosión vegetal, con muchas fieras salvajes, mosquitos y, sobre todo, con muchas serpientes. «¿Otra taza de café, Raúl...?» «No, no, señora. En todo caso, whisky...» ¡Válgame Dios! Tú no tenías whisky en casa ni lo habías probado en tu vida. Tenías aromas de Montserrat, malvasía, garnacha del Ampurdán. «No se preocupe, señora... Me bastará con otro café.» Le costó mucho al chico decidirse a llamarte doña Rosa. Te llamaba señora y aquello parecía satisfacerle. Etcétera.

Ahora no sé dónde está Raúl, madre. ¿No lo habrás visto por ahí? En el Hospital Clínico estuvo poco tiempo y sólo de vez cuando nos visitaba. Desapareció durante uno de nuestros viajes a Roma. A nuestro regreso ya no estaba ni en el hospital ni en la fonda de la calle Tallers, donde había alquilado una habitación. Uno de sus compatriotas, enfermero como él, nos informó de que últimamente había vuelto a las andadas con la droga. No había querido conectar con mosén Jaime Armengol, ni visitar el Cristo de Lepanto, ni subir a Montserrat. Sus instintos le llevaron con frecuencia al Barrio Chino, con todas las consecuencias que de ello se derivarían. No pequé de omisión, madre, como tú me reprochaste repetidamente. Magda y yo hicimos lo posible para mantenerlo bajo control, pero se nos escurría de entre los dedos. Posiblemente, le pudo la soledad. No tenía asidero ninguno que le atara a la vida. Si ya es triste ser ateo, más lo es serlo sin darse cuenta de ello. Raúl, desconectado de cualquier estímulo sobrenatural, iría ensimismándose, cayendo en el fatalismo de su raza. Lamento su ausencia. La siento muy adentro. Era mi ahijado. ¿Se habrá vuelto a América? ¿Habrá vuelto a la selva? ¿Se habrá también colgado de un árbol? ¿Habrá muerto por culpa de una jeringuilla?... Leyó mi *El escándalo de Tierra Santa* y su comentario fue: «Ese Raúl, padrino, que pintas ahí, no soy yo... Es otro Raúl.» Es probable que tuviera razón. ¡Cuesta tanto meterse en el pellejo de «otro»! ¡Cuesta tanto conocer la verdad primera, la verdad última, de otra persona! Incluso resulta imposible autoconocerse. Nuestras propias reacciones nos sorprenden una y mil veces. Ni siquiera tú, madre, que tanto me quisiste, llegaste a conocerme de veras. Andamos por el mundo llevando una máscara distinta según sea nuestro interlocutor. Hay personas que nos bloquean, otras que nos estimulan. Yo era uno delante de ti y ahora, mientras te escribo esta carta, soy otro. Yo soy uno delante de cada uno de mis hermanos, otro delante de Magda, otro delante del profesor Edery o de Rafael Stern, otro delante del doctor Mestre, otro delante de Dang Man Chuan, otro delante de Dios. Son respuestas reflejas, no sé si debidamente analizadas por Freud. Depende del día, del crepúsculo matutino o vespertino, de la estación del año, de los humores que en aquel momento segregamos. Recuerdo que, en mi época de plegarias hondas, mis vibraciones diferían mucho si me dirigía al Niño-Jesús, al Jesús-sinagoga, al Jesús de sus años oscuros, al Jesús público, al Jesús-crucificado. ¡Estoy descubriendo el Mediterráneo! Ahora me doy cuenta. ¿Qué voy a contarte a ti, madre, que al hilvanar el rosario cambiabas el timbre de la voz según los misterios fueran los de Gozo, los de Dolor, los de Gloria? Tal vez sólo en el cielo se consiga una perenne estabilidad, con el peligro, ¡siempre el mismo sonsonete!, de la monotonía. ¿Eres tú la misma junto a mi padre, junto a *L'avi Pere*? ¿Eres tú la misma saludando en mi nombre a Papini o a Balzac? ¿Eres la misma ante Dios-Padre, ante Dios-Hijo, ante Dios-Espíritu Santo? Tú no eras la misma cuando regabas las flores de la terraza, piropeándolas al paso, que cuando bebías agua de Lourdes o visitabas al trapero de la calle de la Rutlla en busca de algún cachivache *naïf,* de saldo, de los que te gustaban. Ni siquiera fuiste la misma cuando Raúl entró en tu casa que cuando al despedirse te besó torpemente la mano...

Tienes que perdonarme, madre, que insista en esta carta sobre mi estancia en Tierra Santa. Podría llenar miles de páginas recordando mis recuerdos. Por otra parte, y bien pensado, ¿de qué podría hablarte que te interesara más? No puedo olvidar mis continuos viajes de Jerusalén a Belén, a la gruta o cueva de la Natividad, en la que una estrella de plata señalaba el lugar presuntamente exacto donde la Virgen dio a luz a su Hijo. *Hic de Virgine Maria Jesus Christus natus est... «Aquí* nació...» Claro que pudo ser más arriba, o más abajo, más a la izquierda o más a la derecha; pero no estoy hablándote de topografía sino de sentimientos. Me pasé horas enteras en esa gruta, pequeña, deprimente, ennegrecido el techo por el humo de los cirios, viendo desfilar peregrinos del mundo entero, llorando, cantando la salve, cayendo de rodillas ante la estrella y besándola. ¿Puede una mentira durar tantos siglos? Sí, puede. La humanidad vive de tradiciones, porque las tradiciones acaban siendo verdad. Yo solía esconderme allá al fondo de la gruta pensando con frecuencia en el viaje y llegada de los Reyes Magos. ¡Hermosa leyenda! ¿O no es leyenda, sino historia? Un rey blanco, otro rubio, otro negro. Perfecto desde el punto de vista metafísico. Capacidad de síntesis. Todas las razas representadas por aquellos magos que, ¡cómo no!, procedían de mi Oriente querido. Llegué a entablar amistad con el pope ortodoxo, griego, que cuidaba de la basílica adjunta. El hombre no acababa de hacerse a la idea de que la cueva perteneciese a los católicos, a los franciscanos. La afluencia de fieles le sacaba de quicio. «¡Una rápida ojeada a la basílica, que es nuestra, y a la cueva!» «¿Pues qué se han creído ustedes?», replicaba yo, simulando enfado. La envidia, si así puede llamarse, acabó agriando su carácter. Se llamaba Andropoulos. «Pero, vamos a ver..., ¿qué importancia tiene que esa estrella de plata y la cuna en que reposó el Niño-Dios sean "administradas" —horrible palabra— por ustedes o por los franciscanos? ¡Han llegado ustedes a matarse disputándose tal propiedad! Ahí está el escándalo. Parecen ustedes palurdos hombres del campo disputándose este o aquel predio. Lo importante es este desfile incesante de almas dispuestas a adorar.» «Sí, sí, es posible que lleve usted razón. Pero mientras no se solvente este pleito, mientras no se nos devuelva lo que es nuestro, yo no pienso bajar esos peldaños y besar la estrella.»

¡Santo Dios! Esas cosas, madre, me hacían mucho daño. Como me hacía mucho daño que soldados judíos anduvieran vigilando el huerto de Getsemaní. ¿Es que querían prender a Jesús otra vez? Aquellos olivos, madre, retoños de los auténticos olivos citados en el Evangelio... Te traje unas hojas que guardaste en tu devocionario y que bien merecían haberte acompañado a la tumba. «Si es posible, que pase de mí este cáliz...» Palabras infinitamente repetidas a lo largo de los siglos por la humanidad doliente, palabras que es de suponer que ningún ángel haya pronunciado jamás.

Nazaret... Lo visité una y otra vez, casi siempre a las órdenes del padre Uriarte, franciscano vasco, al que faltaba una mano que cubría con una media de color de carne. La virginidad de María. Dogma de fe para ti, madre, para mí una incógnita insoluble. Creí que mis peregrinaciones a Nazaret me resolverían el problema y no fue así. Por si algo faltara, en la Escuela Bíblica de Jerusalén, a la que acudía con frecuencia, me enteré de que Nazaret no es mencionado ni una sola vez en el Antiguo Testamento, ni en el Talmud, ni siquiera Flavio Josefo, lo que presupone que en la época en que nació Jesús era una aldea perdida en los confines del país de Zebulón. También este dato, mientras recorría con el padre Uriarte la basílica de la Anunciación, considerada el mayor templo de la cristiandad en Oriente, y mientras contemplaba a las mujeres nazaretanas acudir a por agua a la llamada Fuente de la Virgen María, llevando en la cabeza una ánfora de tierra cocida, también este dato, digo, me dañó. La imagen de María ha sido falseada al límite, y sólo tú, ahora, podrías demostrarme que ello es un error. El afán de glorificarla ha hecho olvidar que era una muchacha de este pueblo entonces ignorado, probablemente analfabeta, y que estaba perfectamente dispuesta a casarse con José, con todas las consecuencias... En las letanías la llamamos «torre de marfil», «casa de oro», etc. No sé por qué, ya que nada existe que nos permita asegurar que era hermosa, y ni siquiera que, por temperamento, fuese especialmente recatada. Dichos tabúes han sido la causa de que se pintasen miles de retratos que la han presentado como una rica matrona, de que en el Pilar de Zaragoza se exhiba una corona en su honor en cuyo centro hay millares de brillantes y a que la custodia de Tierra Santa, en vez de respetar el hecho histórico de que vivía en una mansión casi cavernaria, le haya levantado ese templo en el que, excepto en la cripta, me atrevería a decir que cualquier diosa pagana de la antigüedad, sin exceptuar Afrodita, se sentiría en casa propia.

Pero dejemos esto, que me entristece excesivamente y permíteme, madre, que me traslade al Muro de las Lamentaciones, en Jerusalén. Es otro de mis recuerdos más queridos. Bloques de piedra yuxtapuestos hasta alcanzar una altura considerable, donde los judíos —lástima de la separación de sexos— acuden constantemente a rezar, balanceándose, moviendo todos los huesos del cuerpo, como para ellos es preceptivo. En el periódico *La luz de Israel* leí algo que me encantó: el rocío que durante la noche cubre las piedras del Muro proviene de las lágrimas que el propio Muro vierte al llorar, junto con todo el pueblo judío, por la destrucción del Templo, y habrá rocío y habrá llanto hasta que dicho Templo sea reconstruido; aunque hay quien opina que ahora las lágrimas del Muro lo son de alegría, puesto que el pueblo judío alcanzó, en 1948, la libertad, con la fundación del moderno Estado de Israel. A ese Muro me había entregado yo sin reservas, hasta que un turista francés con el que coincidía a menudo aquí y allá me contó que la gran explanada que se extiende ante dicho Muro era «artificial», fruto del método expeditivo que utilizaron los judíos al término de la guerra de los Seis Días —1967—, en la que tomó parte Rafael Stern, consistente en arrasar con *bulldozers* las covachuelas árabes que había en el lugar. Los judíos son así, madre, y a veces me duele que Jesús perteneciera a esta raza. Sus *bulldozers* mentales —y también los de verdad— arrasan cuanto se les ponga por delante con tal de alcanzar lo que se hayan propuesto. De fácil llanto, carecen de escrúpulos cuando se trata de defender lo que consideran suyo. Raza —si de razas puras puede hablarse— única, perseguida desde el éxodo a Babilonia hace de ello cuatro mil años, con una demografía que no llega a los veinte millones de seres, lanza sin cesar al ruedo genios y más genios en todos los ámbitos del saber y del hacer. Ahí tendrás, a tu vera, madre, en calidad de ejemplo señero, a los tres grandes revolucionarios de nuestra época, judíos los tres: Marx, Einstein, Freud... Para no citar a los músicos, a los poetas, a los pintores, ¡a los financieros! Todo ello lo tenía yo muy presente ante el Muro; pero también lo tuve presente —otro recuerdo— en mi visita a los «territorios ocupados» de Cisjordania y Gaza, de que también te hablé, con casi trescientos mil refugiados palestinos, que vivían «en condiciones de Tercer Mundo inadmisibles». Así lo constaté. «Acorralados, hacinados», esperando —con piedras en la mano— la hora de la venganza. Los niños nacían ya allí con el odio en el corazón, de ahí que de vez en cuando saltara por los aires en Arad, en Tel Aviv y, sobre todo, en la propia Jerusalén, un autocar repleto de judíos. Conflicto sin justificaciones históricas —todos descendientes de un mismo tronco, que durante largas épocas habían convivido en paz, pero que ni siquiera ahora lleva trazas de hallar la correcta solución. Precisamente en estos días en que escribo, madre, esta carta, el mundo ha convocado a judíos, árabes y palestinos a una conferencia de paz que, de entrada, nace muerta. Para los israelíes la palabra «palestinos» es soez, sangrante, se clava como un dardo en su plexo solar; para los palestinos, mentar a los judíos es mentar al Infiel —al Diablo—, tantas veces citado en el Corán, condenado de antemano a las tinieblas eternas en las que Mahoma creía ciegamente. En el Muro de las Lamentaciones caen las lágrimas y entre sus piedras los judíos creyentes introducen papeles con peticiones de alguna merced familiar o por la suerte de su pueblo; te acordarás, madre, de que yo robé uno de esos papeles, que resultó pertenecer a un *sabra* que se iba al frente y no deseaba morir. Pues bien, en las mezquitas de Omar y el Aksa, de Jerusalén, los árabes y los palestinos hacen lo propio: rezan, con su *marsabah* en las manos, para que todos los judíos sean arrojados a las tinieblas citadas en el *Corán*. Es una lucha en la tierra, que supongo que en el cielo no tiene su razón de ser. ¿Verdad que no, madre? ¿Verdad que ahí conviven Ben Gurion y el ayatolá Jomeini? ¿Y Hitler, dónde está? ¿Está también ahí, con su bigote chaplinesco, su miedo al agua y sus supersticiones astrológicas? Porque ése es otro recuerdo que me traje de Israel: mi contacto con el Museo del Holocausto, situado en la Colina de los Mártires, con una llama perpetua en memoria de los seis millones —cifra sin duda exagerada— de judíos sacrificados por el fanatismo nazi. Cámaras de gas, jabón fabricado con la grasa de los cadáveres judíos. El hombre es un lobo, madre, y a veces me resulta difícil creer que en un principio fue ángel y que al final volverá a serlo. En Hungría, durante la segunda guerra mundial, se fabricaron y se comieron embutidos de carne humana y durante nuestra guerra civil yo vi en Zaragoza a un moro que exhibía, a modo de cinturón, un engarce de orejas arrancadas a los prisioneros «rojos». Cuando le conté esto a Aniceto, no daba crédito a sus oídos. ¡Sin duda ignoraba que en el frente de Aragón milicianos de Gerona exhibieron a su vez collares cuyas perlas eran dedos meñiques de bebés «fascistas»! El hombre es un lobo. Lo fue el legendario Caín y lo es ese joven monstruo de Texas que ayer mismo, con su revólver, mató en un restaurante, indiscriminadamente, a veintidós personas. He visto las imágenes por televisión... y mi asombro ha sido total al comprobar que mi respuesta no ha ido más allá de una mueca de desagrado. Eso es lo peor, madre. La población mundial rebasa ya la cifra de cinco mil millones de habitantes. Las guerras son continuas, los crímenes también, el terrorismo, los suicidios, los abortos. Nos acostumbramos a ello y algunos psiquiatras-progre sostienen la teoría de que tal coraza es necesaria, so pena de morir de compasión y de asco. Sospecho que el cielo debe de consistir, en buena medida, en la no-guerra. ¡Tengo tantas ansias de paz, de sosiego, de silencio, de amar sin necesidad de palabras! Las palabras le prestan señalados servicios a la hipocresía. Se ha dicho y repetido hasta la saciedad: las palabras sólo sirven para ocultar los pensamientos. Tal vez por ello, al recordarte, a menudo recuerdo con mayor fuerza tus elocuentes silencios que tus incisivos sermones. Si yo te decía algo y tú te callabas, me hundías en un pozo de incertidumbre. ¿Qué estarías pensando? Me sentía incómodo, como avergonzado, con la convicción de haber soltado alguna barbaridad o algo que te había herido. Vuelvo a preguntarte: «¿Existe la *palabra* en el cielo?» Mi padre y tú, ¿tenéis necesidad de hablaros? Pero he aquí que el silencio eterno resulta también inimaginable, y tal vez sea por ello que se habla —se *habla*— de los coros seráficos y, aquí, en la tierra, de la música de las esferas, expresión que no he entendido jamás.

Pero se me ha ido el santo al cielo —nunca mejor dicho— y volveré otra vez a Tierra Santa ya casi para despedirme de ella. La eclosión fue la procesión del Domingo de Ramos, desde Betfagé, bajando por el torrente Cedrón, hasta entrar en Jerusalén por la puerta de San Esteban. Cinco horas de camino, lento, pausado —calculo que los peregrinos éramos unos cinco mil—, con los árabes sentados en sus azoteas o bajo los olivos contemplando sonrientes el espectáculo. La psique funcionó de tal modo que no me fatigué en absoluto. Hubiera podido continuar caminando, blandiendo mi palma reglamentaria, hasta el otro confín. Me fundí con la multitud, lo que a lo largo de mi vida me ha ocurrido en pocas ocasiones. Al término de la procesión, para reponer fuerzas, tuvimos una larga tertulia en el bar Ovidio, con los franciscanos —convento de San Salvador—, tertulia amenizada con chascarrillos españoles, algunos de ellos, de color subido. Y aprovechando la euforia del momento —*«Hosanna, Hosanna!»*, habíamos gritado junto a la piscina de Siloé—, el padre Emilio Bárcena me obsequió con el recuerdo que mayormente, a mi regreso, te llegó al corazón: un trozo de piedra arrancado de la roca del Calvario, firmada y lacrada por la Custodia de Tierra Santa para dejar constancia de su autenticidad.

Asimismo he de tener un recuerdo para el vía crucis del Viernes Santo, que congregó a una ingente multitud de peregrinos, casi todos occidentales, llevando a cuestas cruces de madera de todos los tamaños y cayéndose de rodillas en cada estación. *Vía Dolorosa.* También los árabes nos contemplaban desde los vestíbulos de sus tiendas de *souvenirs* y de sus cafés, sentados plácidamente y fumando sus narguilés. No puedo olvidar a unos chavales judíos que andaban repartiendo unas octavillas que decían: «Jesús fue un falso profeta.» «Jesús fue un impostor.» Cruces de madera. La cruz como símbolo de expiación. ¿Cuántas cruces podrían contabilizarse en el mundo? En el bar Ovidio se comentó: billones, muchos billones... En los altares, en los ornamentos sagrados, en las rejas, en lo alto de las colinas, en el alma de los creyentes, en tu cuerpo, madre, y en el cuerpo de mi padre en el cementerio de Gerona. Dícese que en el mundo el nombre más extendido, más copioso y abundante, es el de Mahoma, con sus variantes fonéticas y ortográficas. Es posible; pero el signo más extendido, con mucha diferencia, es la Cruz. Por supuesto, ello a raíz de la muerte de Jesús en el madero; sin embargo, he aquí que cuando los primeros cristianos llegaron al Indostán se encontraron con la cruz como objeto de adoración, lo cual los asombró, sin saber si debían atribuirlo a sensibilidad profética de los indígenas o a «obra del diablo». Como fuere, no puedo ocultarte, madre, lo que ya te conté a mi regreso de Tierra Santa: que precisamente en este vía crucis único, grandioso, anualmente repetido desde hace la friolera de setencientos años, de pronto me ganó una extraña indiferencia. Perdí la sensibilidad; mi cerebro, como tantas otras veces, me jugó una mala pasada. Me distraje con los árabes, con el color del cielo, con un pajarillo quieto en una ventana en la tercera estación y, ¡cómo no!, con el recuerdo de los vía crucis de Gerona, que, también en Viernes Santo, tenían lugar entre las murallas que circundan la ciudad detrás de la catedral. Mi memoria te *vio*, madre, arrastrando un poco los pies, subiendo la cuesta, subiendo —una capillita en cada estación—, cantando: «Perdónanos, Señor.» ¡Claro que el Señor perdona! Perdona incluso la indiferencia de seres como yo, que en plena apoteosis del dolor se distraen contemplando un pajarillo quieto en una ventana. Dios no puede ser el Indiferente, pese a que en algunas logias masónicas anglosajonas se haya proclamado así. Dios toma parte, es artífice, es militante, lo es eternamente. Corrígeme si me equivoco, madre. En estos momentos lo siento vivo dentro de mí y ello me procura una indescriptible sensación de sosiego.

Y planté un árbol... Poco antes de dar por terminada mi estancia en Israel me ofrecí voluntario para plantar un árbol en el monte del Mal Consejo —por haber localizado en él la residencia de Caifás—, monte que el gobierno hebreo bautizó con el nombre de «Bosque de la Paz». Los judíos, desde la fundación de su Estado, en 1948, habían plantado ya por entonces ciento veinte millones de árboles en todo el territorio, plan florestal denominado «redención verde» y destinado a modificar favorablemente la climatología del país. Son imaginativos, son obstinados, son capaces incluso de hacer que sus rapaces distribuyan entre los cristianos octavillas que digan que Jesús fue un impostor. Yo planté... un ciprés. No podía ser de otro modo. Mi acompañante, el señor Oscar Sapolinski, del Departamento de Turismo, ignoraba, por supuesto, por qué elegí este árbol y no otro. Pero yo lo elegí porque es un árbol que cree en Dios. El lugar que me asignaron en el monte del Mal Consejo fue un enclave situado justo al lado de un rectángulo cercado con alambradas, donde estaban enterrados los once atletas judíos que murieron en el atentado perpetrado en las Olimpiadas de Munich. Aquella coincidencia me emocionó. Desde aquella cima se divisa perfectamente la vaguada hundida a sus pies sobre la que flota, al igual que sobre el torrente Cedrón, un leve polvillo como de calavera, y, al otro lado, la Jerusalén eterna, con el cabrilleo calcáreo de sus murallas. El señor Oscar Sapolinski se sacó del bolsillo un pequeño papel y me dijo que era costumbre leer en voz alta la plegaria escrita en él, continuación, ¡quién lo diría!, del padrenuestro: «*Bendice, ¡oh Dios!, el esfuerzo de todos los que trabajan en Tierra Santa. Amén.*» Terminada la plegaria se hizo un silencio más allá del silencio. Contemplé otra vez Jerusalén, que me pareció de un color más cálido. De pronto, el señor Oscar Sapolinsk me dijo, señalando la hondonada: «Valle del Hinmon... La Gehenna.» ¡Oh, claro, la Gehenna, que de niño me traducían nada menos que por el Infierno! Barranco mil veces maldito, puesto que antaño los reyes impíos ofrecían en él sacrificios humanos a Moloc y a Baal y más tarde fue el quemadero de basuras de la ciudad. Muy cerca debía de estar también el Campo del Alfarero, que fue comprado por los sacerdotes con las monedas de Judas. «Por eso aquel campo se llamó Campo de la Sangre hasta el día de hoy. Entonces se cumplió lo dicho por el profeta Jeremías: «Y tomaron treinta piezas de plata, el precio en que fue tasado aquel a quien pusieron precio los hijos de Israel...» Le pregunté al señor Oscar Sapolinski: «¿Por qué esas alambradas cercando el rectángulo-cementerio de los atletas judíos?» «Por aquí cerca hay pastores árabes, y ellos o sus cabras impedían que los árboles creciesen.»

No echaste en saco roto, madre, la cantidad de recuerdos y de pequeños obsequios que te traje de Tierra Santa. Los recuerdos, las vivencias, eran imborrables y tuve que ir alineándolos una y otra vez en la mesa-camilla del comedor de la calle de la Rutlla, tú sentada como siempre en tu sillón verde, yo frente a ti, degustando los buñuelos que habías elaborado para la ocasión. Tocante a los regalos, hicieron diana en tu corazón, como era de esperar. En primer lugar, el trozo de piedra del Calvario, firmado y lacrado por la Custodia. Lo besaste una y otra vez, te lo llevaste ritualmente a la frente y al pecho —Carmen hizo lo propio—, y luego lo depositaste en la peana del Sagrado Corazón que presidía el hogar. A seguido, puse sobre la mesa un pedazo de antracita extraído de las minas de Salomón, que yo había visitado y otro pedazo de sal decantada, extraída de las profundidades del mar Muerto. Ambas cosas te desconcertaron un poco. Salomón te pillaba lejos y otro tanto cabe decir del mar Muerto. Luego, media docena de crucecitas de madera de olivo (retoños del huerto de Getsemaní, con cuyo guardián había entablado amistad). Una ampliación fotográfica, a todo color, de *la estrella de plata* de Belén, de la gruta de la Natividad. «Ponedle un marco adecuado, que no sé si debería ser de oro.» Pero hubo algo que te emocionó de forma especial: el padrenuestro en sesenta y dos idiomas, incluido el catalán. En el monte de los Olivos descubrí el monasterio de las Carmelitas, en uno de cuyos claustros se alineaban sesenta y dos mosaicos de gran tamaño, cada uno de los cuales reproduciendo el padrenuestro en un idioma distinto. Las monjas habían reproducido —tamaño postal— la colección, y el conjunto resultante, del que apenas nadie tenía conocimiento, constituía un tesoro impar. «Madre, ahí tienes el padrenuestro incluso en sirio-arameo, que es el idioma que hablaba Jesús.» No supiste qué hacer. La colección se asemejaba a una baraja, que no servía para jugar al póquer ni a la brisca, pero sí para jugar con Dios. Con incontenible alegría mezclaste la baraja repetidamente, hasta que depositaste sobre la mesa el idioma catalán, que satisfacía tu sentimiento tribal y el idioma sirio-arameo, que satisfacía tu afán de trascendencia. «¡Cuando los padres claretianos vean esto!... ¿No has traído ninguna colección para el señor obispo?» «No, madre, sólo he traído dos colecciones, una para ti y otra para Magda y para mí.» También te enseñé el papelito del *sabra* que yo había robado en el Muro de las Lamentaciones, en el que el joven soldado judío pedía no morir en el frente, un candelabro de siete brazos —la menorá— y un arca-*souvenir,* de baratillo, que contenía los rollos de la Torá. Fui explicándote el significado de todo aquello y tú te persignabas una y otra vez. «¡Virgen Santísima!» El comedor quedó convertido en una especie de altar, o de sagrario, o de tómbola de la buena nueva. Tu fantasía piadosa se desbordó y planificaste minuciosamente el lugar que iba a ocupar en casa cada uno de los obsequios. «Éste ha sido el más importante de tus viajes, ¿verdad, hijo?» «¡Sin la menor duda, madre!» «No sé si irse al Vietnam tiene sentido, a no ser, como tú dijiste, que lo necesitaras para tu profesión; pero irse a Tierra Santa...» De repente frunciste el ceño y me reprochaste que no te hubiera llevado conmigo. Yo sonreí... «A tu edad, madre...» «¡Podías haberme llevado antes!» Entonces me pareció oportuno informarte de que eran muy raros los sacerdotes, ¡y los obispos y los arzobispos! españoles que habían pisado los Santos Lugares. «Es lo de siempre, madre, y ya conoces mi opinión. Les basta con irse a Roma, con visitar la basílica de San Pedro y con ser recibidos por el Papa... Jerusalén, para el catolicismo español, queda lejos. Misterio-misterio que no acierto a resolver. Los propios franciscanos de la Custodia sienten vergüenza ante tan incómoda realidad.» «¡Virgen Santísima!», exclamaste otra vez. No quise añadir que, por el contrario, eran muchísimos los pastores protestantes que, apenas ordenados, tomaban el avión y se desplazaban a Israel.

Los días sucesivos fueron gloriosos para ti, que ya habías cumplido los ochenta y cinco años, pero que te mantenías firme, con sólo un poquito de sordera, un principio de cataratas y un aumento del tamaño del divertículo esofágico. Todas tus amistades se quedaban boquiabiertas al visitarte. «¡Hoy puedo ofreceros algo más que buñuelos! Besad esto, besad lo otro y lo de más allá...» Entonces te enteraste de que el «prófugo» ex mosén Isidro tenía la intención de peregrinar a Tierra Santa, en compañía de su mujer, la próxima Navidad. «Su hijo tiene razón, doña Rosa... El clero español, sobre todo la jerarquía, debería hacer examen de conciencia. Ya sabe usted que los pecados que personalmente más me duelen son los pecados de omisión.»

Me preguntaste por los judíos. Querías saber por qué «no me habían gustado» y por qué los cascos azules del Golán, peruanos, se inclinaban por los árabes. «Son muy inteligentes, ¿no es cierto?» «¡Claro que sí, madre! Posiblemente su raza sea la más inteligente de la tierra; pero la inteligencia no es lo principal. Hay virtudes superiores.

Viven perpetuamente a la defensiva y ello los hace agresivos, a veces sin la menor necesidad, sin la menor justificación.» En aquel entonces no quise enseñarte otro de los *souvenirs* que me traje de Israel y que en mi opinión ratificaba perfectamente lo que te andaba diciendo: un monigote, de venta en las tiendas judías de Tel Aviv y de Jerusalén. Un monigote de pequeño tamaño, representando un franciscano calvo, ridículo, caricaturizado, con su hábito pardo y sus sandalias. Apretando con un dedo la cabeza del monigote aparecía entre los pliegues del hábito un falo de color de rosa, erecto, un falo importante. Los judíos se lo disputaban en las tiendas, pulsaban sobre la cabeza una y otra vez y se reían a mandíbula batiente. Incluso los niños jugueteaban con el monigote, lo que había provocado en mí reacciones violentas. El patriarca latino, monseñor J. J. Beltritti, había protestado ante el Ministerio de Cultos del gobierno israelí, sin resultado. «Nuestro país es una democracia y respetamos la libertad de expresión.» Cuando, al fin, te enteraste de la existencia de semejante burla soltaste, como era tu costumbre, una jaculatoria, esta vez dolorosa. Ningún argumento dialéctico podía convencerte como aquel ejemplo plástico, del que, por cierto, hablaste con mi ahijado quechua Raúl con motivo de su visita a Gerona. Y resultó que Raúl, pese a querer mucho a los franciscanos, se echó también a reír. «A mí me parece gracioso, doña Rosa.» ¡Gracioso! El mundo funciona así, madre, ya lo sabes. Lo que es sagrado para mí resulta jocoso a los ojos del «otro». Es el juego de los símbolos. El ser humano no encuentra mejor manera de vengarse del adversario que quemando su efigie o su bandera. Lo viviste en tu carne gerundense a raíz de la guerra civil. Los milicianos se disfrazaban de obispo o de monja y se paseaban por la ciudad exhibiéndose procozmente; entretanto, en el bando nacional, Queipo de Llano, en sus emisiones radiofónicas, llamaba hijos de puta a los gobernantes republicanos. Y en Saigón vi quemar gigantescos retratos de Ho Chi Minh y del general de Gaulle. Y en muchas civilizaciones el pueblo ha clavado alfileres letales en muñecos de trapo que representaban al enemigo. Todo ello forma también parte del juego de los sucedáneos. Quemar públicamente el billete de un dólar significa quemar a un yanqui; y en la tradición islámica se pretende que Jesús, a los pies de la cruz, fue sustituido por otro «reo», reo anónimo, de cuya entidad nadie ha conseguido saber nada.

Once de setiembre de 1981... Día importante. Habías llegado a nonagenaria, cumplías los noventa años. Festividad por todo lo alto, con la familia al completo. Continuabas manteniéndote firme; lo único algo preocupante era el tamaño de tu divertículo esofágico, que aumentaba poco a poco, implacablemente, que te dificultaba la ingestión de alimentos sólidos, que te ocasionaba vómitos y otras múltiples molestias. Los médicos no se atrevían a operarte, operación a pecho descubierto, habida cuenta de tu edad avanzada. «Me las voy arreglando... No os hagáis mala sangre.» Todavía te sentías capaz de bajar la escalera de casa, de ir a misa por tu propio pie y de dar algún que otro paseo, a menudo sin tan sólo la ayuda de un bastón. «Soy del Ampurdán», solías decir. Bien, pero también era del Ampurdán mi padre y se murió a los setenta y un años. «No tengo la menor intención de morirme porque creo que todavía os hago falta.» ¡Claro que sí, madre! Es más, nos habíamos acostumbrado de tal modo a tu presencia que no concebíamos que algún día tu sillón verde, matriarcal, se quedara huérfano.

Fiesta por todo lo alto. A media mañana estábamos todos presentes en la calle de la Rutlla: hijos, nueras, nietos. Te obsequiamos con una placa conmemorativa que decía: «Rosa Pous, viuda Gironella: Querida madre, querida abuela. Al cumplir tus primeros noventa años, te agradecemos que nos hayas dado la vida»; y firmábamos todos, uno por uno, de forma visible. Aquello quedaría grabado para siempre y todavía hoy la placa preside el comedor, el cual se llenó también de ramos de flores, noventa flores, rosas como tu nombre, con algún que otro lirio, pues todo el mundo sabía cómo te gustaban los lirios, acaso porque te recordaban un poético pasaje de los Evangelios.

Decidimos que la misa se celebrara en San Feliu de

Guíxols, precisamente en la ermita de San Telmo, que corona la montaña y desde cuyos miradores se domina todo el pueblo, el puerto, la escollera «de los suicidas», una vasta extensión de mar, los acantilados hasta Tossa de Mar. Como siempre, el viento, la tramontana, arreciaba en la cima, pero tu apretado —sempiterno— moño salió con bien de la prueba y no te despeinaste ni tanto así. La ermita, previamente abierta de par en par, era modesta pero plagada de recuerdos familiares. A lo largo de los años vividos a su vera, en San Feliu de Guíxols, tú y nuestro padre habíais subido con frecuencia a plantar un cirio en súplica de alguna merced. En cuanto a mí, en ella había ejercido muchas veces de monaguillo, monaguillo adolescente, enamorado como tú de la Virgen y de todos los santos, sin excluir San Telmo, cuya biografía era apasionante. La ceremonia de la misa —siempre me ha costado hablar de Santo Sacrificio— corrió a cargo de un padre claretiano, el padre Franch, inestimable amigo que vivió diez años de misionero en diversos países de América. La pequeña ermita se abarrotó y en lugares estratégicos se situaron tus nietos Johny y César dispuestos a grabar en vídeo la ceremonia. Éxito completo. Tú presidiste, madre, en el primer banco, te emocionaron el armonio-sorpresa, los cánticos, las *Lecturas* y no digamos el momento de la consagración —las manos del padre Franch temblaron al levantar la Hostia y el Cáliz—, y la comunión. Lo que no pudiste sospechar es que a lo largo de la misa yo me distrajera, me distrajera una y otra vez. El pensamiento volaba hacia el mar azul de fuera, hacia Tossa de Mar, hacia recuerdos de mi vida pasada que no venían a cuento. El diablo me jugó, como tantas otras veces, aquella mala pasada. Intentaba concentrarme y no podía. Mientras mis hermanos estaban atentos y tú te mantenías en tu clásica postura —ligeramente inclinada la cabeza, las manos cruzadas sobre el pecho—, yo navegaba por esos mundos de Dios y del diablo, desde Darnius al seminario, desde Mallorca a las islas del Caribe, desde la figura de Aniceto —¿qué habría sido de él?— a la *vedette* del Apolo, Nicole Blanchéry, que continuaba en el Paralelo barcelonés mostrando esplendorosamente su bello cuerpo y su arte inimitable. Anécdotas, frivolidades, moscas incordiantes de la imaginación, mientras a mi alrededor todos formabais un solo pensamiento, un solo sentimiento, una sola plegaria. Noventa años... ¿Por qué no me bastaban para llenar mi corazón? Claro que quién me garantizaba que era yo solo el pecador... Imposible introducirme en el cerebro de los demás. Tal vez funcionaba también, en algún otro miembro de la familia, aquella teoría de las máscaras de que con tanta frecuencia te hablé. Por si algo faltara, me acordé, ¿cómo no iba a hacerlo?, de que en uno de los miradores de la ermita besé por primera vez labios de mujer. Fue una tarde veraniega, propicia al reclamo de los instintos, bochornosa, sensual, en el momento en que un barco de bandera panameña entraba por la bocana del puerto dispuesto, es de suponer, a cargar tapones de corcho. La muchacha, adolescente como yo, era pelirroja, sensual como la tarde misma, fácilmente hipnotizable. Se llamaba Susana, pero yo la llamaba Susi. El hecho de saber que yo era seminarista en vacaciones probablemente introducía en su subconsciente un elemento más de intriga y atracción. A lo primero, mi beso fue tímido, yo diría que incoherente; pero, segundos después, el instinto reclamó su lugar en el sol —en el sol que se hundía en el horizonte— y la besé con frenesí. Ya te lo dije, madre: era aquél mi primer beso, que me descubrió una vez por todas el grado de placer que puede alcanzarse juntando en el momento oportuno carne con carne. Susi no quería soltarme y yo creí que me moría, muerte que, es obvio, hubiera sido escasamente gloriosa. Mis manos buscaban sus pechos... hasta que me asusté. Tuve el valor suficiente para decir basta, pese a que estábamos solos en el mundo, junto a la ermita, sobre el mar. Perdóname, ahora que estás en los cielos y predispuesta, por tanto, a conocer cuanto sea verdad. Fui indigno de tu aniversario y de la unción con que celebraba la misa el padre Franch. Por fortuna, mis sobrinos Johny y César, con su filmadora, proseguían su labor, con entusiasmo digno de novatos; por fortuna, no pudieron filmar los inoportunos recuerdos de mi vida instintiva.

A la salida de la ermita te salpicamos con arroz, como si de una boda se tratase. La ventolera no impidió que sacáramos incontables fotos familiares, turnándonos unos a otros para posar a tu lado, y que mis sobrinos continuaran filmando. La tramontana descabellaba las cabezas, los calvos éramos unos privilegiados. Alegría en la pequeña explanada de la ermita. Nos reíamos por cualquier nimiedad —¡noventa años!—, nos hubiéramos pasado noventa años riendo. Tú te reías también, pero a ráfagas te ganaba un punto de pudor. «¡No lo merezco, no lo merezco! ¡Ay, basta ya, que en las fotografías salgo fatal!» ¿Cómo ibas a salir fatal si estabas rodeada de tus seres queridos, con tu pelo de plata que relucía al sol, un traje azul, chaqueta cruzada, diseñado por mi hermana Carmen, y abajo, en panorámica, San Feliu de Guíxols y el mar? Inesperadamente se unieron a nosotros, previa petición de toda suerte de disculpas, un matrimonio alemán que había subido a la ermita para beberse el paisaje. Tus noventa años tan bien llevados les impresionaron mucho y gastaron un carrete entero. «Estas fotos las publicaremos en una revista de Hannover. ¡Ja, ja!» Ya lo viste, madre, te convertiste en un artículo de exportación.

Caravana de coches, cuesta abajo, en dirección al Mas Roura, donde celebraríamos la comida, situado a tres kilómetros de la población. Elegimos este local precisamente porque era una antigua masía restaurada, que conservaba su aspecto rural, que en cierto modo recordaba nuestra casona de Darnius. El cortejo fue triunfal. Saludábamos al paso a los pinos y a los cañaverales. Hacíamos sonar los cláxons, ante la expectación de los transeúntes. No sin ciertas dificultades nos instalamos en el primer piso del Mas Roura, que disponía de un amplio comedor «para bodas, bautizos y primeras comuniones». Mesa única, alargada, adornada con candelabros y flores; tú presidiendo; a tu derecha, Juan, el primogénito, y a tu izquierda, el padre Franch. Estábamos muertos de hambre, pero pronto los camareros, chaqueta blanca y lacito negro en el cuello, empezaron su labor. Diálogos cuarteados, excesiva distancia entre unos y otros, excepto cuando Pedro, innato maestro de relaciones públicas —radio y televisión, deformación profesional—, imponía su voz y su clamoroso sentido del humor, arrancando una risotada general y algún que otro aplauso. De vez en cuando comentabas: «¡Lástima que vuestro padre no esté aquí!» Claro, claro, era el gran ausente, pero no cabía hacernos por ello mala sangre. Menú basado en la tradicional cocina catalana, exquisitamente elaborado y servido. Las copas de champán se vaciaban a buen ritmo y la euforia aumentaba (Johny y César continuaban filmando). Al enterarte de que incluso el champán se lo debíamos a la Iglesia católica, tuviste una cómica mueca de sorpresa y, en el fondo, de gratitud. «Madre, el champán lo *inventó* un fraile francés, el abate Pérignon, que estaba ciego, por lo cual en el monasterio lo destinaron a las bodegas. En aquellos húmedos sótanos empezó a trabajar los vinos, a hacer sus experimentos, hasta que dio con la necesaria fermentación.» «Por eso —concluí—, en el patio de entrada de las bodegas de Moët Chandon, en Francia, el visitante topa con una colosal estatua del abate Pérignon, quien sostiene, brazos en alto, en la mano derecha una Biblia y en la mano izquierda una botella de champán.» Otra risotada, y tú, madre, feliz. «¡Ay, hijos, cuántas cosas le debemos a la Iglesia!» «Muy cierto, madre... También le debemos que tú seas como eres.» «¡Pobre de mí! —expresión muy tuya—. ¡Con tantos defectos!...» Alguno tendrías, sin duda. No puede un ser humano vivir noventa años bañado en la perfección. Le preguntamos al padre Franch, con quien a veces te habías confesado: «¿Cuál es el principal defecto de nuestra madre, padre Franch? ¡Hala, sea sincero, que estamos en familia!» El padre Franch, que había sufrido parálisis facial y a quien le costaba hablar en voz alta, sonrió y contestó: «Es demasiado coqueta...» Y todos aplaudimos a rabiar.

A la hora del postre —crema catalana *i un cremat*— empezaron las sorpresas. En primer lugar, la tarta, nueve velas, que apagaste de un soplo con impresionante facilidad. Luego yo me levanté, me puse a tu lado y recité un *Auca* rimada que había compuesto para la ocasión, por cuyo texto, entre bromas y veras, desfilaba en síntesis toda tu vida. Hurras y aplausos a granel. «*Ai, aquest noi!... No sé d'on ha sortit!*» A continuación, el plato fuerte. Pedro se había traído consigo de Murcia, donde por entonces estaba destinado (radio y televisión), un magnetófono, una grabación, que contenía, dedicadas expresamente para ti, unas cantatas tocadas a la guitarra nada menos que por nuestro amigo del alma Narciso Yepes —una nana, *el Cant dels ocells, L'emigrant*. De repente la guitarra se calló y se oyó la voz del mismísimo señor obispo de Murcia. El obispo te deseaba muchos años de vida... aún. Elogiaba la ejemplaridad de tu vida, que irradiaba paz, te llamaba doña Rosa y te hacía llegar su bendición. ¡Pero hubo más! Te hacía llegar también una bendición especial del Santo Padre, Juan Pablo II, conseguida por mediación de quién sabe quién, tal vez por mediación de tu ángel de la guarda. Entonces se hizo un absoluto silencio en el comedor y las lágrimas resbalaron por tus mejillas. Del sollozo pasaste a las lágrimas como se pasa de la adolescencia a la edad adulta. Nueva ovación. Aquella grabación la guardamos, madre, en la calle de la Rutlla, como uno de nuestros recuerdos más vivos. ¿Cuántas veces la oíste antes de llegarte la injusta muerte? Muchas. Por supuesto, todos los años por la festividad del Corpus Christi y también por Navidad. «¡Pobre de mí! ¡El Sumo Pontífice! No lo merezco, no lo merezco...» Sí, fue una lástima que nuestro padre no estuviera presente en aquel acto. Todos hubiéramos deseado que él alcanzase también, por lo menos, los noventa años. Ahora todos deseamos que estéis unidos en la eternidad y mis sobrinos Johny y César entienden que es intolerable que la tecnología esté aún en mantillas y que no puedan filmar vuestra unión, vuestra infinita felicidad.

Como colofón, te dedicamos una serenata. Tus cinco hijos, de pie a tu lado, cantando canciones de nuestra tierra, entre ellas, *Rosor,* que tanto te gustaba. Pese a no haber ensayado salimos airosos de la prueba. Cantamos a pleno pulmón, con todas nuestras fuerzas y finalizamos nuestro repertorio con la sardana *L'Empordà,* que trajo a tu mente incontables recuerdos. Y luego vino la sorpresa: una cantautora, Esther Miralles, de Ripoll, que habíamos contratado para la ocasión. Se acompañaba de la guitarra y tenía una voz exquisita. «No me lo merezco, no me lo merezco...» Canciones folklóricas, también de nuestra tierra, ¡y habaneras!, que eran de tu predilección. La guitarra sonaba en el comedor con su inimitable vibración nostálgica y hasta los camareros parecieron quedar hipnotizados. «¿Te gustaría, madre, el *Bésame mucho?...*» «¡Naturalmente!» Te besamos mucho, y tú con tu vocecita de abuela —pronto serías bisabuela— aportaste tu granito de arena a la audición. El final fue apoteósico: todos a coro, a grito pelado, la inolvidable habanera *El meu avi,* el gran hallazgo de nuestro amigo Ortega Monasterio. Acompañante de excepción, el mismísimo propietario del Mas Roura, hombre que se había pasado toda la juventud en la mar...

Una hora después nos encontramos de nuevo en San Feliu de Guíxols, en casa de mi hermano Juan, para visionar lo filmado por mis sobrinos. Al ver tu imagen en la pantalla —era la primera vez— no pudiste ahogar un grito de sorpresa y de admiración. «Pero... ¡ésta soy yo!» ¿Sí, eras tú, en la misa de la ermita de San Telmo, a la salida, con la lluvia de arroz «nupcial» sobre tu cabeza. Todos despeinados por la ventolera, el mar en panorámica hasta el horizonte que los poetas califican de infinito. Luego, completa, la ceremonia del almuerzo, desde el aperitivo hasta la habanera *El meu avi.* La protagonista del vídeo eras tú. «¡Virgen Santísima, qué vieja estoy!» «¡Podíais haber avisado! ¡Esto es un atraco!» Oír tu propia voz te impresionó. Nos impresionó a todos. Sería un recuerdo para siempre. Mis sobrinos te habían inmortalizado. El padre Franch se movía inquieto en la silla sin dar crédito a sus ojos y a sus oídos y lamentándose de que le costara tanto articular las sílabas, de suerte que apenas si habíamos entendido una palabra de la homilía que pronunció. «Pero la "prueba" nos sirvió para confirmar el diagnóstico del padre Franch": "Es demasiado coqueta..." Hubieras querido aparecer joven, vital, sin arrugas, en la pantalla, con el mentón enérgico que antaño te caracterizó y sin que te temblaran los labios. ¡Cuántas veces hemos contemplado este vídeo, madre! Ahora mismo, antes de escribir esta secuencia, Magda y yo lo hemos visionado una vez más, para no perder detalle. Y como siempre, hemos comprobado que lo más impactante de la filmación fue tu discurso final. Porque, cuando en la casa de mi hermano Juan se acabaron las imágenes y se encendieron las luces, te levantaste de la silla y, con energía inusitada, nos diste las gracias, embargada por una emoción que se nos contagió. No era la primera vez que te ganaba una especial inspiración. De pronto exhumabas de tu interior algo muy profundo, espontáneo, no premeditado y soltabas una especie de monólogo que nos quitaba la respiración. Aquella tarde estuviste especialmente brillante. Ibas mirándonos uno por uno, para que ninguna palabra se perdiera en el aire. Centraste el discurso en el «cuando yo no estaré...», como si, de pronto, hubieras tenido conciencia de que tu vida no podía prolongarse demasiado. Hubiérase dicho que nos leías de viva voz tu testamento. Consejos, tal vez demasiados consejos... Pero era tal la convicción con que salían de tus entrañas que todo ello nos parecía de lo más natural, conforme a tu condición. Coherente contigo misma. Nos emplazaste a que continuáramos queriéndonos como siempre, a que nos mantuviéramos unidos como nuestro padre había deseado a lo largo de su existencia. Tuviste hermosas palabras para aquel que fue tu fiel compañero. Por lo visto no te acordaste de que en determinado momento de vuestra unión le culpaste de un exceso de sexualidad. Yo sí me acordé y sigo acordándome de ello. Como fuere, tuviste el detalle de dirigirte de un modo especial a Juan, por haberse convertido en el «cabeza de familia». Juan palideció, lo que en él era inhabitual. También tuviste unas emotivas palabras para Carmen, que cuidaba de ti con una dedicación total, consiguiendo que en tu vejez te sintieras protegida. Cuando me tocó el turno redoblé la atención, pero te limitaste a repetirme lo de siempre: que la pluma podía ser mortífera y causar mucho daño. «Tienes una gran responsabilidad, hijo, ya lo sabes. Dios te otorgó un don poco frecuente y lo hizo para que en tus libros hablaras de su Amor y le glorificaras. No escribas ningún libro porque sí, ni para conseguir un éxito, ni para conseguir la fama. Acuérdate de la parábola de los talentos... Vuelve a ser el niño que fuiste antes y cree en lo que tu madre te ha enseñado siempre. Si no lo haces así, a la hora de la muerte te arrepentirás.» ¡La hora de la muerte! ¿Por qué, madre, esta palabra obsesiona tanto a las almas como la tuya? Acaso estéis en lo cierto; pero aquella tarde setembrina, con mucha juventud en torno, tuve la desagradable sensación de que te excedías. Al fin y al cabo, fue el propio Dios quien nos otorgó una vida terrena. Claro que en la Salve se alude a «este valle de lágrimas» y no se sabe, o no consta, que Jesús se riera nunca, que ni tan sólo sonriera, aunque cunde la leyenda de que mostró satisfacción a raíz de la resurrección de Lázaro. Pero aquella tarde-noche, repito, todos queríamos vivir y queríamos que tú vivieras indefinidamente. ¿Me perdonas, madre, que te formule este reproche? Ignoro si mis hermanos pensaron lo mismo, si reaccionaron de igual manera al oír «a la hora de la muerte te arrepentirás». Es posible que ahora te comprenda mejor, porque vivo-muero, ya en plena senectud, en el pueblo de Arenys de Munt, en el que resido hace años y desde el cual te escribo.

Pero no te preocupes. Nada de esto, ninguna lucubración mía puede empañar aquellos tus diez minutos que me atrevería a calificar de mágicos. Ahí están, grabados para siempre en el vídeo y en nuestra memoria. Con anterioridad, sólo guardábamos de ti un buen acopio de fotografías; es decir, eras para nosotros una figura estática. Con el vídeo llegó el movimiento, llegó también la voz y, a través de uno y otra, poseemos un poco más tu alma.

El regreso a Gerona fue también en caravana. Te conduje en nuestro coche, a mi lado. Había anochecido por completo, lo que nos impidió paladear la hermosura de aquel paisaje que nos era tan familiar. Propusiste rezar el rosario, y así lo hicimos. Al llegar a los misterios de *Gloria* te sugerí: «¿Por qué no nos reímos un poco, madre?» ¿Te acuerdas? Encajaste la broma y soltaste una carcajada. Hasta que, ya en la periferia de Gerona, casi en la misma entrada de la ciudad, pasamos junto al cementerio en que estaba —y está— enterrado nuestro padre. Cementerio en el que tú estás también ahora y en el que yo descansaré asimismo cuando mi corazón deje de latir (yo moriré de un ataque al corazón). Tú *resides, reposas,* en el mismo nicho que nuestro padre; yo descansaré, Dios mediante, en un pabellón cercano, pabellón en el que, ¡por supuesto!, se elevarán al aire un par de cipreses, idénticos al que planté en Israel, en el monte Caifás, idénticos a los que vi en el monasterio de Santa Catalina, en el Sinaí.

Transcurrieron tres años sin sobresaltos dignos de mención. Fue por entonces cuando Concepción, que ejercía de maestra en Barcelona, se casó con Jordi Jordà Prat, de quien ya te hablé. La boda tuvo lugar, ¡cómo no!, en Montserrat y el oficiante no podía ser otro que el padre Hilario Raguer. Fue una boda íntima, con el ágape en el hotel Abad Cisneros, más aséptico e impersonal que el Mas Roura. Recibiste de buen grado a tu nuevo yerno, que era un insólito memorión, de forma especial en lo atañente a la historia de Cataluña. Recluido en su taller, en Santa Coloma de Gramenet —donde ahora está enterrado—, había llevado a cabo una ingente obra de artesanía: los escudos de todos y cada uno de los municipios de Cataluña —1 061—, lo que le supuso una previa y exhaustiva información de la heráldica del principado. Escudos de pequeña dimensión, de plata y esmalte, en relieve, cuya colección completa fue expuesta en la Fontana de Oro de Gerona, por cuyas salas desfiló un público numeroso y entusiasta. Todos sentimos curiosidad por conocer el escudo correspondiente a Darnius: una rama de árbol con dos polluelos ahuevando. Jordi, con su contenida vehemencia y su innato temperamento servicial, entró en nuestra familia por la puerta grande. Le acogimos con dilección y él se sintió halagado. A partir de su viudez se había visto abocado a la soledad; Concepción significó para él una bocanada de aire fresco, su reencuentro con la intimidad familiar, a cuya ausencia nunca se había resignado enteramente.

Sí, pronto llegaron los biznietos. El clan familiar se ampliaba milagrosamente, por lo que tu corazón rebosaba de gozo. Acunar en tus rodillas —en el sillón verde— a cada nuevo miembro te retrotraía a nuestra infancia. Asististe a todos los bautizos, sin que te incomodara aquello de «Satanás, huye de este cuerpo inmundo...», que a mí se me antojaba una estupidez. Eran, para ti, como en su día lo fue el quechua Raúl, nuevos miembros del Cuerpo Místico y no perdías la esperanza de que alguno de ellos profesara, entrara en religión. «Confío en que Dios Nuestro Señor atenderá mis súplicas.» Tus bisnietos van creciendo, madre, y quién sabe si, andando el tiempo, tu ruego será escuchado.

Dispersión geográfica. Cada hijo reside en una población distinta. Juan en San Feliu de Guíxols; Pedro, en Murcia; Concepción, en Barcelona; Carmen, en Gerona, a tu lado; Magda y yo, en Arenys de Munt. ¿Quién pudo predecirlo? «Yo os querría a todos aquí, en Gerona, unidos, tal y como deseaba vuestro padre.» Admitir que los vientos de la época soplaban en esa dirección te costaba un doloroso esfuerzo. «Antes no ocurría eso. El núcleo familiar era sagrado. Todos juntos a la luz de la lumbre, contándonos nuestras cosas. Nadie tenía secretos para nadie; ahora, apenas si sé nada de vosotros. Menos mal que existe el teléfono, Dios tenga en la gloria a quien lo hizo posible, a quien lo inventó.»

Esa drástica alteración de las costumbres te desconcertaba. Tú pertenecías a tu época, a la época de la tartana, de *L'avi Pere,* de los renqueantes trenes echando humo, del papel matamoscas colgando sobre la mesa, del lavado de la ropa en el frío río, de los sabañones, de la tuberculosis, de la falta de información... Sin embargo, admitías también que los adelantos en materia de higiene eran portentosos y que liberaban a la mujer de buena parte de sus injustas cargas. Bien por los frigoríficos, las cocinas eléctricas o de gas, los cuartos de baño, las duchas, la radio, la televisión. «Los norteamericanos, madre, nos han enseñado a lavarnos. Y el doctor Fleming, con el hallazgo de los antibióticos, ha salvado millones de vidas humanas.»

Pero había algo en ti que se rebelaba contra el orgullo del hombre, que considerabas exagerado, una provocación. «Esos sabios que pretenden suplantar a Dios me dan pena.» El padre Franch y yo mismo te teníamos al corriente de las investigaciones en el campo de la genética. ¡Fecundación artificial! ¿Con qué se comía eso? ¡Fecundación *in vitro*! ¡Blasfemia, condenada expresamente por el Santo Padre, aquel personaje misterioso venido del Este, que se esforzaba por embridar los caballos de la ciencia, con el propósito de que no pisotearan las elementales normas de la moral cristiana! Gracias a la televisión pudiste seguir paso a paso el viaje que Juan Pablo II hizo a España, la multitud que lo aclamó, sus cantos al papel que había desempeñado la Virgen, Madre Amantísima de todos los seres creados, incluidos aquellos que jamás habían oído su nombre. El Sumo Pontífice «te caía bien» y nunca olvidaste la bendición personal que te hizo llegar con motivo de tu noventa aniversario. «Es un santo, que ha sido capaz incluso de perdonar y abrazar a aquel joven descarriado que en la plaza de San Pedro intentó matarlo.» Cuando oías hablar de los ovni y de la posible vida extraterrestre ponías cara de circunstancias. *L'avi Pere* y los curas de tu época habían decidido por cuenta propia que el hombre es el rey de la creación. Tus nietos, proyectados de un modo natural hacia el futuro, no acertaban a callarse delante de ti y hablaban de las naves espaciales rondando el misterio, de la informática, de la cibernética, de la capa de ozono y, tal vez, tal vez, del posible asalto a la inmortalidad merced a la recreación de las células, teoría emparentada curiosamente con algunas intuiciones de Buda. «Estáis locos, queréis desconcertarme, queréis enmendarle la plana a Dios. Todos estos sabios que os tienen embabiecados se pasan de la raya. La muerte existe y existirá siempre, y la prueba de ello es que el mismo Cristo murió. ¡Hala, hala! A educar a vuestros hijos como Dios manda, en la religión cristiana y dejad que los sabios norteamericanos y rusos prometan lo que les dé la gana...»

Fueron tres años de vida horizontal, a excepción de esos escarceos dialécticos y del viaje que Magda y yo hicimos por diversos países árabes: Egipto otra vez, Irán, Kuwait. La imagen de Jomeini te resultaba familiar y al propio tiempo te daba miedo. «No sé, no sé, al parecer es un fanático que pretende imponer al mundo su extraña religión. No concibo Gerona con una gran mezquita en lugar de la catedral.» ¡El ayatolá —ayat-ollá, signo de Dios— fanático...! ¿El fanatismo no era la prerrogativa, el santo y seña de todas las religiones? ¿La conquista o descubrimiento de América por los españoles no se llevó a cabo mediante la cruz y la espada? El padre Franch puso las cosas en su lugar. Debido a su labor misionera en el Nuevo Continente era un experto conocedor del tema. Cierto que los «descubridores» hicieron correr mucha sangre en nombre de la buena nueva, el Evangelio, que traían consigo. Los historiadores contemporáneos se empecinaban en emplear incluso la palabra «genocidio»... No hubo tal. Muchos indios fueron respetados, se produjo la deseable mezcla de razas, gracias a lo cual Hispanoamérica podía considerarse la gran reserva del cristianismo. Los auténticos reos de genocidio fueron los europeos del norte, que desembarcaron en el Hudson y se dedicaron con ferocidad y alevosía al exterminio de las etnias indígenas. «Doña Rosa, no dejaron títere con cabeza, de suerte que en estos momentos quedan allá exclusivamente unos cuantos millares de indios, una especie de muestra residual, que son expuestos a la curiosidad pública como si se tratara de fenómenos de feria.» «¡Ah, qué suerte, padre Franch, que venga a verme tan a menudo y me aclare las ideas! ¿Quiere otra taza de café? ¿Más galletas? Algunos de mis hijos, y no digamos mis nietos, intentan confundirme. Yo creo que lo hacen a propósito, aprovechándose de mi ignorancia, de que apenas si pude ir a la escuela, pese a que mis padres eran maestros.» «¿Ha dicho usted, doña Rosa, mis padres...?» «Sí, padre Franch. Mi madre, que se llamaba Concepción, era también maestra. Pero ya sabe lo que ocurría en aquellos tiempos: éramos nueve hermanos y apenas si teníamos para vivir. Los varones se fueron pronto a la ciudad, a Barcelona, al objeto de abrirse camino, mientras las chicas teníamos que pasarnos la vida cosiendo y bordando. Mi hermana Alejandra era la mejor modista de la comarca, por no decir de todo el Ampurdán.»

Recibías muchas visitas, sobre todo al caer la tarde, a la hora de merendar. Carmen bromeaba: «Madre, estás imitando a las ladies inglesas, que reciben a la hora del té.» Sabías escuchar y esto halagaba a la concurrencia. Te interesabas por los pequeños problemas de cada familia y, si se terciaba, no le hacías ascos al cotilleo, que nunca era sangrante, como es de suponer. Visitantes asiduas eran dos jóvenes casadas pertenecientes al Opus Dei, organización que parecía estar en pleno auge y que, utilizando sutiles métodos de captación, intentaban *fichar* para la Obra a mi hermana Carmen. Tú estabas perpleja porque un pariente nuestro, jesuita y filósofo, hablaba del Opus Dei con evidente reticencia. «Quieren suplantar a la Compañía de Jesús, que atraviesa momentos de crisis y han copiado muchos de nuestros mecanismos de acción.» La prueba de fuego, la prueba más contundente, la constituía el libro *Camino,* cuyo autor era el propio fundador de la Obra, monseñor Escrivá de Balaguer. Como quien no quiere la cosa, tus visitantes depositaron el libro sobre tu mesa-camilla. «Léalo usted, doña Rosa, y juzgue según su criterio.» Lo cierto es que lo leíste y que te caló hondo. Según tu parecer, monseñor Escrivá de Balaguer era un hombre de fe. Carmen leyó también el libro y no pudo disimular cierta perplejidad. Se abstuvo de opinar. Ella pertenecía de corazón a Acción Católica y a la comunidad catequística de los claretianos y se le hacía cuesta arriba cambiar de chaqueta; ya había cambiado la camisa azul de Falange, pese a continuar trabajando en Sindicatos y no era cosa de tentar la suerte en otros labrantíos.

A todo esto, y cambiando de tercio, te recordaré que a partir de los noventa y cuatro años tu salud empezó poco a poco a quebrantarse. El divertículo esofágico se agigantó como si su objetivo fuera acabar contigo. Tu incipiente sordera también se agudizó y por primera vez en tu ya larga vida empezaste a encorvarte. Todavía te sentías capaz de bajar por ti misma la escalera y asistir diariamente a misa en la vanguardista iglesia del padre Claret, donde con frecuencia oficiaba el padre Franch; pero andabas del brazo de Carmen, o apoyada en un bastón. Se te hinchaban desmesuradamente las piernas. Los médicos no se alarmaban por tus crecientes alifafes: nada grave, nada que hiciera presagiar lo peor. «Doña Rosa puede resistir aún mucho. Su naturaleza es vigorosa. Hay mucha tela que cortar.» Todos agradecíamos los increíbles adelantos de la geriatría. Y agradecíamos también a la Providencia que contaras a tu lado con Carmen, auténtico ángel de la guarda y que las circunstancias permitieran que estuvieras atendida minuto a minuto, cariñosa y eficazmente, en tu casa, en tu hogar de la calle de la Rutlla, en vez de verte obligada a internarte en una residencia de la mal llamada tercera edad. Cuando en la televisión veías imágenes de los ancianos internados en una de esas residencias, o abandonados en cualquier esquina de la gran ciudad, te sentías acomplejada, culpable en cierto modo. «¿Qué habré hecho yo para merecer la gracia de disfrutar de tantos cuidados?» No valía decirte y repetirte que te lo tenías merecido. Objetabas que muchas personas debían de merecérselo más que tú y que ello no obstante morían en la más humillante soledad. Posiblemente tuvieras razón. Era pura lotería, era el azar, las consecuencias de un *determinismo* de origen pagano, cuyos argumentos medulares iban abriéndose paso en el interior de mi cerebro y contra los cuales intentaba en vano luchar. «Tus cabellos están contados.» Los abortos estaban de moda, pese al «no matarás», y había millares de fetos en el mundo cuyo desarrollo se veía interrumpido por manos amorales, en razón de cobardía o para suministrar materia prima a los fabricantes de cosméticos de alta calidad. Otros morían en el momento de nacer, o a los tres días, o a los ocho, o al cabo de un año, de diez, de veinte... Una extraña guillotina trabajaba sin cesar, a destajo. «Tus cabellos están contados.» «La muerte te llegará como un ladrón en la noche, en la hora más inesperada.» La cita no es exacta, pero vale para la ocasión; a mí la muerte continuaba amargándome la vida y ni siquiera ahora, a mis años, mientras te escribo esta carta, consigo entender su significado, y perdona mi insistencia sobre el particular. Ya no frecuento como antaño los cementerios (en una época determinada frecuenté también los manicomios) y tampoco me dedico, como antaño, a presenciar autopsias, espectáculo que desde el primer momento me traumatizó y al que jamás logré acostumbrarme. Abrir en canal, cortar en pedazos, un cuerpo que antes fue un ser humano, me llevaba al borde del desmayo y me obligaba a reflexionar sobre la importancia del «hálito», del «soplo» divino, de lo que entendemos por *alma*. De manera intermitente he pecado de morbosidad. Querer aprehender lo que se esconde debajo de la palabra «vida» me ha originado graves trastornos. Y también querer investigar lo que se esconde al otro lado de la palabra «muerte». Muchas veces he pensado que si tú fuiste «casi» feliz hasta el último aliento, pese a que te tocó sufrir, ello cabe atribuirlo a la fe infusa —¿infusa?— que personalmente te desvelaba todos los secretos. Como fuere, dabas poca importancia a tus achaques. Sabías por los médicos que tu corazón bombeaba con fuerza, y ello te bastaba. Una cosa te preocupaba seriamente, aunque sólo de tarde en tarde te referías a ello: la demencia senil. En tus visitas a los enfermos te habías enfrentado con tan estremecedor deterioro y temías que en cualquier momento te llegara el turno. Si durante nuestros diálogos detectabas en nosotros una expresión de asombro, temías lo peor: «No estaré delirando, ¿verdad? ¿No estaré diciendo tonterías?» No delirabas. Tu cerebro funcionaba de un modo correcto y hacías gala de una memoria insólita para tu edad. Se te escapaban algunos nombres propios... ¡Natural! Es la primera cuota que paga la vejez. También te preocupaba la donación de órganos. Nunca habías prestado atención a tamaña posibilidad y los médicos te dijeron que habías llegado tarde. Tal sentencia —tus órganos ya no le eran útiles a la sociedad— te causó honda tristeza. «¿Qué os parece? Claro, claro, soy un trasto viejo... No puedo ceder mis ojos, ya cansados, ni mi hígado, ni un pulmón, nada de nada. Y hace ya muchos años que la Cruz Roja no acepta mi sangre. Antes éramos demasiado ignorantes y a nadie se le había ocurrido que los órganos pudieran trasplantarse.» ¡Ah, si hubiera podido trasplantarse tu espíritu!... No lo hubiera dejado escapar. Me habría apoderado de él, dejando a mis hermanos en la cuneta. En el supuesto de que semejante trueque pudiera realizarse, la lucha entre los hombres sería todavía más feroz. «Yo te cedo mis córneas y me apodero de tu fuerza de voluntad.» «Yo te cedo mi potencia sexual y recibo a cambio tu talento para las matemáticas.» Guerra sin cuartel, la más sangrienta de las guerras conocidas. Los niños querrían ser mayores, los mayores, niños. Estoy pensando en mi padre. Yo hubiera querido apoderarme de su sencillez, de su humildad, de su hombría de bien; a ratos, hubiera deseado escamotearle a Papini su genio literario. En mi época de Palma de

Mallorca le hubiera trasplantado a cualquiera mi depresión sin pensármelo un segundo y sin sentir el menor remordimiento. «¿Te acuerdas, madre, de aquel juego doméstico que tanto te gustaba? «Si hubieras sido animal, ¿qué animal habrías querido ser?» «Si hubieras sido instrumento musical, ¿qué instrumento habrías elegido?» Tú contestabas sonriendo: «pavo real» y «piano» o «arpa». ¡No, pavo real habría querido serlo yo! Y violoncelo; o tal vez, tal vez, poderosa trompeta...

Años horizontales, años de paz. En los momentos de tribulación recordaba tu imagen, tu figura sentada en el sillón verde, dirigiendo la orquesta familiar sin casi necesidad de moverte y experimentaba un gran consuelo. Me habían encargado un libro sobre la Jerusalén en los tiempos de Jesús y aquello te hacía brincar de gozo, no sin unas briznas de preocupación. «Hijo, ¿estás espiritualmente preparado para escribir un libro así?» Yo te mentía. «Creo que sí, madre. Si creyera lo contrario me hubiera negado a hacerlo. Mi intención es buena y, por tanto, Jesús no puede dejar de ayudarme.»

Brusco cambio de decoración. Un día u otro tenía que llegar. Una mañana sentiste de repente, sin previo aviso, unas punzadas en el trigémino. Te llevabas la mano al rostro y a los ojos y tus ayes de dolor se clavaron en el ánimo de Carmen. Acudió un neurólogo amigo nuestro y, previo un somero análisis, diagnosticó, a falta de las necesarias pruebas, trigémino y ataque de glaucoma en los ojos. Cataratas. Las persianas que hasta entonces te habían permitido ver el mundo se habían cerrado. El dolor era tan intenso que los calmantes no surtían apenas efecto. Te internamos en la UVI, en la clínica Gerona, de la que guardábamos un buen recuerdo y el diagnóstico se confirmó. Entonces te trasladamos a Barcelona, a la clínica Quirón, ante la posibilidad de que tuvieran que operarte. Los médicos gerundenses habían obrado correctamente; sin embargo, para salvarte los ojos era preciso operarte —en efecto, las cataratas te habían cegado—, con un elevado tanto por ciento de posibilidades de éxito, pese a tu avanzada edad.

Solicitamos la correspondiente consulta y todos aquellos hombres de bata blanca, cordiales pero con cierto aire prepotente, coincidieron. Estabas ciega. El glaucoma te había atacado con ferocidad. El bisturí era la única arma que podía atajar el mal. Dimos nuestro consentimiento y te entregamos en manos del célebre doctor Riquelme y sus ayudantes. Tres días de preparación. Ahora puedo confesarte, madre, que desde el primer momento temí lo peor. Consulté varios diccionarios médicos y en todos ellos comprobé que la palabra «glaucoma» tenía connotaciones alarmantes. La familia dispersa se había reunido de nuevo, y no era para menos. Todos recordamos el día, ya lejano, en que te extirparon la matriz y los ovarios y también los días en que, en la Clínica Muñoz, tuviste aquella hemorragia interna que, sin saber exactamente cómo, lograste superar. La operación duró tres horas. En el interior de cada cual luchaban enconadamente el desánimo y la esperanza; dentro de mí, como siempre en estos casos, luchaban la esperanza y la rebelión. ¿Qué derecho tenía Dios a quitarte la facultad de *ver*? Ya sabes, madre, que siempre le había temido, de un modo casi enfermizo, a la ceguera, habida cuenta de la cantidad de escritores a quienes tan diabólica dolencia había dado jaque-mate, desde Homero a Milton, desde Borges a Sartre y un largo etcétera. Me acordé del ciego de Jericó, de que entre la nómina de milagros de Jesús la curación de ciegos ocupaba un lugar de privilegio. ¡Y precisamente andaba yo metido en el libro sobre Jerusalén! Recé por dentro, con fervor, aun sintiéndome indigno de ser escuchado. Especialmente afectado lo estaba nuestro cuñado Jordi, quien desde hacía años llevaba una válvula de plástico en el corazón, sin que jamás aludiera a ello, como si se tratara de algo baladí.

Por fin las puertas del quirófano se abrieron y dos enfermeros nos devolvieron, en camilla, tu cuerpo exánime, cubiertos los ojos con dos impresionantes bolas de gasa blanca, que te daban aspecto de máscara. ¿Qué se escondía debajo de tan abultado vendaje? ¿Ojos muertos, ojos vivos?... Apareció en el pasillo el doctor Riquelme, pausadamente, flanqueado por dos ayudantes. Todavía llevaba la bata verde de cirujano. No nos dio tiempo a formularle la menor pregunta. «Tranquilos, tranquilos... Como es natural, no puedo adelantarles nada, no puedo darles ninguna garantía. Ha habido complicaciones; sin embargo tengo la esperanza de que la intervención habrá sido eficaz... No me atrevo a emplear la palabra "éxito"; depende de muchos factores. La edad de la enferma cuenta, por supuesto, pero depende de la respuesta. Como ustedes saben, no hay enfermedades sino enfermos.» Añadió los clásicos tópicos de la medicina quirúrgica en estos casos, nos dio las instrucciones necesarias para el postoperatorio, hizo hincapié en que las enfermeras eran competentes y que él personalmente controlaría la evolución. Y se fue. Asimismo nos ordenó, y creo que con razón, que te dejáramos tranquila.

Puesto que tú fuiste la protagonista del acontecimiento, que no tardaste mucho en recobrar el conocimiento y que te consta sobradamente cuál fue el final, en esta carta te ahorraré los detalles que considero innecesarios. Sólo te diré que todos tus seres queridos, a lo largo de los días que sucedieron a la titánica lucha que se entabló entre tus todavía robustas defensas y el mal que se empeñaba en destruirlas, nos dirigimos al cielo prometiéndole todo lo que el ser humano puede prometer con tal de que recuperaras la visión. Fue en vano. Quedaste ciega. Tres semanas después te devolvíamos a Gerona, a tu piso de la calle de la Rutlla, ciega, enteramente ciega. Debajo de aquellos bultos de gasa con que saliste del quirófano se escondía la negra negrura, la oscuridad total. Ya nunca más verías el Oñar abajo, las flores de la terraza, el Sagrado Corazón del comedor, la estrella de plata de la gruta de Belén que te había traído de Tierra Santa. Ya nunca más verías a Carmen, a Concepción, a Juan, a Pedro, ya nunca más nos verías a Magda y a mí... Todos sabíamos que la relevancia de tu vida interior podría serte de gran ayuda y sabíamos también que existe el llamado «milagro de los ciegos», que son muchos los ciegos que se sobreponen a su terrible carencia, que casi consiguen olvidarse de ella, que sonríen y hablan y llevan a su modo una vida normal... Pero suele tratarse de ciegos de nacimiento y que, por consiguiente, ignoran la importancia de la visión, de las formas, de la maravilla del color. Tu caso era distinto y no podíamos prever cuál sería tu reacción. A tu edad no te imaginábamos aprendiendo el método Braille, ni caminando por la calle con bastón blanco, tanteando el suelo en compañía de un lazareto. Lo más probable es que te sintieras derrotada, que tu psique dijera «¡Basta!» y que ello precipitara tu final, el final de tu existencia. Y sin embargo no fue así. Conocedora de la verdad, de que tu mal no tenía remedio, te ganó una admirable resignación. *Fiat lux!*, y la luz no se hacía. Ofreciste aquel calvario a Dios y le diste las gracias por haberte concedido el don de la vista durante noventa y cuatro años. Todos nos quedamos atónitos, aunque, bien pensado, no podíamos esperar menos de ti. Fuiste consecuente contigo misma. «Lo que siento de veras es no poder veros, hijos míos.» Por lo demás, y como dictan los manuales, la naturaleza cuidó de que a no tardar se desarrollaran en ti de forma manifiesta el sentido del olfato y, sobre todo, el sentido del tacto. Desde tu sillón verde lo «olías» todo, lo que en ocasiones podía resultarte desagradable; y tus manos captaban sin aparente esfuerzo la realidad. No sólo adivinabas «esto es un vaso», «esto es una cuchara», «esto es el almohadón de lana» o «el rosario azul», sino que jamás errabas sobre quién era la persona que se te acercaba para estrechar tus manos o para darte un par de besos. Por supuesto, reconocías las voces; pero pronto nos dimos cuenta de que esto no era lo más importante. La piel contra la piel, el contacto, la temperatura, ¡qué sé yo! «Tú eres Juan», «¡Hija mía, Concepción!», «Magda, ¿cómo estás?» La gente que te visitaba se quedaba muda de asombro. De este modo, piel contra piel, reconociste al ex mosén Isidro, a varias catequistas, a mujeres del barrio y, por descontado, al padre Franch... Pronunciabas el nombre adecuado y luego sonreías, como si te sintieras orgullosa de tu hazaña. Sin una queja. Recreaste para ti el mundo —reconocías la voz de los habituales locutores de la televisión y de la radio— y tu memoria se agudizó hasta un límite increíble, fenómeno al que tú quitabas importancia alegando que, huérfano de nuevas imágenes tu cerebro, las imágenes del pasado redoblaban su relieve. El argumento era difícilmente impugnable. Puesto que tus ojos carecían de futuro, el pasado aumentaba su tamaño en el juego malabar de las compensaciones.

«Lo que más me duele es no poder veros...» Ahí no cabía la compensación. Ya no irías nunca más a misa al templo vanguardista de los claretianos, «oías» la misa por televisión o radio, y Carmen, sentada sentada a tu lado, te leía en voz alta lo que tú le pedías. Ello solía ocurrir por la noche, cuando terminada la cena os quedabais solas y en el momento en que el reloj del comedor —ning-nang— señalaba las diez. Me emocionó mucho, madre, enterarme de que lo primero que pediste a Carmen que te leyera fue *Los cipreses creen en Dios*. Era tu libro predilecto, tal vez por la figura del místico César y porque el cabeza de familia, Matías Alvear, te recordaba a nuestro padre. ¡Y cómo te acostumbraste a deambular por el piso sorteando los muebles y palpando los objetos! Las piernas te sostenían aún. Claro que arrastrabas los pies, lo que suponía una dolorosa novedad. «Puedo valerme por mí misma, ya lo veis. El día que no pueda, entonces sí que seré para vosotros una carga pesada.» Ya no te valían los espejos y Carmen tenía que peinarte y arrancarte con las pinzas ciertos obstinados pelos que te crecían en el bigote. Desechaste las gafas negras, primero por su inutilidad y segundo porque estabas segura de que afeaban tu imagen y pediste unas gafas de cristal blanco. Gracias a ellas se te veían un poco menos los ojos muertos. *Fiat lux!*, y la luz no se hacía. Te pasabas muchos ratos con los párpados cerrados oyendo música. Juan te proporcionaba cassettes grabadas expresamente en su estudio de San Feliu de Guíxols, combinando en ellas las melodías que pudieran ser de tu agrado, más afines a tus gustos y a tu sensibilidad. Ahí nos diste muchas sorpresas. Te deleitaban especialmente Chopin y Mozart —yo coincidía contigo en la elección—, la *Pastoral*, el *Réquiem* de Verdi y los coros rusos. ¡Y tantas otras piezas!... Yo creo, madre, que los grandes compositores trabajaron pensando en los ciegos. ¿Los coros sonaban a revolución? No todos. Los había extraídos directamente del alma eslava desde hacía siglos, arrancados de las estepas, de la *taiga*, de los grandes ríos, del lago Baikaal. A mí me recordaban el Neva de San Petersburgo —ahora ya no se llama Leningrado—, el canto lastimero de los deportados a Siberia o de las viudas de Katyn, el dolor de los *gulags* y al propio tiempo la fuerza hercúlea de aquel monstruoso fornicador que se llamó Tolstói; y sobre todo, la liturgia incomparable de la iglesia ortodoxa que había tenido ocasión de escuchar en París, en la calle Daru y en la propia Rusia, en el monasterio de Zagorsk. *Fiat lux!*, y la luz no se hacía. Te interesaste por la vida y las costumbres de los otros ciegos, tema que, como sabes, personalmente me interesaba en grado sumo. Yo te informé de que entre los ciegos abundaban los radioaficionados, que se hablaban entre sí a larga distancia, que se comunicaban con los barcos que surcaban los mares y con algún que otro náufrago solitario que pedía socorro. Te hizo gracia enterarte de que en Arenys de Munt uno de estos ciegos, amigo nuestro, se comunicaba habitualmente con dos radioaficionados de excepción: el rey de España, Juan Carlos I, y el rey Hussein de Jordania. El único sitio al que te desplazabas era San Feliu de Guíxols, porque conocías el piso de Juan como la palma de tu mano. En invierno te sentabas allí, en el salón, a la luz de la lumbre. Sentías el calor, pero no podías ver las llamas. Sabías que las llamas eran para el mundo rojo-amarillentas, pero que eran negras para ti. Acariciabas con dulzura una perra, *Bambina* de nombre, de pelo negro y rizado, vieja también y también ciega, destinada a una pronta muerte. «¡Por favor, llevadme a la ermita de San Telmo!» Claro, claro, te acordabas de la fiesta de tu nonagésimo aniversario, cuyo vídeo ya no podrías tampoco volver a ver. En el sillón verde del piso de Gerona, junto al balcón de la terraza, oías repicar la lluvia en los cristales y aquel sonido te llenaba de melancolía. «¿Qué tal el Oñar?... ¿Baja ya crecido?» A veces sí, madre; y te lastimaba que al paso no te diera los buenos días, que ni tan siquiera te dijera adiós. De vez en cuando, con motivo de alguna entrevista, yo aparecía en televisión y te daba coraje poder oír mi voz —mi disartria se agudizaba poco a poco—, pero no poder ver mi rostro, casi siempre torpemente maquillado. Asimismo te daba coraje tener que «imaginarte» a tus bisnietos, llegados al mundo cuando ya tus ojos habían muerto. Siete en total. Los acunabas, les tatareabas las nanas de nuestra infancia y a veces, pese a las increíbles audacias de tu olfato, equivocabas sus nombres. Te figurabas estar acariciando a Marc y estabas acariciando a Ignacio. O bien acariciabas a Adriana y estabas acariciando a David. ¡Qué importaba! Tus bisnietos te miraban como si fueras un fantasma amable y a veces te quitaban las gafas. Hacías como que les pegabas en las nalgas y luego besabas sus manos chiquititas, hasta que te cansabas y pedías el relevo. Te cansabas, y puesto que tu lengua empezó a moverse por su cuenta, sin que tú dieras la orden para ello, todos temimos que anduviera rondándote la atroz enfermedad de Parkinson...

Falsa alarma. No hubo Parkinson; pero sí llegó, al cabo de un año, otro golpe mortífero para ti: te quedaste sorda. Presentíamos que ello iba a ocurrir habida cuenta del progresivo, evidente, deterioro de tus oídos. Tampoco te faltó asistencia médica especializada, pero todo fue inútil: tus nervios auditivos habían muerto. En un principio, con la ayuda de un audífono, alcanzabas a oír palabras sueltas, sonidos sueltos, pero al cabo de un tiempo todo se acabó. Se terminaron para ti las voces queridas —de pronto, inopinadamente, parecía que oías algo de lo que te decía Carmen—, se terminaron para ti las misas por televisión y radio, las noticias, Chopin y Mozart, los coros rusos, el repicar de la lluvia en los cristales y cuantos sonidos amueblaban el mundo. Ciega y sorda, ¿qué más podían exigirte? Una mano invisible en forma de guadaña o de agente torturante iba cebándose en ti con cabezonería digna de mejor causa, a caballo de la senectud. Habías cumplido ya los noventa y seis años. ¡Pero tenías ganas de vivir! Desconectada de todos y de todo, fuera de juego, pero la palabra «eutanasia» hubiera retumbado en tus adentros como una blasfemia. Nos dabas mucha pena, madre, y tú lo sabes. El único consuelo era que conservabas intacta tu claridad mental y la facultad de hablar, de hablar articulando perfectamente las sílabas y con el cálido timbre de voz que te caracterizaba, tal vez un poco más grave e incluso autoritaria. Nos recomendaron un otorrino de Montpellier, otro de Ginebra, otro de la Clínica Mayo, pero cualquier traslado era impensable. Carmen descubrió un buen día que, situándonos a tu derecha, sentados en una silla y hablándote sin gritar, percibías alguna que otra palabra. ¡Albricias! Por el contrario, si nos acercábamos al pabellón de tus orejas, te convulsionabas como si hubieras recibido una descarga eléctrica. Misterios de las ondas sonoras, que actuaban con eficacia según si el choque era frontal o lateral. Aquello bastó para que nos ganara una brizna de confianza. Por lo menos podíamos preguntarte: «Madre, ¿quién soy?», y tú contestabas, sin fallar jamás: «Eres Concepción, eres Juan, eres José María», etcétera. Solías acertar incluso con las voces de quienes acudían asiduamente a visitarte. Tus manos mantenían siempre una temperatura tibia, agradable Todos temíamos que en el momento más impensado nos respondieran con aquel frío extraño, helado, característico de la premuerte, pero se sucedían los días y las semanas, y ello no ocurría. Sangre todavía caliente circulaba por tus venas. «No temáis, hijos. Todavía no ha llegado mi hora. Os lo he dicho muchas veces: cuando mi hora se acerque lo notaré.» Así era, así fue. Carmen se comportó días, semanas, meses, como siempre lo hizo. Apenas si te abandonaba unos minutos para ir a la compra indispensable, bajando y subiendo corriendo la escalera. «No le deis tanta importancia. Yo vivo para cuidar a nuestra madre. No tengo ninguna otra obligación. Y estoy segura de que cualquiera de vosotros haría lo mismo.» Yo no estaba seguro. Era duro acompañarte, madre, una y otra vez al lavabo y ayudarte en tus necesidades. Era duro conseguir que te levantaras del sillón y asiéndote del brazo —en la mano derecha un bastón, tictac, tictac—, andar y desandar el pasillo del comedor al vestíbulo y regreso hasta que tú, fatigada, decías «basta». Los médicos querían evitar que se te hincharan cada vez más las piernas y que tu cuerpo se llagara. Carmen te alimentaba a base de cucharaditas que llevaba a tu boca, pero no tenías apetito. «¿Cómo voy a tener apetito, si no tengo desgaste alguno?» Era el secreto de tu supervivencia. Esto y la comunión que el padre Franch te traía todas las tardes, con la Sagrada Forma guardada en un redondo estuche de plata. Solía llegar alrededor de las seis, respirando con dificultad, puesto que le costaba duro esfuerzo subir la escalera. «Doña Rosa, prepárese... Voy a darle la comunión.» Yo no creo que oyeses el aviso del padre Franch, que más que hablar balbuceaba, pero lo cierto es que te incorporabas un poco en tu sillón verde y rezabas: «Señor, yo no soy digna de que entres en mi morada, pero...»; y luego abrías la boca y ofrecías tu lengua, lengua involuntariamente móvil y el padre Franch depositaba en ella el cuerpo de Cristo. Acto seguido tu cabeza retrocedía hasta apoyarse de nuevo en el respaldo y tus manos se entrecruzaban en tu pecho con el decidido propósito de que aquel tesoro no se escapase de tu ser. «Señor, yo no soy digna...» Cuantas veces asistí a esta ceremonia experimenté en mi fuero interno el latigazo de la culpabilidad. Y es que yo no estaba seguro de que aquella forma redonda y blanca que el padre Franch te traía en aquel estuche de plata contuviera de verdad el cuerpo de Cristo. Sólo de tarde en tarde caía preso de una singular emoción, habida cuenta de que el padre Franch era un santo y que como tal santo no podía mentir; pero lo normal era que todo mi ser pensante restara indiferente. Y sabes, madre, que se me hacía cuesta arriba aceptar el misterio de la transubstanciación. ¿Podía una hostia blanca, elaborada por unas monjas, purificar el alma, alimentar el alma, convertir el alma en un santuario, en un pedazo de cielo? Pero ahí estabas tú, deglutiendo aquel tesoro —nuestro temor era que alguna tarde lo vomitaras—, transfigurado tu rostro por la piedad, por la unción. En aquellos momentos no te importaban ni la ceguera ni la sordera. Te habías unido a Él y Él estaba contigo. «Haced esto en memoria mía...» Pero yo pensaba en otras purificaciones presenciadas en el Ganges, en las fuentes sagradas que manaban en Pnom Pen, en los baños rituales de los *fellahin* en el Nilo y en los adoradores del sol en Perú. ¡Maldita lógica, a fe! ¡Maldita intelectualización de cualquier acontecimiento grande o nimio! El padre Franch me conocía sobradamente y, al tiempo que tomaba asiento a la espera del piscolabis que Carmen se disponía a servirle, me miraba con cierto aire socarrón. «¿Qué estás escribiendo ahora, maestro?» «Nada de particular, padre... Una biografía de Mahoma.» ¡Santo Dios! «¿De Mahoma...? ¡Pero si fue el Gengis Khan de la religión! ¡Si mató con sus propias manos a centenares de coraichitas y tuvo más de veinte mujeres!» «Eso no tiene nada que ver, padre Franch. A ver si me resuelve usted este enigma. Huérfano, simple camellero, nacido en la desértica península arábiga, fundó una religión que perdura desde hace dieciséis siglos y que actualmente cuenta con más de mil millones de fieles. ¿Ha leído usted el *Corán?*» «Lo he intentado, pero se me hace muy pesado. Es un tostón.» A veces, madre, lo recordarás, Carmen convertía el comedor en un altar y el padre Franch celebraba misa para ti, a semejanza de las misas clandestinas que habíais celebrado durante la dominación roja en nuestra guerra civil. El padre Franch, que llevaba sus ornamentos sagrados en una vieja maleta, se «disfrazaba» de cura, se disfrazaba de juglar de Dios. Un sexto sentido te permitía seguir más o menos el ritmo de la ceremonia. «Daos fraternalmente la paz...» Carmen apretaba con fuerza mis manos, luego las del padre Franch y, por fin, se te acercaba y te besaba la frente. Tantas cuantas veces estuve presente en esta celebración domiciliaria experimenté una sensación o cosquilleo de autenticidad, pareciéndome que vivíamos en las catacumbas, en la época de la Iglesia primitiva. Piscolabis (café y galletas). El padre Franch era pobre, no poseía absolutamente nada —y sigue sin tener nada, madre—, a no ser su fe sin la menor fisura. Mi hermano Juan se ocupaba de que vistiera de una manera presentable, obsequiándole sobre todo con ropa de abrigo, puesto que el claretiano, de salud quebradiza, era muy friolero. Llevaba jerseys que pertenecieron a Juan, gorras, bufandas, calcetines de lana y zapatos sólidos que le permitían desafiar el clima húmedo de la ciudad. Madre, resérvale en el cielo un sitio al padre Franch. Mi impresión es que no tardará mucho en visitarte, en colocarse a tu lado. No sé si llevará o no llevará consigo la ropa de segunda mano que tanto le gustaba. No sé si llevará gorra —¿hay sombreros, gorras y boinas en el cielo?—, y tampoco sé si se presentará ante Cristo con aquella cajita redonda, de plata, en la que depositaba el pan de la eucaristía que era tu alimento preferido. No consigo imaginarme el cielo, madre. No consigo ver allí a los indios con plumas, a los cruzados con sus mallas, a Napoleón con su sombrerazo, a los papas con su tiara, a los franciscanos con su hábito pardo, a Aníbal con sus elefantes, a Sherlock Holmes con su lupa y con su pipa, a Charlot con su bigote de Charlot. Sospecho que debe de haber allí, como pretenden algunos teólogos, cierta uniformidad. ¿Desnudez integral? Pse... ¿Adán y Eva sin ombligo? Es de suponer. No me hagas caso, madre, es imposible suponer algo. En el mejor de los casos, tú debes de llevar ahora aquel traje azul marino de chaqueta cruzada que te sentaba divinamente y que lograba que todo el mundo te llamara espontáneamente «doña Rosa».

En los últimos tiempos te gustaba barajar la colección de padrenuestros que te traje de Tierra Santa. ¡Baraja sagrada para ti, vive Dios! Extendías los padrenuestros por separado sobre la mesa-camilla y jugabas a adivinar el idioma correspondiente. Si acertabas, sonreías feliz. ¡Resultaba tan emotivo verte sonreír! Ello demostraba que, pese a las apariencias, tu vida era todavía algo más que vida vegetativa. Con frecuencia los médicos te sometían a la prueba del electrocardiograma. Tu corazón se mostraba muy irregular. Pegaba brincos, pegaba saltos, daba la impresión de que en cualquier momento podía dejar de latir; tú vivías al margen de tales pruebas. No te enterabas siquiera. Continuabas sabiendo que tu hora no había llegado aún. Empezaste a padecer de insomnio. Te pasabas noches enteras casi en blanco. Carmen dormía a tu lado, pendiente siempre de cualquier movimiento tuyo inhabitual. Rezabas mucho, te pasabas el tiempo rezando oraciones de toda índole, especialmente el rosario. Desgranabas una vez y otra las cuentas de aquel rosario azul que alguien te trajo de Yugoslavia, donde, al parecer, en Metjugry, se aparecía la Virgen: el último lugar de peregrinación. A lo largo del día con frecuencia te quedabas dormida en tu sillón verde, recostada la cabeza en el respaldo. No era raro que te quedaras dormida con la boca abierta, en cuyo caso se te afilaba la nariz y se hubiera dicho que ya no pertenecías a este mundo; si te dormías con la boca cerrada, todo era placidez. Resignación. Era la nota dominante de tu espíritu, que irradiaba paz. Los almanaques habían desaparecido para ti y no te enterabas de las perrerías que se cocinaban, como siempre, por esos mundos del diablo. Las esquelas de los periódicos, que antes tanto te interesaban, pasaban sin saludarte. No te enterabas de los avances del SIDA, de que en Gerona los drogadictos detectados rebasaban el centenar, de que en la Unión Soviética parecían confirmarse las profecías de Fátima referidas a su conversión.

¿Sufrías...? Todos pensábamos que sí, y mucho, sobre todo por las intermitentes crisis de *angustia*, como tú llamabas a una sensación de asfixia que te oprimía el pecho. Nos reuníamos todos a menudo con la excusa de celebrar cualquier aniversario, aunque nuestro objetivo principal era verte presidiendo todavía la mesa del comedor. No era raro que devolvieras el poco alimento que poníamos en tu plato y que por culpa de ello ensuciaras el babero que Carmen había ajustado a tu cuello; no importaba. Estabas ahí. De repente nos sorprendíamos bromeando e incluso contando anécdotas, hasta que, también de repente, debido a un suspiro tuyo o a un acceso de tos, regresábamos a la realidad. Entonces se hacía un silencio en la mesa y cualquiera de nosotros se te acercaba y te apretaba las manos, siempre tibias, siempre predispuestas a la emoción. «¿Lo estáis pasando bien...?» «¡Sí, madre, muy bien!» «¡Ay, hijos míos, es una lástima que yo no me entere de nada! ¡Pero divertíos, divertíos! Yo me acostaré un rato para descansar...»; y te levantabas esforzándote cada vez más para sostenerte en pie y te acompañábamos a la alcoba, donde al rato te quedabas profundamente dormida mientras nosotros, ¿qué íbamos a hacer?, continuábamos nuestra tertulia festiva.

Me molestan mucho las hagiografías, madre, y a lo largo de esta carta he procurado no halagarte excesivamente; sin embargo sería injusto no resaltar que su aceptación de la realidad conmovió a todas nuestras amistades, sin excluir a los médicos que te trataban. Uno de ellos solía decir al despedirse: «Cada vez salgo de aquí reconfortado y formulándome mil preguntas. No diré que mi agnosticismo se tambalee, sería exagerar, pero sí he de admitir que en ciertos casos, y el de vuestra madre es uno de ellos, la religión es más eficaz que todos los medicamentos.» Tales palabras, en boca de un internista que llevaba treinta años de profesión y que había asistido al deterioro de centenares de vidas, a los espasmos agónicos de tantos y tantos pacientes, me impresionaban en grado sumo. Precisamente se trataba de un médico partidario acérrimo de la eutanasia pasiva e incluso, en determinadas circunstancias, de la eutanasia activa. Por aquello de la «muerte digna» auguraba que a no tardar dicha eutanasia-activa sería moneda corriente, como empezaba a serlo ya en ciertos hospitales; pero en tu caso no se atrevía a sugerirlo siquiera. «Vuestra madre es un ejemplo aparte. Han empezado a formársele bolsas de agua en los pulmones y ello agrava todavía más la situación. Le receto unos calmantes para que sufra lo menos posible, pero los elijo con sumo cuidado para que no acorten su vida. Clínicamente no hay remedio, pero mi obligación es no precipitar las cosas. Deseo como todos vosotros que por lo menos llegue a cumplir los cien años. ¡A fe que se lo tiene merecido!»

No estoy en condiciones de comparar este tu caso con otros que he podido vivir de cerca. Pero sí quiero informarte de que por ahí donde tú estás deben de andar dos íntimos amigos míos fallecidos después de ti, cuyo ejemplo también nos quitó el aliento a cuantos los conocimos. Te daré sus nombres porque me gustaría que trataras de localizarlos y te dieras a conocer. Uno de ellos fue —es— el doctor José Antonio Vallejo-Nágera, siquiatra, y el otro el padre José Luis Martín Descalzo, ambos escritores como yo. El doctor Vallejo-Nágera sabía que padecía cáncer irreversible y se mantuvo firme hasta el último momento, dedicado a consolar a cuantos le rodeaban y a *dictar* su libro postrero, titulado precisamente *La puerta de la esperanza*. La última página la dictó la víspera de su muerte. Hazle saber que su temple ha tenido gran repercusión. Su libro circula de mano en mano y cualquier lector con un mínimo de sensibilidad dobla la última página llorando; en cuanto al padre José Luis Martín Descalzo, tú le conociste, madre. Le conociste gracias a la televisión. Era el encargado de elaborar y presentar, cada domingo, aquel programa titulado *Pueblo de Dios*, que tanto te gustaba. ¿Te acuerdas de él? Muy joven todavía, de palabra lenta pero fácil, de frente despejada y ojos y sonrisa un poco tristes... ¿Cómo no estarlo? Sometido a diálisis a lo largo de semanas, de meses, de años. Sabía que el final no andaba lejos, pero no por ello cesaba de trabajar. A menudo le ganaba un cansancio infinito, pero se acordaba de Getsemaní y proseguía su lucha. Escribió muchos libros, destacando los referentes al Concilio Vaticano II y varias vidas de Jesús. Al igual que el doctor Vallejo-Nágera, era ferviente defensor de la esperanza. Sus artículos periodísticos tenían como principal objetivo levantar el ánimo de los lectores, ¡y vive Dios que lo conseguía! Luchó también hasta el último instante, sin una queja. En la televisión yo podía calibrar semanalmente el implacable avance de su mal. La televisión sirve para muchas cosas y sé de algunos galenos que la utilizan como vehículo de diagnóstico. También los libros del padre Martín Descalzo circulan ahora de mano en mano. Ha dejado en el territorio del catolicismo español un hueco que nadie podrá llenar. En nuestra última conversación telefónica me habló de sus proyectos... Le costaba ya articular las palabras, pero su entusiasmo y su entrega seguían intactos. ¡Busca por ahí, madre, al padre Martín Descalzo! ¡Dale un abrazo de mi parte y recuérdale que la única vez que me confesé con él, precisamente en Valladolid, en casa de Miguel Delibes, me disparó una frase que no he podido olvidar!: «Tú serías un santo —me dijo— si no fuera por tu soberbia.» Me quedé anonadado. Yo me sabía vanidoso —necesitaba el aplauso del prójimo—, pero no soberbio. Y si él lo dijo, tendría sus razones, que más adelante me he visto obligado a aceptar, puesto que desde que vivo en esta aldea, Arenys de Munt, he podido comprobar que puedo perfectamente prescindir del aplauso de los demás, pero que, en cambio, no puedo prescindir de creer que la obra que dejaré escrita perdurará a través del tiempo. ¡Santo cielo! ¡Qué ingenua presunción! Incontables escritores han volcado su esfuerzo y su talento llenando páginas y más páginas y la historia, filtro inapelable, sólo ha respetado unos cuantos nombres, que probablemente no llegan al centenar. Escritores grávidos, de vasta cultura, que en determinado momento gozaron del aplauso universal y cuyo nombre actualmente ocupa tan sólo diez o doce líneas en las inciplopedias. La historia es necrófila, los gustos de la gente son necrófilos, del talento al genio hay un abismo que sólo unos pocos elegidos consiguen franquear. Me permito suponer que en el cielo las cosas discurren de otro modo. Que no existen ni la vanidad ni la soberbia, que nadie tiene ahí necesidad de «pasar a la posteridad» y que en la gran antología de la eternidad huelgan los talentos, los genios y las enciclopedias.

1990... Mes de diciembre. Belén en el comedor de la calle de la Rutlla, se acercaba la Navidad. Acababas de cumplir los noventa y nueve años. Vomitabas a borbotones, más angustia en el pecho, ya las piernas no te sostenían, menos rosarios, puesto que te pasabas horas y horas en un estado somnoliento. Nariz más afilada, tez cerúlea, tus bronquios emitían un sonido grave. ¿Qué ocurría? El médico de cabecera lo definió de forma tajante: «Se acerca el final.» Cuestión de un par de semanas. Las llamadas «constantes vitales», eufemismo que siempre me crispó, empezaban a fallar. ¡Un par de semanas! ¿Quién podía afirmarlo? En más de una ocasión, tratándose de ti, las profecías habían fallado también por mor de la increíble robustez de tu organismo. Pero esta vez se produjo una novedad que trastocó cualquier especulación: «Ha llegado mi hora. Ahora sí, hijos míos, ha llegado mi hora.» Dijiste esto con voz recia, que no admitía dudas. «Cuando llegue mi hora, lo notaré.» Todos teníamos presente este diagnóstico personal. Al oírte, huyó por la ventana de la alcoba cualquier tipo de esperanza. Como si tu afirmación te hubiera agotado hasta el límite, cerraste los párpados y caíste en un sueño profundo, de larga duración. No, no era el final todavía. Respirabas. Te tomábamos el pulso y el pulso continuaba latiendo, aunque de forma irregular. «Quiero besar el crucifijo.» Lo besaste una y otra vez, todavía con fuerza y lo guardaste para ti debajo de las sábanas. Lo tenías merecido; claro que también te merecías llegar a centenaria y no existía la menor posibilidad de que ello sucediera.

Abreviaré, madre, los detalles que concurrieron en tu premuerte. Inútilmente hubiéramos pegado en la puerta el letrero: «Reservado el derecho de admisión.» Las visitas eran continuas, todo el mundo quería verte «por última vez», todo el mundo quería apretar tus manos todavía calientes y besarte la frente. No nos cabía la menor duda de que reconocías a todas y cada una de las personas que se acercaban a tu lecho. Moviendo un poco la cabeza o balbuceando alguna sílaba, ibas despidiéndote de ellas. «Doña Rosa..., ¿a que no adivina quién soy?» A veces no contestabas, a veces tu respuesta consistía en una leve y casi imperceptible sonrisa. ¡Sonreías, como seguramente sonreirás cuando recibas esta carta, que está llegando a su fin! Una de estas personas tenía garantizada por derecho propio uno de tus movimientos de gratitud: el padre Franch. El padre Franch no había alterado su costumbre. Llegaba a diario, puntualmente, a las cinco y media de la tarde, con su cajita de plata y la Sagrada Forma en su interior. ¿Cómo conseguir que sacaras la lengua en el momento preciso? «¡Doña Rosaaaaa..., la comunión!» Tus bronquios expulsaban una extraña queja y al final abrías la boca, sacabas la lengua y el misionero claretiano depositaba en ella el cuerpo de Cristo. El médico estaba en contra de esta diaria operación. «La obligan a un esfuerzo suplementario y además se exponen a provocarle un vómito.» No había tal. Podría decirse que lo vomitabas todo excepto el cuerpo del Señor. El padre Franch no podía ocultar, día tras día, su satisfacción —«¡Huy, he sido testigo de tantos milagros!...»—, y para celebrarlo continuaba aceptando la tacita de café y las galletas que Carmen le servía en la mesa-camilla del comedor. Yo me di perfecta cuenta de que el padre Franch aceptaba sin dolor la inminencia de tu muerte y no pude reprimir un sentimiento de indignación. «A usted todo esto le parece normal, ¿verdad, padre Franch?» «¡Pues claro! Tu madre se va directamente al cielo. ¿Qué más quieres? Su misión aquí en la tierra ha terminado.» En una ocasión añadió: «Ojalá tu muerte, cuando te llegue la hora, se parezca a la suya.» Solté un exabrupto, del que más tarde me arrepentí y añadí en tono despectivo: «¡Hala, padre Franch..., que le aproveche la merienda!»

Tenía que llegar, madre... El 17 de diciembre, a media tarde, entraste en coma. Te habías despedido de todos y cada uno musitando breves palabras que no lográbamos entender. Tu último adiós fue apretar con fuerza las manos de Carmen. Cuerpo inmóvil en el lecho, caídos los párpados, respirabas con dificultad, salvo algunos momentos de placidez. El médico te tomó el pulso, te auscultó y fue tajante: el corazón. Tu corazón había decidido detenerse. Alguien te había quitado el reloj de pulsera, ignoro con qué intención. El pequeño crucifijo que yo te traje de Tierra Santa descansaba sobre tu pecho. Programamos turnarnos a tu lado a lo largo de la noche, pero nadie consiguió dormir. Todos queríamos estar presentes cuando exhalaras el último aliento. Apenas si nos atrevíamos a intercambiar algunas palabras y tampoco nos mirábamos unos a otros, ganados por un extraño pudor. Entrábamos y salíamos de la alcoba, cabizbajos: la cafetera hervía sin cesar. La noche era oscura y fría en el exterior. La imagen del Sagrado Corazón que presidía el comedor cobró un inesperado relieve, una imperiosa presencia, al igual que la Virgen de Lourdes *naïf*, fosforescente, inmóvil en su rincón. Todos los muebles y todos los objetos carecían de sentido, excepto una fotografía enmarcada de nuestro padre colocada sobre el televisor. Yo andaba pensando que nuestro padre debía de estar inquieto en el cielo, aguardando tu llegada y que resultaba una paradoja cruel que los muebles y los objetos duraran más que las personas. En efecto, tú morirías y el reloj de pared —ning-nang, ning-nang— continuaría su imparable marcha, y la mesa, las sillas, tu sillón verde y las plantas te sobrevivían con total indiferencia. ¡Tu sillón verde! Tomábamos asiento de vez en cuando en las sillas y en el sofá, pero nadie se atrevía a descansar en tu sillón verde, huérfano, huérfano para siempre, aureolado de indiscutible majestad. Cada cual por su cuenta rezaba lo que le pidiera el corazón; a mí, no sé por qué, el corazón sólo me pedía el padrenuestro. En un momento determinado presté atención al librito de los Evangelios que acostumbrabas depositar sobre la radio-cassette. Lo tomé en mis manos y lo abrí al azar. San Marcos había escrito: «Él estaba en la popa durmiendo sobre un cabezal. Le despertaron y le dijeron: "Maestro, ¿no te da cuidado de que perezcamos?" Y despertando, mandó al viento y dijo al mar: "Calla, enmudece." Y se aquietó el viento y se hizo completa calma. Les dijo: "¿Por qué sois tan tímidos? ¿Aún no tenéis fe?"

Y sobrecogidos de gran temor, se decían unos a otros: "¿Quién será éste, que hasta el viento y el mar obedecen?"» Cerré el libro y lo devolví a su lugar. ¿Por qué Cristo podía calmar los vientos y el mar y asistía impávido a tu muerte? Bien, el momento no era el más adecuado para tales impugnaciones. Había llegado el padre Franch, se había acercado a tu lecho para administrarte la extremaunción. ¿Es que quedaba algo en ti que fuera impuro? ¿Es que Satanás, que debía de estar al quite, era todavía capaz de tentarte? Muchas veces había oído que en el último instante se entablaba una feroz lucha entre Cristo y Satanás, ambos decididos a llevarse la presa. La liturgia de la extremaunción me lastimó. El frío de la madrugada. El frío de la madrugada se colaba por una rendija del balcón, al tiempo que el crepúsculo matutino se colaba también con palpable timidez, como andando de puntillas. *Fiat lux!*, habíamos clamado a raíz de tu ceguera. Esta vez la luz obedecía. La noche agonizaba al ritmo en que agonizabas tú, mientras la cafetera continuaba hirviendo y yo llenaba mi taza una y otra vez. ¡Curiosa, inexplicable experiencia! El café se convirtió, al igual que la imagen del Sagrado Corazón, en el patrón de aquella barca, la barca de tu vida, que estaba a punto de naufragar. Posiblemente no existe en ningún lugar, en momento alguno, la «sacralidad» total; siempre se interpone o coincide algún elemento pagano, trivial. Estertores. Tu vientre emitía espaciadamente estertores. Teníamos plena conciencia de que cada uno de ellos podía ser el último. La amarillez de tu rostro daba grima. Era, a la vez, hermosa y dramática. Se hubiera dicho que Van Gogh presidía aquella siniestra operación. Ya no llevabas gafas, aquellas tus gafas de montura de plata que en los últimos tiempos te habían protegido de no se sabía qué. Párpados caídos. Ojos muertos. Todo había ya muerto en ti, salvo el corazón, que continuaba marcando el compás. A un lado de la cama, en la pared, la estrella de plata que te traje de Belén; al otro lado, un calendario, obsequio que nos había llegado de la India a través de Manos Unidas. ¿Hay algo más inútil, más sarcástico, que un calendario al lado de un moribundo? Nada que hacer. Hubiéramos deseado que llegaras a la Navidad, que tu traspaso se produjera coincidiendo con el nacimiento del Hijo del Hombre. No iba a ser así. A las ocho y cuarto en punto —día 19— un estertor mucho más fuerte que los anteriores resonó en la estancia. Tu vientre se hinchó por última vez... Todo había terminado. Carmen, con pasmosa serenidad, tomó un espejo redondo que yacía en la mesilla de noche y lo aproximó a tu boca. El espejo no se empañó: ya no respirabas. Sí, todo había terminado, habías muerto, madre, rodeada de tus seres queridos, de unos seres que no sabían si gritar o sollozar, que —esta vez sí— se miraban unos a otros como si suplicaran alguna suerte de explicación ¡Qué misterio, santo Dios! Uno tras otro fuimos besándote la frente, tu bella frente casi sin arrugas, que a mí me sacudió en lo más hondo por su frialdad. En cuestión de un par de minutos, madre, todo tu cuerpo se heló. Misterio, sí, de la sangre derrotada, de la sangre que deja de circular. Aquella maternal tibieza de tu piel que nos había acompañado desde el parto se había convertido en hielo. El padre Franch propuso rezar el rosario —en tus manos, el rosario yugoslavo de las cuentas azules—, y la oración, susurrante, inundó la alcoba, en una atmósfera de respeto que sólo puede conseguir la presencia de la muerte. Yo me pregunté cuál habría sido tu último pensamiento. Nuestro abuelo, *L'avi Pere*, en el último instante se había incorporado, levantando los brazos y había afirmado que veía la Virgen, que la Virgen lo acogía en su seno; a ti no te había ocurrido eso. Tu muerte fue de lo más normal. Al terminar las letanías, el padre Franch trazó en el aire una bendición y todos nos persignamos. En el nombre del Padre, del Hijo y del Espíritu Santo. ¿Cuál fue la primera persona de la Trinidad que viste al llegar al cielo? ¿Las tres a la vez? Yo me inclino a pensar que la primera que acudió a tu encuentro fue aquel Cristo que te acompañó a lo largo de tu existencia.

El representante de la funeraria que nos visitó tuvo un comportamiento digno, correcto, eficaz. Se le veía ducho en materia de cadáveres, pero el máximo respeto presidió su actitud. Por supuesto, la asepsia de la burocracia nos incomodó. Conforme a tus consignas, elegimos un entierro modesto. Modesto ataúd, modestos ramos de flores, modesta esquela en los dos periódicos de la ciudad. Mientras redactábamos dicha esquela, dos empleados de la funeraria tomaban la medida exacta de tu cuerpo. Fue un trance difícil. ¿Cuánto medías, madre? Poco, muy poco, sin duda te habías empequeñecido. Si hubieran medido tu alma, el resultado habría sido distinto. Uno de los empleados cantó al final: «Metro sesenta.» ¿Eso era todo? Eso era todo, y debido a ello el ataúd saldría más barato. «¿Nicho?» «Sí, tenemos uno, en el pabellón del padre José María Claret». «¿Iglesia?» «La parroquia del Mercadal.» «¿Hora del entierro?» «Las cuatro de la tarde.» «Está muy bien. Mejor que haya luz diurna.» El representante —traje negro, corbata negra— llenó de su puño y letra el consabido formulario. «Firmen aquí, por favor.» Firmó mi hermano Juan, con grafía sorprendentemente enérgica. Carmen y Concepción, por su parte, calcularon el número de recordatorios que íbamos a necesitar. Por un momento pensé para mis adentros: cinco mil. Claro, claro, hubiera deseado repartirlos por toda la ciudad, apostarme en la Rambla y entregarlos uno a uno a cuantas personas transitaran por el lugar. «¿Trescientos han dicho?» «Sí señor, trescientos.» «De acuerdo. ¿Texto?» «El padrenuestro, nada más.» «¿El Cristo de Velázquez...?» «Sí, señor. El mismo Cristo que figuró en los recordatorios de nuestro padre.» Sabíamos, madre, que era tu Cristo preferido. Yo te había hablado de él en varias ocasiones: «Velázquez no se atrevió a pintar la mirada de Jesús y por ello inclinó su cabeza y le cerró los párpados.»

Trámites resueltos, comenzó el interminable desfile de visitas. La puerta del piso permanecería abierta de par en par a lo largo de todo el día. Hubo quien solicitó verte, hubo quien no se sintió con ánimo para ello. Los cadáveres inspiran mucho respeto, madre. Contemplar de cerca, detenidamente, un cadáver, es un acto filosófico de primera magnitud. Es el reencuentro, el topetazo, con la realidad monda y lironda. Tú no eras ya «doña Rosa»: eras metro sesenta de esqueleto y piel, piel cada vez más apergaminada, con manchas violeta aquí y allá. La alcoba estaba llena de ti, la mesa del comedor estaba llena de tazas de café y de galletas. Parece que la muerte, madre, despierta el hambre. En este «reflejo condicionado» debe de subyacer un trasfondo canibalesco. A lo largo de la historia han sido muchas las comunidades que se han comido los cadáveres. El médico de cabecera, que tanto te quería, llegó a media tarde, compungido. Tu muerte le pilló fuera de la ciudad. Al enterarse tomó el coche y se vino corriendo «a una velocidad excesiva, peligrosa». ¡Claro que quiso verte! Había luchado con todas sus fuerzas para prolongarte la vida lo más posible y para que las últimas semanas —tu agonía duró varias semanas— te resultaran poco dolorosas, hazaña que consiguió. Se inclinó sobre tu lecho y te besó la frente. Su gesto nos conmovió. «Doña Rosa...», balbuceó. No dijo más y se despidió. Lo más probable es que le estuviera esperando otra vida agonizante.

Ya anochecido, trajeron el ataúd. Depositaron en él tu cuerpo, con lo cual el ataúd pasó a ser féretro. Esta operación, este traslado, cambió por completo la decoración. El espectáculo que tú eras dobló nuestra angustia. ¡Te habías encogido tanto!... Féretro a la medida, forrado, acolchado en su interior para que te sintieras cómoda... Pensé en un amigo mío de Arenys de Munt muerto hacía un mes escaso. Dejó escrito que quería un nicho al que le diera el sol. ¿Trivialidad? ¿Capricho vano? Quién era yo para juzgar. Pensé también que abundan las personas que prefieren ser incineradas y que en las costas mediterráneas abundan cada vez más aquellas que ordenan el esparcimiento de sus cenizas sobre el mar. Tu caso era distinto. Nos habías dicho una sola vez, y ello bastaba, que querías ser enterrada en el mismo nicho que nuestro padre. «Quiero reunirme con él, hacerle compañía.» El sol no te importaba, y tampoco te importaba el mar... Querías hacerle compañía, esta vez para siempre, al que fue compañero de tu vida y que a partir de aquel instante lo sería de tu muerte, cuyo corazón dejó de latir veintinueve años antes que el tuyo.

La noche fue larga, larga y oscura. Hay noches largas y oscuras, sin luna y sin estrellas. Te velamos por turnos. Yo dormí como un ceporro —mal que me supo—, y por si algo faltaba tuve un par de sueños más bien agradables. Claro, claro, somos dueños —supongo— de nuestros actos, pero no lo somos de nuestros sueños. De madrugada nos tocó el turno a mi hermano Pedro y a mí. Solos en tu alcoba, frente a tu cadáver, apenas si, de buenas a primeras, acertamos a intercambiar unas palabras, los saludos de rigor. Yo palpé el féretro, cuya temperatura se me antojó «caliente», lo que no dejaba de ser una paradoja. Luego prestamos atención a las iniciales —¡con qué rapidez trabajaban los servicios funerarios!—, que Pedro, así me lo dijo, hubiera deseado de oro puro. «R.P.G.» *Rosa Pous Gironella*. A estas tres iniciales quedaba reducida tu vida, breve biografía. Eran tu resumen, tu nuevo, eterno, carnet de identidad. La madera del féretro te cubría hasta medio cuerpo, dejando al descubierto, gracias a un limpio cristal, tu rostro, inconfundible rostro, preso ahora de una impresionante placidez. Pedro y yo sabíamos que ello era corriente: el enfermo ha dejado de sufrir, descansa en paz; pero aquella tu placidez te correspondía en exclusiva, era la tuya, intransferible y personal. Estabas hermosa, serena, sin aquellas gruesas gafas protectoras a que nos tenías acostumbrados, dulcemente cerrados los párpados, prieta la boca, prietos los labios —tu lengua, por fin, se había quedado quieta—, la barbilla puntiaguda, detalle este que nos retrotrajo a aquella época en la que tu mentón enérgico se bastaba y sobraba para imponer la necesaria autoridad. Manos cruzadas sobre el pecho, cuya única novedad consistía en que, entre sus dedos, descansaba también aquella crucecita de madera que yo te traje de Tierra Santa y que te acompañará para siempre. El único inconveniente del cristal era que por su culpa no podíamos besarte, como pudo hacerlo, sollozando, el médico de cabecera que había llegado tarde...

Poco a poco Pedro y yo iniciamos en voz baja un diálogo que, pese a nuestros intentos, no conseguíamos hilvanar. En la casa reinaba un silencio absoluto, total, si es que en esta tierra lo total y absoluto existe. Sólo, de vez en cuando, el ning-nang del reloj de pared del comedor, aquel reloj con el extravagante caballo encima que nuestro padre había adquirido en la covachuela de un trapero amigo suyo. ¿Cuántas personas dormían bajo aquel techo? No lo sé, madre. Muchas. La menos agotada, a buen seguro, Carmen, tu «ángel», breve de cuerpo pero dueña y señora de una fortaleza interior que a no dudarlo había heredado de ti. Pedro, de voz potente, tenía que esforzarse para respetar en lo posible aquel silencio. Susurraba las palabras, inclinándose levemente hacia mí. Quería hablarme de sus nietos... y no podía. Yo quería hablarle de Magda, y de los cadáveres que vi cuando nuestra guerra civil... y no podía. Tú eras, madre —bisabuela—, el gendarme de la situación. Cualquier tema que nos alejara de tu presencia yerta nos parecía una falta de respeto, de ética, un pecado de neopaganismo. Pero tampoco cuajaba lo trascendente y cualquier atisbo de teología hubiera sonado a hueco. ¿Que la muerte era un misterio? ¡Tópico entre los tópicos! ¿Que nada sabíamos del más allá, de la «región» que tú habitabas desde hacía exactamente veinte horas? ¡Topicazo! Terminamos por evocar, detallada, concienzudamente, la figura de nuestro padre, tema idóneo para unos huérfanos como Pedro y yo habíamos empezado a ser. Estuvimos de acuerdo en lo afortunados que habíamos sido por habernos correspondido aquel hombre sencillo, modesto, que se desvivió para, en la medida de lo posible, aliviar los sufrimientos del prójimo. «¿Te acuerdas, Pedro, del ahínco con que remendaba nuestros zapatos, sentado ahí afuera, en la terraza?» «¡Claro que me acuerdo! No era un experto, no, no lo era, pero nos ayudaba a caminar.» «¿Te acuerdas de aquel sombrero gris que le duró años y años, del que no quería desprenderse ni a la de tres?» «Debe de estar por ahí, en algún armario. Nadie se atrevió a tirarlo, que yo sepa...» «¿Y de las postales que durante el noviazgo le escribía a nuestra madre?» «Carmen las guarda todas. Todas empezaban del mismo modo: *querida prima Rosa.*» «Claro, claro, eran primos hermanos, corría por sus venas idéntica sangre, lo cual, según algunos médicos...» «Calla, Pedro, por favor, no toques este tema.» Pedro se callaba o me callaba yo. De vez en cuando me dirigía, casi de puntillas, a la cocina por café. Para Pedro el trayecto hubiera resultado engorroso puesto que andaba renqueando, ayudado por una espectacular muleta de acero. Acababan de operarle de una cadera, llevaba una prótesis mezcla de porcelana y titanio, creo, y se encontraba en pleno período de rehabilitación. El café nos sentaba bien, teniendo buen cuidado de que las cucharillas no tintinearan. También de vez en cuando aparecía en la puerta algún miembro de la familia, con cara soñolienta. Se acercaban al féretro, se acercaban a ti y sin mediar una sílaba volvían a acostarse, lo cual no significaba que lograsen dormir. Al romper el día la luz volvió a filtrarse por los postigos y llegó la hora del relevo. Me acosté a las ocho en punto, veinticuatro horas después de tu muerte, y a los pocos minutos volví a tener sueños agradables.

A media mañana, a las once más o menos, mi cuñado Jordi y yo nos encontrábamos en el cementerio al objeto de estar presentes en la operación de limpieza del nicho que tú, madre, ocuparías por la tarde. Un albañil y un peón aguardaban ya nuestra llegada. Al vernos se quitaron la gorra. El frío era intensísimo, debían de helarse incluso los muertos. Fue una operación penosa donde las haya. Después de derribar cuidadosamente, a golpe de martillo, la lápida, el albañil, con las manos enguantadas, inició la tarea de sacar al exterior los despojos, los restos de nuestro padre, haciendo gala de singular destreza. Huesos, más huesos, con algún que otro pedazo de ropa y de madera putrefacta y astillada. Aguanté firme hasta que por el agujero del nicho asomó la calavera. A la vista de la calavera noté una sensación de mareo y un ligero temblor en las piernas. Era de color pardusco, lo cual me sorprendió. Había visto muchas calaveras en mi vida, pero aquélla era «única», en cierto modo me pertenecía, con los cuencos de los ojos fijos en mí, como dispuestos a absorber cuanto yo pudiera o debiera decirles. La mano enguantada del albañil *limpió* el cráneo, desprendiendo de él cualquier adherencia y se lo entregó al peón, que, quieto a su lado, había ya depositado el resto en una bolsa de plástico. La calavera fue la última prenda del macabro tesoro guardado en el nicho a lo largo de veintinueve años. Del nicho emanaba una viscosa humedad, humedad inodora y negra. Utilizando un funcional cepillo de gran tamaño, el inocente violador de tumbas contratado por el ayuntamiento consiguió limpiar totalmente el nicho. La calavera desapareció con la rapidez del rayo en el interior de la bolsa de plástico, cuyo dueño, el peón, se apresuró a cerrar. Todo mi padre, madre, cupo sobradamente en aquel trivial envoltorio. Sobró espacio, sobró mucho espacio, lo cual dio el golpe de gracia a mi corazón. Noté que mi cuñado Jordi me asía con delicadeza del brazo. Por un instante me volví hacia él. Le vi impresionado, intensamente impresionado, aunque conservando su habitual serenidad. Jordi se había quedado huérfano tempranamente e imaginé que en aquellos momentos su pensamiento había retrocedido hasta el nicho que ocupaban sus padres en Santa Coloma de Gramenet. ¡Frío! El frío calaba «mis» huesos y mis piernas temblaban cada vez más. El albañil, cuya cabeza se había introducido hasta el fondo de aquel agujero sagrado, retrocedió hábilmente y, una vez en el exterior, se incorporó, suspiró y mediante un discreto ademán nos dio a entender que su labor había terminado. Entretanto, el peón, que había recostado la bolsa en el nicho vecino, se caló la gorra y encendió un pitillo. ¡Santo Dios! Proferí para mis adentros un insulto rabioso. Jordi, como si adivinara lo que me estaba ocurriendo, volvió a asirme del brazo y dio las gracias a los encargados de aquel menester. Correspondieron al saludo con dos palabras, suficientes para delatar su tierra de origen: Andalucía. ¡Andaluces! ¿A cuántos andaluces había ayudado mi padre? Un montón.

Funerales por la tarde, a las cuatro en punto, en la parroguia del Mercadal, el templo a tope, desbordado, llenos los pasillos y los altares laterales, en medio de un silencio sobrecogedor. El oficiante, madre, fue tu admirado sobrino el padre Eusebio Colomer, jesuita, quien, en su homilía, prueba siempre difícil, supo armonizar debidamente el homenaje a tu persona y el dolor que tu ausencia nos causaba. El padre Eusebio Colomer, políglota por vía de estudio, conocía perfectamente el idioma a que eran acreedores los muertos. Al referirse a ti dijo una y otra vez «tía Rosita», lo que personalmente me supo a alusión extraña. Alto, frente despejada, gafas de miope, era todo lo contrario de un orador tronitronante. Voz suave, acostumbrada a impartir clases de teología, acertó a dosificar las pausas, es decir, las palabras y los silencios. Afirmó que para él tu resignación ante el sufrimiento había significado un ejemplo que no olvidaría jamás. Tú estabas, madre, encajonada, «lapidada», a los pies del presbiterio. Tu féretro relucía, era flamante, era virginal y los ojos de todo el mundo se detenían en aquellas tus tres iniciales que tanto me habían impresionado en tu alcoba. Yo te miraba de soslayo, esforzándome por adivinar la expresión de tu rostro en aquellos instantes. Eras la protagonista de la ceremonia —el templo a tope, incluidos los pasillos y los altares laterales (silencio sobrecogedor)—, junto con Cristo. Me resultaba imposible disociar tu imagen de la imagen de Cristo, del Cristo doliente ante el cual yo había rezado en Getsemaní. ¿Te veías a ti misma, madre, durante la ceremonia? No lo sé, tú lo sabes. Acaso no te hubiera dado tiempo todavía a saludar a todos cuantos seres habías querido en la tierra y con quienes compartías la eternidad. Y en el caso de que nos vieras, ¿cuál era tu reacción ante nuestras lágrimas? En el cielo, según cuenta el catecismo, no se puede sufrir. ¿Cuál era, entonces, tu postura? ¿Te inspirábamos lástima o sonreías? ¿O te reías? ¡Dios, mi cerebro era un zumbido, un tantán, una brújula loca, disparatada! Todo aquello me excedía. Cuando el padre Eusebio se acercó a tu féretro y te roció con el agua del hisopo estuve a punto de sollozar. Agua bendita. Mi pensamiento voló por unos instantes a Banias, al Jordán, donde, rodeados de una naturaleza hostil, bautizamos a Raúl, el quechua. Pero acto seguido regresé al templo del Mercadal. Me sentía fatigado, madre. Me fatiga estar de pie. De hecho, me fatiga todo cuanto implique mantenerse en posición de firmes ante cualquier tipo de trascendencia.

Terminó la ceremonia. Salimos al exterior. A petición de los familiares, «el duelo se da por despedido». Advertencia inútil. Todo el mundo quería estrecharnos la mano. Nos abrimos paso entre la multitud. Cuando tu féretro fue dulcemente introducido en el coche mortuorio, mis dientes castañeteaban. Hacía frío, mucho frío y flecos de niebla densa bajaban de los tejados. Aparecieron como por ensalmo coronas de flores, abundando los cintajos de color violeta, doradas las letras de las dedicatorias. Sólo conseguí leer las letras de la última de las coronas: correspondía al padre Franch. Me invadió una lucidez extraña, una inesperada serenidad. Identifiqué a muchas personas. Las había que ocupaban el primer término, tal vez deseosas de que reparáramos en su presencia; las había alejadas del tumulto, como si quisieran esconderse, rendirte homenaje anónimo. Entre dichas personas reconocí a uno de los médicos que te habían atendido, el doctor Ramió. Nuestras miradas se cruzaron. Confío en que la mía acertara a expresarle mi gratitud. Antes de subir al taxi que debía trasladarnos al cementerio di una última ojeada a mi alrededor: casi todo el mundo llevaba en la mano, como una minúscula bandera pacifista, el recordatorio con el padrenuestro y el Cristo de Velázquez, caída la cabeza, caída sobre el pecho, los párpados humildemente cerrados.

Media hora después nos encontrábamos en el cementerio, delante del nicho —boca abierta con voracidad—, al fondo del cual aguardaba la bolsa de plástico que contenía los restos de mi padre. Iba a cumplirse tu deseo: yacer a su lado, hacerle compañía para siempre. El cementerio estaba triste. Todos los cementerios lo son, pero no siempre lo están. Era la hora del crepúsculo vespertino, aquella «hora nona» de que tanto habías oído hablar. Reinaba un silencio espeso, lacrimoso. Humedad. Unas veinte personas formando semicírculo en torno a «la boca abierta con voracidad», dispuestas a ofrecerte la última oración. Reunión íntima, oscurecía cada vez más, las siluetas adquirían una dimensión fantasmal. Por un momento pensé: magia negra, rito de magia negra. ¿No andaba Satanás por los cementerios, jadeante, en busca de las almas perdidas? ¡La tuya no le pertenecía, no le pertenecería jamás! El padre Eusebio dio testimonio de ello capitaneando la plegaria común, plegaria-susurro, puesto que nadie se atrevía a levantar la voz. «Recibe, Señor, en tu seno, a tía Rosita... En el nombre del Padre, del Hijo y del Espíritu Santo.» Todos respondimos: «*Amén*.» Amén es palabra sagrada que cierra, que encierra, que clausura. Otra vez el albañil y el peón cumpliendo con su ingrata tarea. El féretro se deslizó suavemente —¡cuidado con la bolsa de plástico!— y se inició la danza de los ladrillos, de las paletadas, de la argamasa, ladrillos que iban tapiando implacablemente el agujero con un repiqueteo monótono e hiriente. «Allá donde se reúnan dos en mi nombre...» ¿Era correcta tal cita, era fiel? Inesperadamente, la cabeza de mi hermana Concepción se reclinó en mi hombro, contacto que agradecí. La colocación de la lápida de mármol, en la que más tarde habría de figurar también tu nombre, supuso el corte radical, al adiós definitivo. «Todo había terminado...» La negrura negra de la noche se precipitó más aún sobre nosotros, sobre aquella breve comunidad. De noche, los cementerios agreden el corazón, bloquean cualquier conato de valentía, enlutan la tierra toda. Se inició el desfile a la inversa, desfile, esta vez sí, fantasmal. Veinte siluetas que desandaban lo andado en busca de la puerta de salida, puerta enrejada que, era de suponer, conectaba con el mundo. Subimos a los coches, cuyos faros estallaron en una explosión de luz que se me antojó procaz. El camposanto quedó atrás... ¿Todo había terminado? Yo diría más bien que todo empezaba. Empezaba una vida nueva, madre, distinta, una vida sin ti. Resultaba difícil meditar sobre ello porque el tráfico se intensificó. Claro, claro, el pulso del mundo no iba a detenerse porque el tuyo se había detenido. El número 3 de la calle de la Rutlla estaba cerca, al otro lado del río. Faltaban seis días para la Navidad. Subimos lentamente la escalera y, al entrar en el comedor, caí en la cuenta de que era aquella la primera vez que en él faltaba el belén... El televisor estaba allá, el reloj de pared estaba allí, estaba allí la imagen del Sagrado Corazón, pero no había cueva de corcho, ni musgo, ni camellos, ni reyes magos... Mi pensamiento se disparó, se disparó como antes el tráfico viario había dispersado nuestra pequeña caravana de coches. Pensé que podíamos improvisar, en el rincón de siempre, un belén peculiar, acaso único en la historia: en vez del pesebre, de la cuna, un ataúd...

Todo ha terminado, madre. Incluso esta carta, cuya elaboración me ha costado varios meses. No pienso releerla, corregirla, prefiero la espontaneidad a la posible perfección. Estamos ya en 1992. ¡Han pasado tantas cosas!... Procuramos cumplir tu deseo, tu mandato: reunirnos de vez en cuando todos aquellos que tú amaste, que llevamos en las venas gotas de sangre tuya. Así lo hacemos, con menos frecuencia de lo que sería deseable. El número 3 de la calle de la Rutlla es el aglutinante, aunque el auténtico aglutinante eres tú. ¿Por qué tus cinco hijos vivimos «separados», cada uno en un lugar distinto? No lo sé, y bien que lo lamentamos. La vida ha seguido su curso, los hados se encargan de atar y desatar, de tejer y destejer. Cuando al fin conseguimos juntarnos tu «figura» se hace más patente aún, nos preside, deambula por el piso, pasillo arriba, pasillo abajo, y en torno a tu sillón verde en ciertas ocasiones aparece tu ectoplasma. ¡Han pasado tantas cosas!... Contéstame esta carta, madre. No me cansaré de repetírtelo: háblame de Dios, quien, a juzgar por las guerras que azotan la tierra, diríase que ha abandonado a los seres que Él creó. Dile que le necesitamos, que sin Él esto se va al traste con visos de catástrofe. El odio impera por doquier y las fantásticas conquistas de la ciencia, que tanto te asombraban, los hallazgos de los sabios, no sirven para que la humanidad encuentre el indispensable idioma común. Compartimientos estancos, rebeliones étnicas, epidemias, hambruna, enfrontamientos sin cuartel. A un lado el bíblico becerro de oro se ha apoderado del Norte y del Oeste, la muerte por inanición campea por el Sur y por el Este. Dile a mi padre que me conteste también... Recuérdale que es su deber. A ti te hará caso, ¡cómo no! Espero vuestra respuesta para la próxima Navidad, es decir, para el segundo aniversario de tu muerte. Sacaré fotocopias de vuestra misiva y las repartiré correctamente. Hay gentes que aseguran, que dan por cierto, que han recibido noticias del más allá. ¿A santo de qué semejante privilegio? Dime también si el segundo milenio que se avecina traerá consigo alguna modificación radical. Los astrólogos no cesan de especular en ese sentido; yo me muestro escéptico. Nunca he sabido el significado real de aquella frase que tanto te impresionaba: «el final de los tiempos...». ¿Cuándo será este final? ¿El tiempo puede finalizar? ¿El tiempo empezó alguna vez? Si somos eviternos, diríase que el tiempo existe. ¡Basta ya de preguntas! No quiero turbar tu paz, vuestra paz. Cuéntame lo que quieras, madre, lo que te apetezca. Todos los días, en este mi estudio de Arenys de Munt, en mi mesa de trabajo, contemplo dos fotografías tuyas enmarcadas. En una de ellas se te ve radiante, con los ojos llenos de vida —te la tomó tu nieto César cuando cumpliste los noventa años—; en la otra se te ve con los ojos muertos. Entre una fotografía y otra media una distancia infinita. También de vez en cuando rescato del cajón aquellas tus poesías *naïf*. Tu grafía, en el cielo, será distinta, supongo, más enérgica, menos temblorosa; grafía que sembrará el desconcierto entre los aficionados grafólogos que pululan a mi alrededor. ¡Sí, eso es! Escríbeme en verso. A ser posible, un soneto. Tú, ahora, debes de ser un soneto. Y también mi padre. Y también Dios. Un clásico, no recuerdo cuál, no recuerdo quién, escribió precisamente esto: *Dios es un soneto.*

Amén.

10 de marzo de 1992. Arenys de Munt.